高等职业教育公共基础课规划教材

经 济 数 学

骆文辉　吴怀兵　袁毅枫　主编

电子工业出版社
Publishing House of Electronics Industry
北京·BEIJING

内 容 简 介

本书在充分研究经济类专业对数学知识需求的基础上,依据需求而编写,内容精简、实用。

本书主要内容包括:函数、极限及其应用,导数、微分及其应用,不定积分与定积分,概率应用基础,线性规划初步。在每个章节注重介绍日常及经济领域的经典案例,注重吸收以数学家和数学发展为重点的数学文化内容,以期展现数学的应用性和推广传播数学文化。

本书可作为应用型本科、高等职业院校教材,也可作为数学爱好者的有益读本。

未经许可,不得以任何方式复制或抄袭本书之部分或全部内容。
版权所有,侵权必究。

图书在版编目(CIP)数据

经济数学/骆文辉,吴怀兵,袁毅枫主编. --北京:电子工业出版社,2016.2
ISBN 978-7-121-27867-9

Ⅰ. ①经… Ⅱ. ①骆… ②吴… ③袁… Ⅲ. ①经济数学 – 高等职业教育 – 教材 Ⅳ. ①F224

中国版本图书馆 CIP 数据核字(2015)第 307554 号

策划编辑:朱怀永
责任编辑:贺志洪　　　　　　　特约编辑:王　纲　徐　堃
印　　刷:北京虎彩文化传播有限公司
装　　订:北京虎彩文化传播有限公司
出版发行:电子工业出版社
　　　　　北京市海淀区万寿路 173 信箱　邮编　100036
开　　本:787×1092　1/16　印张:10.75　字数:280 千字
版　　次:2016 年 2 月第 1 版
印　　次:2021 年 6 月第 9 次印刷
定　　价:28.00 元

凡所购买电子工业出版社图书有缺损问题,请向购买书店调换,若书店售缺,请与本社发行部联系,联系及邮购电话:(010)88254888。

质量投诉请发邮件至 zlts@ phei. com. cn,盗版侵权举报请发邮件至 dbqq@ phei. com. cn。
服务热线:(010)88258888。

前 言

"经济数学"是高校经济类专业一门必修的公共基础课,它对学生的思维能力的培养、聪明智慧的启迪及创造能力的开发,都起着一定的作用。多年以来,高等职业院校中一直有人在争论是否要开设"高等数学"课程这个问题,我们看到部分高等职业院校已经把数学课程边缘化了,即便是勉强开设"高等数学"课程的院校,课时也已经压缩再压缩了,更谈不上在高等职业院校文科专业中开设"高等数学"课程。编者所在的江门职业技术学院本着对"高等数学"与众不同的认识,没有更多的争论,而是实实在在地开展工作,2007年以来,所有专业都开设数学课程,并分为理工类专业高职数学、经管类专业高职数学和文外艺体专业高职数学,本教材正是系列教材之一。

在我们长期从事该课程的教学实践中,深感到目前所使用的教材存在以下的问题:

1. 教学内容与经济类专业要求不相适应。由于教材的内容和知识体系基本上与工科类教材大同小异,教材中编入了一些与经济类专业联系不大密切的内容(如反三角函数等),加重了学生的学习负担,而一些必要的内容(如金融数学、线性经济数学模型及投资决策、预测所需的知识),教材中很少甚至没有提及。

2. 数学学科的理论要求与经济类专业的实用性要求不相符。目前,所使用的教材不同程度地存在着烦琐的理论推导,而在经济数学方面的内容和例题较少。

3. 教学要求与学生的实际情况相背离。经济类的学生大多数数学基础较差,本课程的学时要求又比工科同类课程少。在这种情况下,按工科的教学内容和要求来教学,教师辛苦,学生学不会,师生双方感到吃力。

如何编写一本符合我国具备中学数学基础的、内容的广度和深度恰当的、形式又能被大学生欢迎的高等数学教材,是一个长期探索的过程。我们只是做了一些努力。首先,取材根据"够用"、"必需"原则,既注意到本学科的知识体系和结构,又考虑到经济类专业的实际需要,对于经济类专业的内容不需要的可删则删,而必需的内容则补充增加。其次,教材的内容由浅入深,通过一些例子来提出和说明问题,避开严格的证明与推导,不追求严密的、逻辑的数学结构。最后,结合数学人物、数学典故、数学趣闻、数学文化、数学历史,在表达形式上丰富多彩,提高学生学习兴趣。

本书建议学时为54学时,主要针对高等职业教育经济类专业使用,也可用于应用型本科经济类专业教材或参考书。本书共分为五章,第1章和第3章由骆文辉编写,第2章和第5章由吴怀兵编写,第4章由袁毅枫编写。全书由杨伟传教授主审。在使用本书进行教学时,任课教师可根据学时数和学生的基础增加或删减一些内容,使教学活动更加有效。

在本书正式出版之际,我们要感谢电子工业出版社,他们的辛勤劳动使本书得以早日与读者见面。

限于编者学识与水平有限,本书难免存在缺点和不足之处,敬请专家和读者批评指正。

编 者

二〇一五年十月

目　　录

第 1 章　函数、极限及其应用 …………………………………………………………… 1

　1.1　函数 ………………………………………………………………………………… 1
　　　1.1.1　函数的概念 …………………………………………………………………… 1
　　　1.1.2　初等函数 ……………………………………………………………………… 3
　1.2　经济学中常见的函数 ……………………………………………………………… 5
　　　1.2.1　线性函数 ……………………………………………………………………… 5
　　　1.2.2　多项式函数 …………………………………………………………………… 7
　1.3　函数的极限 ………………………………………………………………………… 9
　1.4　无穷小量与无穷大量 ……………………………………………………………… 12
　1.5　极限的运算 ………………………………………………………………………… 15
　　　1.5.1　极限的四则运算法则 ………………………………………………………… 15
　　　1.5.2　两个重要极限 ………………………………………………………………… 18
　1.6　极限在经济学中的应用 …………………………………………………………… 20
　　　1.6.1　复利问题 ……………………………………………………………………… 20
　　　1.6.2　贴现问题 ……………………………………………………………………… 21
　综合练习 1 ……………………………………………………………………………… 22
　数学家的故事(一) ……………………………………………………………………… 23

第 2 章　导数、微分及其应用 …………………………………………………………… 29

　2.1　导数的概念 ………………………………………………………………………… 29
　　　2.1.1　两个实例 ……………………………………………………………………… 29
　　　2.1.2　导数的概念 …………………………………………………………………… 30
　　　2.1.3　基本初等函数的导数公式 …………………………………………………… 31
　　　2.1.4　导数的几何意义 ……………………………………………………………… 32
　　　2.1.5　函数的可导性与连续性的关系 ……………………………………………… 32
　2.2　导数的运算法则 …………………………………………………………………… 33
　　　2.2.1　导数的四则运算法则 ………………………………………………………… 33
　　　2.2.2　复合函数的求导法则 ………………………………………………………… 34
　　　2.2.3　隐函数的求导法则 …………………………………………………………… 35
　　　2.2.4　高阶导数 ……………………………………………………………………… 36
　2.3　函数的微分 ………………………………………………………………………… 38
　　　2.3.1　微分的概念 …………………………………………………………………… 38

2.3.2 基本初等函数的微分公式 …………………………………………… 39
2.3.3 微分的运算法则 ………………………………………………… 39
2.3.4 微分在近似计算中的应用 ……………………………………… 40
2.4 导数在经济分析中的应用 …………………………………………………… 41
2.4.1 边际函数 ………………………………………………………… 41
2.4.2 弹性分析 ………………………………………………………… 42
2.5 洛必达法则 …………………………………………………………………… 43
2.5.1 "$\frac{0}{0}$"型未定式 …………………………………………………… 43
2.5.2 "$\frac{\infty}{\infty}$"型未定式 ………………………………………………… 44
2.6 函数的单调性与极值 ………………………………………………………… 45
2.6.1 函数单调性的判别方法 ………………………………………… 45
2.6.2 函数的极值 ……………………………………………………… 47
2.6.3 函数的最大值与最小值 ………………………………………… 49
2.7 曲线的凹凸性与拐点 ………………………………………………………… 50
2.7.1 曲线的凹凸性与拐点定义 ……………………………………… 50
2.7.2 曲线凹凸性的判别及拐点的求法 ……………………………… 51
2.8 极值在经济中的应用 ………………………………………………………… 52
2.8.1 最大利润问题 …………………………………………………… 52
2.8.2 最小平均成本问题 ……………………………………………… 53
2.8.3 用料最省问题 …………………………………………………… 54
综合练习 2 ……………………………………………………………………… 54
数学家的故事(二) ……………………………………………………………… 56

第 3 章 不定积分与定积分 ……………………………………………………… 63

3.1 不定积分 ……………………………………………………………………… 63
3.1.1 原函数与不定积分的概念 ……………………………………… 63
3.1.2 不定积分的性质 ………………………………………………… 64
3.1.3 不定积分的运算法则与基本公式 ……………………………… 64
3.2 不定积分的换元积分法与分部积分法 ……………………………………… 66
3.2.1 换元积分法 ……………………………………………………… 66
3.2.2 分部积分法 ……………………………………………………… 68
3.3 定积分 ………………………………………………………………………… 70
3.3.1 定积分的概念与性质 …………………………………………… 71
3.3.2 定积分的计算 …………………………………………………… 73
3.4 定积分的应用 ………………………………………………………………… 75
3.4.1 定积分的几何应用 ……………………………………………… 75
3.4.2 定积分在经济学上的应用 ……………………………………… 77

   3.4.3 无穷区间的广义积分 …………………………………………… 78
 综合练习3 ……………………………………………………………………… 80
 数学家的故事(三) ……………………………………………………………… 81

第4章 概率应用基础 …………………………………………………… 85

 4.1 随机事件和事件概率 ……………………………………………………… 85
   4.1.1 随机事件和样本空间 ………………………………………… 85
   4.1.2 随机事件的概率 ………………………………………………… 88
 4.2 概率的基本性质与事件的独立性 ………………………………………… 91
   4.2.1 概率的加法运算 ………………………………………………… 91
   4.2.2 概率的乘法运算 ………………………………………………… 92
   4.2.3 全概率公式 ……………………………………………………… 92
   4.2.4 事件的独立性与伯努利概型 …………………………………… 94
 4.3 随机变量的概率分布 ……………………………………………………… 97
   4.3.1 离散型随机变量及其概率分布 ………………………………… 97
   4.3.2 连续型随机变量的概率密度 …………………………………… 99
   4.3.3 随机变量的分布函数 ………………………………………… 100
   4.3.4 均匀分布和正态分布 ………………………………………… 102
 4.4 随机变量的数字特征 …………………………………………………… 105
   4.4.1 数学期望 ………………………………………………………… 106
   4.4.2 方差 ……………………………………………………………… 109
   4.4.3 几种重要随机变量的数学期望和方差 ……………………… 110
 综合练习4 …………………………………………………………………… 111
 数学家的故事(四) …………………………………………………………… 112

第5章 线性规划初步 ………………………………………………………… 115

 5.1 线性规划问题的数学模型 ……………………………………………… 115
   5.1.1 运输问题的数学模型 ………………………………………… 115
   5.1.2 生产组织与计划问题 ………………………………………… 115
   5.1.3 合理下料问题 ………………………………………………… 116
 5.2 线性规划问题的图解法 ………………………………………………… 118
   5.2.1 图解法 ………………………………………………………… 118
   5.2.2 图解法的求解步骤 …………………………………………… 119
   5.2.3 重要结论 ……………………………………………………… 120
 5.3 线性规划问题的标准型及单纯形解法 ………………………………… 121
   5.3.1 线性规划问题的标准型 ……………………………………… 121
   5.3.2 单纯形解法 …………………………………………………… 122

综合练习 5 ·· 125
　　数学家的故事（五）··· 127
附录 A　生活中的常见数学 ··· 130
附录 B　数学史上 24 道智力经典名题欣赏与思考 ································· 145
附录 C　习题答案 ··· 150
参考文献 ·· 163

第1章 函数、极限及其应用

函数是数学中最重要的基本概念之一,是研究变量关系的有力工具,也是高等数学研究的主要对象。极限方法是研究变量的一种基本方法。微积分中的许多概念一般都可以用极限的概念表述,它们许多性质、定理与法则都可以用极限推导出来。在这一章中,我们将从分析日常生活和经济现象中常见的变量出发,引入函数的一般定义,并着重介绍经济现象中常用到的函数、极限及其应用,为学习微积分奠定基础。

1.1 函　　数

1.1.1 函数的概念

1. 函数的量

出现在数学问题中的各种各样的量,其中有的量在过程中保持固定的数值,这种量称为常量,另一些量在过程中不断变化,这种量称为变量。常量通常用 $a,b,c,\cdots$ 表示,变量通常用 $x,y,z,\cdots$ 表示。有时用具体英文名词的第一、第二个字母表示该量,例如成本(Cost)用 C 表示,价格(Price)用 P 表示,收益(Revenue)用 R 表示,利润(Profit)用 Pr 表示,等等。常量可看做是变量的特例,常量在数轴上表示一个定点,变量在数轴上则表示一个动点。变量的变化范围通常在数轴上用区间表示,例如:

不等式 $a<x<b$ 用开区间 (a,b) 表示;不等式 $a\leqslant x\leqslant b$ 用闭区间 $[a,b]$ 表示;不等式 $a\leqslant x<b$ 用半开半闭区间 $[a,b)$ 表示;不等式 $a<x\leqslant b$ 用半开半闭区间 $(a,b]$ 表示;整个数轴 $-\infty<x<+\infty$ 用开区间 $(-\infty,+\infty)$ 表示。

2. 函数定义

现实世界中经常有几个量同时变化,而且它们之间是互相关联、互相制约的。因此,我们不但要研究事物本身的量的变化,而且要研究不同的量之间的变化的依赖关系,这种依赖关系中的一种简单而又非常重要的情况,就是数学中的所谓函数关系。

【例 1.1】 设某工厂每日最多能生产产品 1000 件,固定成本为 0.3 万元,每生产产品一件,成本增加 70 元,则该工厂每天的总成本 C 与产量 q 有如下关系:
$$C = 70q + 3000$$

当产量 q 在生产能力允许的范围 $[0,1000]$ 内取定某一数值时,总成本也随之有一个确定的数值与之相对应。这种对应是通过以下规则确定的:
$$C(\ ) = 70(\ ) + 3000$$

例如,当产量 $q=500$(件)时,则总成本
$$C(500) = 70 \times 500 + 3000 = 38000(元)$$

【例 1.2】 某一时期银行的人民币整存整取定期储蓄存期与年利率见表 1-1。

表 1-1

存期	三个月	半年	一年	两年	三年	五年
年利率/%	2.35	2.55	2.75	3.25	3.75	4

表 1-1 确定了存期与年利率这两个变量之间的对应关系,根据不同的存期可以知道整存整取定期储蓄的年利率。例如存期半年的年利率为 2.55%,存期两年的年利率为 3.25%。

通过综合分析上面的两个例子,我们得到这样一个共同点:每个例子中都包含两个变量和一个确定的对应规律,尽管这个对应规律的表达方式各不相同(例 1.1 用公式表达,例 1.2 用表格表达),但都指明了两个变量对应规律的具体内容。根据这一对应规律,当其中一个变量在某一范围内取某一数值时,另一个变量就有一个确定的值与之相对应。

将上述这些变量之间的对应关系抽象出来,可得出下面的函数概念。

定义 1.1 设有两个变量 x 和 y,D 是一个给定的非空集合,如果对于 D 内的每一个 x,按照某个对应法则 f,都有唯一确定的 y 值与之对应,则称变量 y 是 x 的函数,记作 $y=f(x)$。x 称为自变量,y 称为因变量,x 的变化范围 D 叫做函数的定义域,对应的 y 值的变化范围叫做函数 $y=f(x)$ 的值域,记作 $Y=\{y|y=f(x), x\in D\}$。

表示函数的符号除了常用的 f 外,还可以用其他英文或希腊字母,如 $y=g(x), y=F(x), y=\varphi(x), C=C(q)$ 等。

3. 函数的两个要素

函数定义域 D 和对应关系 f 唯一确定函数 $y=f(x)$,故称定义域和对应关系为函数的两个要素。如果函数的两个要素相同,则它们就是相同的函数,否则就是不相同的函数。

在实际问题中,函数的定义域是根据问题的实际意义确定的。对于解析式表达的函数,其定义域为满足函数有意义的一切实数值。

求解函数定义域要注意的是:
① 函数式含有分式,函数分母不能为 0;
② 开偶数次方根式的被开方数非负;
③ 对数函数的真数必须大于 0;
④ 反三角函数 $y=\arcsin x$ 与 $y=\arccos x$ 中,自变量 $|x|\leqslant 1$(在实际应用中要特别注意此处 x 的含义);
⑤ 若同一函数表达式中出现上述两种或两种以上情形,则定义域为所有情形的公共集合(交集);
⑥ 若为应用问题,则定义域还需符合生产实践的实际情况。

【例 1.3】 求下列函数的定义域。

(1) $y=\dfrac{1}{x-2}$ (2) $y=\sqrt{4-x^2}$ (3) $y=\lg(x-1)$

(4) $y=\arcsin(2x-3)$ (5) $y=\sqrt{4-x^2}+\lg(x-1)$

解:(1) 要使 $y=\dfrac{1}{x-2}$ 有意义,分母不能为零,故有 $x-2\neq 0$,解得 $x\neq 2$,即函数的定

义域为 $D=\{x|x\neq 2\}$ 或 $D=(-\infty,2)\cup(2,+\infty)$。

（2）要使 $y=\sqrt{4-x^2}$ 有意义，需满足 $4-x^2\geq 0$，有 $x^2\leq 4$，解得 $-2\leq x\leq 2$，即函数的定义域为 $D=\{x|-2\leq x\leq 2\}$ 或 $D=[-2,2]$。

（3）要使 $y=\lg(x-1)$ 有意义，需满足 $x-1>0$，解得 $x>1$，即函数的定义域为 $D=\{x|x>1\}$ 或 $D=(1,+\infty)$。

（4）要使 $y=\arcsin(2x-3)$ 有意义，需满足 $-1\leq 2x-3\leq 1$，有 $2\leq 2x\leq 4$，解得 $1\leq x\leq 2$，即函数的定义域为 $D=\{x|1\leq x\leq 2\}$ 或 $D=[1,2]$。

（5）该函数为第（2）题和第（3）题中函数的代数和，此时函数的定义域应为两题定义域的公共部分，即 $(1,2]$。

【例 1.4】 已知函数 $f(x)=2x-1$，求 $f(1),f(-x),f\left(\dfrac{1}{x}\right),f(2x+3)$。

解：$f(1)=2\times 1-1=1$

$f(-x)=2\times(-x)-1=-2x-1$

$f\left(\dfrac{1}{x}\right)=2\times\dfrac{1}{x}-1=\dfrac{2}{x}-1$

$f(2x+3)=2\times(2x+3)-1=4x+6-1=4x+5$

1.1.2 初等函数

1. 函数的几种简单的性质

设函数 $y=f(x)$ 在数集 D 有定义，它的几种简单性质见表 1-2。

表 1-2

函数性质	描 述
有界性	若存在一个正数 M，对任意 $x\in D$，恒有 $|f(x)|\leq M$，就称 $f(x)$ 在 D 有界，否则称 $f(x)$ 在 D 无界
单调性	在 D 内任取 $x_1<x_2$：（1）若恒有 $f(x_1)\leq f(x_2)$，则称 $f(x)$ 在 D 单调增加；（2）若恒有 $f(x_1)\geq f(x_2)$，则称 $f(x)$ 在 D 单调减少
奇偶性	D 关于原点对称，且对任意 $x\in D$：（1）若恒有 $f(-x)=f(x)$，则称 $f(x)$ 为偶函数；（2）若恒有 $f(-x)=-f(x)$，则称 $f(x)$ 为奇函数
周期性	若存在常数 $T(T\neq 0)$，对任意 $x\in D$，恒有 $f(x+T)=f(x)$，$(x+T\in D)$，则称函数 $f(x)$ 为周期函数，且称 T 为 $f(x)$ 的周期，通常称 $f(x)$ 的最小正周期为基本周期，简称周期

2. 基本初等函数和初等函数

在数学上，通常称下列六个函数为基本初等函数：常数函数（$y=C$，C 为常数），幂函数（$y=x^a$），指数函数（$y=a^x$），对数函数（$y=\log_a x$），三角函数（$y=\sin x$，$y=\cos x$，$y=\tan x$，$y=\cot x$，$y=\sec x$，$y=\csc x$ 等），反三角函数（$y=\arcsin x$，$y=\arccos x$，$y=\arctan x$，$y=\text{arccot}\, x$ 等）。

基本初等函数的定义、定义域、性质和图形在中学已经学过，在这里不再重复。

由基本初等函数经过有限次的四则运算及有限次的复合运算所得到的函数统称为初等函数。一般来说，能用一个解析式表示的函数都是初等函数。例如，$y=|x|=\sqrt{x^2}$ 由

两个基本初等函数 $y=\sqrt{u}$ 与 $u=x^2$ 复合而成，是初等函数。

在数学学习中遇见的函数一般都非简单的基本初等函数，而是基本初等函数的复合形式，如：$y=\sqrt{x^2+2x-1}$，$y=\sin(2x^3-1)+\ln(x-1)$ 等。

由基本初等函数经过有限次四则运算及有限次复合后所构成的函数称为初等函数，它是数学学习中最常见的函数，不过分段函数不属于初等函数范畴。

3. 复合函数

在现实经济生活中，成本 C 可以看做是产量 q 的函数，而产量 q 又是时间 t 的函数，时间 t 通过产量 q 间接影响成本 C，那么成本 C 与时间 t 之间存在着间接的函数关系。

上述问题中，成本 C 与时间 t 之间的函数关系是通过产量 q 作为桥梁搭建起来的，数学上将由此产生的函数称为复合函数。

定义 1.2　设 $y=f(u)$，$u=\varphi(x)$，当 x 在 $u=\varphi(x)$ 的定义域 D_φ 中变化时，对应的函数值 $u=\varphi(x)$ 在 $y=f(u)$ 的定义域 D_f 变化，则称 $y=f[\varphi(x)]$ 为复合函数，其中 x 称为自变量，u 称为中间变量，y 为函数。

把一组中间变量表示的函数转化为复合函数只需使用代入法替换掉中间变量即可，如 $y=e^u$，$u=\tan v$，$v=x+1$，则复合函数为 $y=e^{\tan(x+1)}$。

需注意的是，并非任何情况下构造的复合函数都有意义，如：$y=\arcsin u$，$u=x^2+2$，则复合函数 $y=\arcsin(x^2+2)$ 无意义，因为 $|x^2+2|>1$，故不满足反正弦函数定义域要求。

复合函数学习中最重要的是引入中间变量将复合函数进行分解，此手段在求复合函数的导数时有一定的辅助作用。

【例 1.5】　引入中间变量，将复合函数 $y=\sin e^{2x^2+1}$ 分解。

解：引入中间变量 u,v

设 $u=e^{2x^2+1} \Rightarrow y=\sin u$

再设 $v=2x^2+1 \Rightarrow u=e^v$

$\therefore y=\sin e^{2x^2+1}$ 分解为 $y=\sin u$，$u=e^v$，$v=2x^2+1$。

4. 反函数

人们习惯将 x 作为自变量，y 作为因变量，表示成 $y=f(x)$。但有时需要将 y 作为自变量，x 作为因变量，表示成 $x=g(y)$，数学上称后者为前者的反函数，也可记作 $x=f^{-1}(y)$ 或 $y=f^{-1}(x)$。

根据中学数学知识大家知道，对数函数 $y=\ln x$ 与指数函数 $y=e^x$ 互为反函数；正弦函数 $y=\sin x$ 与反正弦函数 $y=\arcsin x$ 互为反函数。

求已知函数的反函数一般步骤为：

(1) 将自变量 x 视为未知数，因变量 y 视为已知数，利用解方程的手段解出 x；

(2) 将解出的表达式中 x,y 符号对换，但保持形式不变。

【例 1.6】　设 $y=\dfrac{2x-1}{x+1}$，求反函数。

解：两边去分母得 $y(1+x)=2x-1 \Rightarrow 2x-yx=y+1$

$\Rightarrow x(2-y)=y+1$　解得 $x=\dfrac{y+1}{x-y}$

所求的反函数为 $y=\dfrac{x+1}{2-x}$ $D=\{x|x\neq 2\}$

原函数与反函数的图像关于直线 $y=x$ 对称，原函数的定义域为反函数的值域，原函数的值域为反函数的定义域，在此就不累赘。

习题 1.1

1. 求下列函数的定义域。

(1) $y=\dfrac{1}{3x-x^2}$ (2) $y=\sqrt{x^2-x-2}$

(3) $y=\ln(4-x^2)$ (4) $y=\arcsin 3x$

2. 已知 $f(x)=\begin{cases} x^2+2 & x>0 \\ 1 & x=0 \\ 2x & x<0 \end{cases}$，求 $f(-1),f(0),f(1)$ 的值，并作出函数的图形。

3. 求下列函数的反函数。

(1) $y=2x+1$ (2) $y=1+\ln x$ (3) $y=\dfrac{x+1}{x-1}$

4. 判断下列函数的奇偶性。

(1) $y=x\sin x$ (2) $y=\sin x-\cos x$

(3) $y=x^2-2\cos x$ (4) $y=\dfrac{e^x+1}{e^{-x}-1}$

(5) $y=\dfrac{a^x-a^{-x}}{2},(a>0,a\neq 1)$ (6) $y=\ln\dfrac{1-x}{1+x}$

5. 将下列复合函数分解。

(1) $y=\sqrt{2x+1}$ (2) $y=e^{\tan x}$

(3) $y=\sin^2(2x-1)$ (4) $y=\ln\sin(x+1)$

1.2 经济学中常见的函数

1.2.1 线性函数

定义 1.3 具有 $y=kx+b$ 形式的函数称为线性函数。函数的定义域 $D=\{x|-\infty<x<+\infty\}$，它的图形是一条直线，图 1-1 是直线 $y=2x+1$ 的图像。在经济中，不少函数是线性函数。

1. 总成本函数

总成本函数的表达式如下：
$$C=C(q)=C_1 q+C_0$$

其中，C_0 是固定成本，C_1 是单位变动成本，它的图像是截距为 C_0、斜率为 C_1 的直线。

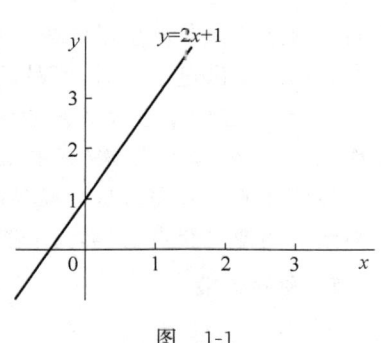

图 1-1

2. 收益（销售收入）函数

商品的收益 R 是由商品的价格 p 和销售量 q 所决定的，收益（销售收入）函数一般为
$$R = p \cdot q$$

3. 价格函数

商品的价格与市场的供求关系息息相关，一般价格 p 可以看做销售量 q 的函数：
$$p = p(q)$$

【例 1.7】 设某服装厂批发（销售）5000 件衣服给销售商，市场价格为每件 35 元时，如果服装厂每多批发（销售）1500 件该品牌的衣服，市场上该品牌衣服的价格就相应地降低 3 元，则该品牌衣服的价格 p 与销售量 q 的关系可用式子 $p = 35 - 3 \cdot \dfrac{q - 5000}{1500} = 45 - \dfrac{q}{500}$ 表示出来，显然，价格 p 随着销售量 q 的增加而减少。

上面的价格函数可用 $p = a - bq$ 的形式表述，其中 $(a > 0, b > 0)$，它的图像是一条斜率为负的直线。

4. 需求函数与供应函数

当价格函数形如 $p = a - bq$ 的形式时，它反映了价格 p 随着销售量 q 的变化而变化，如图 1-2(a) 所示，上式可变形为
$$q = \frac{a}{b} - \frac{1}{b} \cdot p$$

则需求量变为价格 p 的函数，称为需求函数，它的图像是一条向下倾斜的直线，如图 1-2(b) 所示。

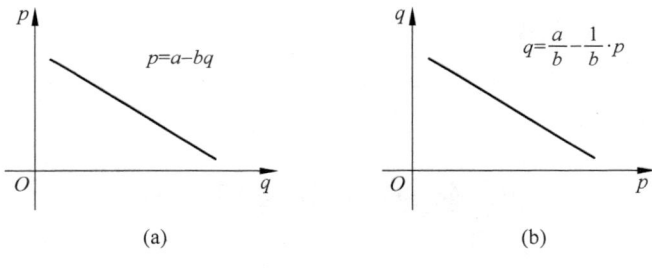

图 1-2

需求函数是从市场消费者的角度来考虑的，说明消费者愿意以不同的价格购买某种商品的数量。如果从市场的角度考虑，当商品的数量供不应求时，商品的价格自然提高，当商品的数量供过于求时，商品的价格会下降。因此，商品的供应量 q 随着价格 p 的变化而变化，即供应量 q 是价格 p 的函数（$q = q(p)$），此函数称为供给函数。一般地，供给函数如 $q = m + n \cdot p$ 的形式（其中 $m > 0, n > 0$），它的图像是一条向上的直线，如图 1-3(a) 所示。当市场的商品需求量与商品的供给量平衡时，商品的价格就是需求函数的图像与供给函数的图像的交点 E（称为平衡点）的横坐标，如图 1-3(b) 所示。

5. 利润函数

利润函数的计算式如下：

$$利润 = 收益 - 总成本$$

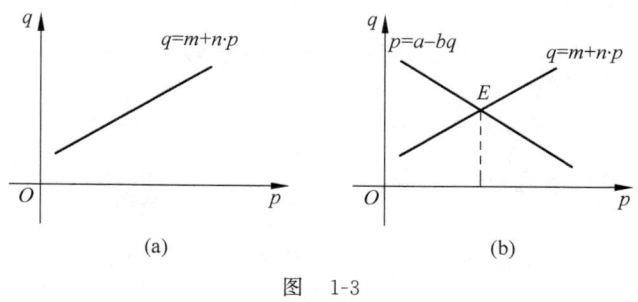

图 1-3

用公式表示为 $\Pr(q) = R(q) - C(q)$。

若 $R(q) = p_0 q, C(q) = C_0 + C_1 q$，则
$$\Pr(q) = p_0 q - (C_0 + C_1 q) = (p_0 - C_1)q - C_0$$

若当 $q = q^*$ 时，$\Pr(q^*) = 0$，则 q^* 称盈亏平衡点（又称保本点）。由 $\Pr(q^*) = 0$ 得 $(p_0 - C_1)q^* - C_0 = 0$，解得 $q^* = \dfrac{C_0}{p_0 - C_1}$。

盈亏平衡点的经济意义，可通过图 1-4 来说明。

如图 1-4 所示，横坐标表示产量，纵坐标表示总成本和收益。当产量 $q < q^*$ 时，总成本高于收益，因此亏损；当产量 $q > q^*$ 时，收益高于总成本，因此盈利；当 $q = q^*$，总成本等于收益，因此盈亏平衡。掌握盈亏平衡点，有助于进行经营决策。

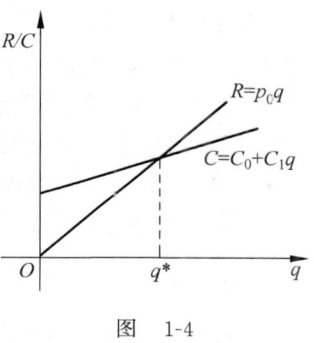

图 1-4

1.2.2 多项式函数

形如 $f(x) = a_n x^n + a_{n-1} x^{n-1} + \cdots + a_1 x + a_0$ 称为 n 次多项式函数（其中 a_i 为常数，$i = 0, 1, 2, \cdots, n$）。当 $n = 1$ 时，函数 $f(x) = a_1 x + a_0$ 为一次函数，是线性函数。当 $n = 2$ 时，函数 $f(x) = a_2 x^2 + a_1 x + a_0$ 是二次函数，它的图像是一条抛物线，当 $a_2 > 0$ 时，抛物线开口向上，当 $a_2 < 0$ 时，抛物线开口向下。

总成本函数除了具有前面的线性函数 $C(q) = C_1 q + C_0$ 形式外，有时还具有多项式的形式。例如，某商品的总成本函数为 $C(q) = q^3 - 10q^2 + 5q + 17$。

1. 平均成本函数

函数 $\dfrac{C(q)}{q}$ 称为平均成本函数（其中 $C(q)$ 是总成本函数，q 是产量），记为 $\mathrm{AC}(q)$，即
$$\mathrm{AC}(q) = \frac{C(q)}{q}$$

如上例，$C(q) = q^3 - 10q^2 + 5q + 17$，可求得 $\mathrm{AC}(q) = \dfrac{q^3 - 10q^2 + 5q + 17}{q}$。

对于收益函数而言，$R = p \cdot q$，R 表示收益，p 表示价格，q 表示产量。若 p 不是常数，由价格函数 $p = p(q) = a - bq$，则收益函数 $R(q) = p \cdot q = (a - bq)q = aq - bq^2$。若 q 不是常数，由需求函数 $q = q(p)$，则收益函数 $R(q) = p \cdot q = pq(p)$。

【例 1.8】 若某商品的价格函数 $p = 10 - 2q$，则收益函数表示为产量 q 的函数
$$R(q) = pq = (10 - 2q)q = 10q - 2q^2$$

若由 $p=10-2q$ 解出 $q=5-\dfrac{p}{2}$，则收益函数表示为价格 p 的函数

$$R(p) = pq = p\left(5-\dfrac{p}{2}\right) = 5p - \dfrac{1}{2}p^2$$

由前面给出的总成本函数 $C(q)=q^3-10q^2+5q+17$，收益函数 $R(q)=10q-2q^2$，则利润函数为

$$\begin{aligned}\Pr(q) &= R(q) - C(q) = (10q - 2q^2) - (q^3 - 10q^2 + 5q + 17)\\ &= -q^3 + 8q^2 + 5q - 17\end{aligned}$$

2. 库存函数

某工厂一年的生产中，需要一定数量的某种原材料，若一次把全年的需要量全部购进，贮于仓库中供全年使用，则由于库存量大而需要多付库存费。为了减少库存费，可以考虑分批购进。如果分批购进，则每批的购进量（称为批量）为多少，或购进次数（或称批次）为多少才最合算？这要从库存费用和进货手续费用两个方面来考虑。若批量过大，则库存费用过多；若批量过少，则进货次数过多，从而进货手续费过多。因此要寻求一恰当的批量，使库存费和进货手续费之和最小，这样的批量我们称之为经济批量。

为了求出这个经济批量，首先要建立库存费和进货手续费之和的总费用函数。

对于这样的一个库存模型，我们做如下假设：

① 若计划期 T（通常一年为一个计划期），在计划期 T 内对货物的需求量为 D；

② 进货是均匀的，在计划期 T 内分 n 次进货，每批次进货量为 $q=\dfrac{D}{n}$，于是 $n=\dfrac{D}{q}$；

③ 每次进货费用为 C_2，每件货物单位时间内库存费用为 C_1；

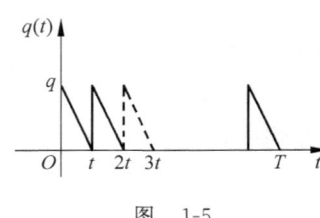

图 1-5

④ 假定工厂对这种原材料的消耗是均匀的，不会时多时少，则在某日进货时，库存量为 q，到用完时，库存量为 0，在这段时间平均库存量为 $\dfrac{q}{2}$；到第二次进货时，库存量又为 q，到用完时，库存量为 0，这段时间平均库存量也为 $\dfrac{q}{2}$。这样可以类推全年的平均库存量为 $\dfrac{q}{2}$。

在上述假设条件下，库存费用为

$$E_1 = \dfrac{q}{2}C_1 T$$

进货费用为

$$E_2 = C_2 n = C_2 \dfrac{D}{q}$$

于是，总费用为 $E = E_1 + E_2 = \dfrac{1}{2}qC_1 T + C_2 \dfrac{D}{q}$。

【例 1.9】 某商场半年销售 3000 台洗衣机，均匀销售，为节约库存成本费，分批进货。每批订货费用为 500 元，每台洗衣机的库存费用为每月 1.8 元，试列出库存费和进货费之和与批量之间的函数关系。

解：设批量为 q 台，货进店入库。由于是均匀销售，库存量由 x 件均匀减少至 0，平均

库存量为 $\frac{q}{2}$ 件,$D=3000$ 台,$C_1=1.8$ 元,$C_2=500$ 元,$T=6$,半年的库存费为

$$E_1 = \frac{q}{2}C_1 T = \frac{q}{2} \times 1.8 \times 6 = 5.4q(元)$$

每次进货 q 台,半年需进货 $\frac{3000}{q}$ 次,半年的进货费为

$$E_2 = C_2 n = C_2 \frac{D}{q} = 500 \times \frac{3000}{q} = \frac{1500000}{q}(元)$$

于是,总费用为

$$E = E_1 + E_2 = 5.4q + \frac{1500000}{q}(元)$$

习题 1.2

1. 某机床厂生产机床的固定成本为 a 元,每生产一台机床,总成本增加 b 元,试求总成本函数和平均成本函数;若每台机床销售价为 p 元,试求收益函数、利润函数和保本点。

2. 设某厂生产某种商品的总成本函数为 $C(q)=15q+10500$(元),其中 q 表示产量,若以单价为 $p=30$ 元出售,试求保本点;如果以另一种方式生产这种商品,其总成本函数为 $C(q)=12q+11180$(元)。试问:这对生产者是否更有利?

3. 设某商品,通过市场调查,当价格为 p 时的需求量为 $q=15000-750p$。生产这种商品的固定成本为 7000 元,单位变动成本(包括原材料和劳务费等)为 4 元。试求:(1)成本函数;(2)平均成本函数;(3)收益函数;(4)利润函数。

4. 已知某商品的价格函数为 $p=18-2q$,其中,q 是销售量,p 是价格,平均成本是 6 元。试求:(1)收益函数;(2)成本函数;(3)利润函数。

5. 有一工厂每年需要某种材料 9000 吨,这个厂对该种材料的消耗是均匀的。已知这种材料每吨每年库存费为 2 元,每次订货手续费为 40 元,试分别建立总费用对批量和批次的函数关系。

6. 某厂生产某种商品,其年销售量为 100 万件,每批生产需准备费 1000 元,而每件商品每年库存费为 0.05 元,如果该商品年销售率是均匀的,试建立总费用与批次的关系式。

1.3 函数的极限

对于函数的极限,根据自变量变化的过程,分两种情形进行讨论。

1. 当 $x \to \infty$ 时函数的极限 $y=\frac{1}{x}$(如图 1-6 所示)的变化情况

讨论函数在无穷大处的极限。

(1) 考察函数 $y=\frac{1}{x}$ 的图像,观察到,当自变量 x 沿着 x 轴正向无限增大时,函数 $y=\frac{1}{x}$ 的函数值无限趋近于 0。也就是说,函数 $f(x)=\frac{1}{x}$ 在自变量 x 趋向于正无穷时,其极

限为 0。用记号"$x \to +\infty$"表示 x 无限增大的过程,并称为"x 趋向于正无穷"。

定义 1.4 如果当 $x \to +\infty$ 时,函数 $y=f(x)$ 的函数值无限趋近于一个常数 A,就说当 x 趋向于正无穷大时,函数 $y=f(x)$ 的极限是 A,记作:

$$\lim_{x \to +\infty} f(x) = A \quad \text{或} \quad f(x) \to A(x \to +\infty)$$

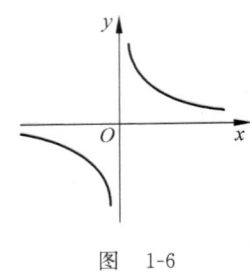

图 1-6

(2) 从图 1-6 中还可以看出,当自变量 x 取负值而 $|x|$ 无限增大(记作 $x \to -\infty$)时,函数 $y=\dfrac{1}{x}$ 的函数值也无限趋近于 0,同样可得当 $x \to -\infty$ 时函数极限的定义。

定义 1.5 如果当 $x \to -\infty$ 时,如果函数 $y=f(x)$ 的函数值无限趋近于一个常数 A,就说当 x 趋向于负无穷大时,函数 $y=f(x)$ 的极限是 A,记做:

$$\lim_{x \to -\infty} f(x) = A \quad \text{或} \quad f(x) \to A(x \to -\infty)$$

(3) 从上面的讨论还可以知道,如果当 $x \to \infty$ 时,即当 $x \to +\infty$ 与 $x \to -\infty$ 时,函数 $y=\dfrac{1}{x}$ 的函数值都无限趋近于 0,我们同样可得当 $x \to \infty$ 时函数极限的定义。

定义 1.6 如果当 $|x| \to \infty$ 时,函数 $y=f(x)$ 的函数值无限趋近于一个常数 A,就说当 x 趋向于无穷大时,函数 $y=f(x)$ 的极限是 A,记作:

$$\lim_{x \to \infty} f(x) = A \quad \text{或} \quad f(x) \to A(x \to \infty)$$

由上述定义可得,函数 $y=\dfrac{1}{x}$ 在三种形式下的极限可分别表示为:

$$\lim_{x \to +\infty} \frac{1}{x} = 0, \quad \lim_{x \to -\infty} \frac{1}{x} = 0, \quad \lim_{x \to \infty} \frac{1}{x} = 0$$

定理 1.1 当 $x \to \infty$ 时,函数 $f(x)$ 以 A 为极限的充分必要条件是:

$$\lim_{x \to \infty} f(x) = A \Leftrightarrow \lim_{x \to +\infty} f(x) = \lim_{x \to -\infty} f(x) = A$$

注:$\lim\limits_{x \to +\infty} f(x)$ 和 $\lim\limits_{x \to -\infty} f(x)$ 常单独使用。

【例 1.10】 判断下列函数的极限。

(1) $\lim\limits_{x \to +\infty} \left(\dfrac{1}{2}\right)^x$ (2) $\lim\limits_{x \to -\infty} 10^x$

(3) $\lim\limits_{x \to \infty} \dfrac{1}{x^2}$ (4) $\lim\limits_{x \to \infty} 4$

解:由已知的函数图像,不难得到

(1) $\lim\limits_{x \to +\infty} \left(\dfrac{1}{2}\right)^x = 0$ (2) $\lim\limits_{x \to -\infty} 10^x = 0$

(3) $\lim\limits_{x \to \infty} \dfrac{1}{x^2} = 0$ (4) $\lim\limits_{x \to \infty} 4 = 4$

特别地,对于常函数 $f(x)=C$(其中 C 是常数),当自变量 x 的绝对值无限增大时,函数 $f(x)=C$ 的值保持不变,所以当 x 趋向于无穷大时,函数 $f(x)=C$ 的极限就是 C,即 $\lim\limits_{x \to \infty} C = C$。

2. 当 $x \to x_0$ 时函数的极限

在引入概念之前,我们考察函数

$$y = \frac{x^2-1}{x-1},$$

函数的定义域是 $\{x|x\neq 1\}$，即在点 $x=1$ 处函数没有定义。但若考察当自变量 x 从 1 的附近无限地趋近于 1 时，相应的函数值的变化情况，它的终极结果是什么呢？

由图 1-7 我们可以看到，当 x 无限趋近于 1 时，相应函数值无限趋近 2，因此我们称，$x\to 1$ 时，函数 $y=f(x)$ 以 2 为极限。

为此，我们给出函数在某一定点 x_0 处的极限的定义。

定义 1.7 如果当 $x\to x_0$ 时（在 x_0 处可以无定义），函数 $y=f(x)$ 的函数值无限接近于一个确定的常数 A，那么 A 就叫做函数 $y=f(x)$ 当 $x\to x_0$ 时的极限。记作：

$$\lim_{x\to x_0}f(x)=A \quad \text{或} \quad f(x)\to A(x\to x_0)$$

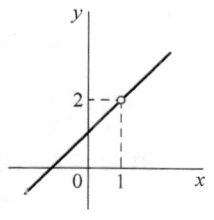

图 1-7

由定义 1.7 知 $\lim\limits_{x\to 1}\dfrac{x^2-1}{x-1}=2$ 或 $\dfrac{x^2-1}{x-1}\to 2(x\to 1)$。

注意：

(1) $\lim\limits_{x\to x_0}f(x)=A$ 描述的是当自变量 x 无限接近 x_0 时，相应的函数值 $f(x)$ 无限趋近于常数 A 的一种变化趋势，与函数 $f(x)$ 在 x_0 点是否有定义无关；

(2) 在 x 无限趋近 x_0 的过程中，x 既可以从大于 x_0 的方向趋近 x_0，也可以从小于 x_0 的方向趋近于 x_0，整个过程没有任何方向限制。

根据定义 1.7 易知：

$$\lim_{x\to x_0}C=C(\text{其中 }C\text{ 为常数}); \quad \lim_{x\to x_0}x=x_0$$

这是今后计算极限的基本公式。

3. 当 $x\to x_0^-$ 与 $x\to x_0^+$ 时，函数 $f(x)$ 的左极限与右极限

前面我们讨论当 $x\to x_0$ 时函数的极限时，x 既可从 x_0 的左侧无限接近于 x_0（记为 $x\to x_0^-$ 或 $x\to x_0-0$），也可从 x_0 的右侧无限接近于 x_0（记为 $x\to x_0^+$ 或 $x\to x_0+0$）。在实际问题中，有时只需考虑 x 从 x_0 的一侧无限接近于 x_0 时函数的变化。类似地，我们得出当 $x\to x_0^-$ 或 $x\to x_0^+$ 时函数左、右极限的定义：

定义 1.8 如果当 $x\to x_0^+$ 时，函数 $f(x)$ 无限接近于一个确定的常数 A，那么 A 就叫做函数 $f(x)$ 当 $x\to x_0^+$ 时的右极限，记为：

$$\lim_{x\to x_0^+}f(x)=A \quad \text{或} \quad f(x)\to A(x\to x_0+0)$$

类似地，如果当 $x\to x_0^-$ 时，函数 $f(x)$ 无限接近于一个常数 A，那么 A 就叫做函数 $f(x)$ 当 $x\to x_0^-$ 时的左极限，记为：

$$\lim_{x\to x_0^-}f(x)=A \quad \text{或} \quad f(x)\to A(x\to x_0-0)$$

左极限和右极限统称为单侧极限。根据函数左、右极限的定义可得如下定理。

定理 1.2 当 $x\to x_0$ 时，函数 $f(x)$ 以 A 为极限的充分必要条件是 $f(x)$ 在 x_0 处的左、右极限存在且都等于 A，即

$$\lim_{x\to x_0}f(x)=A \Leftrightarrow \lim_{x\to x_0^-}f(x)=\lim_{x\to x_0^+}f(x)=A$$

左、右极限定理重点用于讨论分段函数在分段点的极限问题。

【例 1.11】 试求函数 $f(x)=\begin{cases}x+2, & x\leq 2\\ 2x, & x>2\end{cases}$，当 $x\to 2$ 时的极限。

解： 先分别求 $f(x)$ 当 $x\to 2$ 时的左、右极限，
$$\lim_{x\to 2^-}f(x)=\lim_{x\to 2^-}(x+2)=4$$
$$\lim_{x\to 2^+}f(x)=\lim_{x\to 2^+}2x=4$$
于是 $\lim_{x\to 2}f(x)$ 存在且 $\lim_{x\to 2}f(x)=4$。

【例 1.12】 试求函数 $f(x)=e^{\frac{1}{x}}$，当 $x\to 0$ 时的极限。

解： 当 $x\to 0^+$ 时，$\frac{1}{x}\to +\infty$，$e^{\frac{1}{x}}\to +\infty$，即 $\lim_{x\to 0^+}e^{\frac{1}{x}}=+\infty$；

当 $x\to 0^-$ 时，$\frac{1}{x}\to -\infty$，$e^{\frac{1}{x}}\to 0$，即 $\lim_{x\to 0^-}e^{\frac{1}{x}}=0$；

左极限存在、右极限不存在，故由充分必要条件可知 $\lim_{x\to 0}e^{\frac{1}{x}}$ 不存在。

习题 1.3

1. 观察下列数列的变化趋势，并判断极限是否存在，若存在，指出其极限值。

   (1) $x_n=n-1$　　　　　　　　(2) $x_n=2-\frac{1}{n}$

   (3) $x_n=\frac{1}{n^2}$　　　　　　　　(4) $x_n=1+(-1)^n$

2. 考察下列函数当 $x\to 1$ 时的变化趋势，并求出其当 $x\to 1$ 时的极限。

   (1) $y=2x-1$　　　　　　　　(2) $y=\frac{x^2-1}{x-1}$

3. 讨论下列函数当 $x\to 0$ 时的极限。

   (1) $f(x)=\begin{cases}1+x & x<0\\ 0 & x=0\\ e^x & x>0\end{cases}$　　　(2) $f(x)=\frac{|x|}{x}$

1.4　无穷小量与无穷大量

作为求解极限的必备工具，我们首先介绍无穷小量与无穷大量这两个特殊的极限。

1. 无穷小量及其性质

无穷小量是一种特殊的函数；在某个变化过程中，它的极限是零。

定义 1.9　在自变量 x 的某个变化过程中，若函数 $f(x)$ 的极限为零，则称函数 $f(x)$ 在该变化过程中为无穷小量，简称**无穷小**，即 $\lim f(x)=0$。

例如，当 $x\to 0$ 时，x^2，$\sin x$，$\tan x$ 是无穷小量，当 $x\to 1$ 时，$x-1$ 是无穷小量，当 $x\to \infty$ 时，$\frac{1}{x}$，e^{-x} 是无穷小量。

我们经常用希腊字母 α,β,γ 等表示无穷小量。

注意：

(1) 如果说一个函数 $f(x)$ 是无穷小，必须指明自变量 x 的变化趋势。如 $f(x)=x-2$，当 $x \to 2$ 时，是无穷小，而当 x 趋近于其他数值时，因为极限不为 0，所以就不是无穷小。

(2) 无穷小量是变量，不要把一个绝对值很小的常数（0 除外）说成无穷小，因为一个非零常数的极限是它本身，并不是零，更不要把绝对值很大的负数说成无穷小。

(3) 因为 $\lim\limits_{\substack{x\to\infty \\ (x\to x_0)}} 0 = 0$，所以常函数 $f(x)=0$ 任何时候都是无穷小量，但无穷小量不一定是零。

【例 1.13】 指出自变量 x 在怎样的趋向下，下列函数为无穷小量。

(1) $y = \dfrac{1}{2x-1}$　　(2) $y = x^2 - 1$　　(3) $y = \ln x$

解： (1) 因为 $\lim\limits_{x\to\infty} \dfrac{1}{2x-1} = 0$，所以当 $x \to \infty$ 时，函数 $y = \dfrac{1}{2x-1}$ 是一个无穷小量；

(2) 因为 $\lim\limits_{x\to 1}(x^2-1) = 0$ 与 $\lim\limits_{x\to -1}(x^2-1) = 0$，所以当 $x \to 1$ 或 $x \to -1$ 时函数 $y = x^2 - 1$ 都是无穷小量；

(3) 因为 $\lim\limits_{x\to 1} \ln x = 0$，所以当 $x \to 1$ 时，$y = \ln x$ 为一个无穷小量。

函数的极限可以与无穷小量建立起联系。

定理 1.3　$\lim\limits_{x\to x_0} f(x) = A \Leftrightarrow f(x) = A + \alpha(x)$，其中 $\alpha(x)$ 为无穷小量。

例如，$\lim\limits_{x\to 1}(x+1) = 2 \Rightarrow x+1 = 2 + (x-1)$，且 $x \to 1$ 时 $x-1$ 为无穷小量。

此定理后面用于证明极限四则运算定理尤为简便。

由定义 1.9 可以直接推出无穷小量具有以下性质。

定理 1.4　在自变量的同一变化过程中，无穷小具有下列性质：

(1) 有限个无穷小量的代数和仍是无穷小量；

(2) 有限个无穷小量的乘积仍是无穷小量；

(3) 有界函数与无穷小量的乘积仍是无穷小。

例如：当 $x \to \infty$，函数 $\dfrac{1}{x}$ 是无穷小量，而函数 $\sin x, \sin \dfrac{1}{x}, \cos x, \cos \dfrac{1}{x}$ 都是有界函数，根据定理 4 知

$$\lim\limits_{x\to\infty} \dfrac{1}{x}\cos x = \lim\limits_{x\to 0} \dfrac{1}{x}\cos \dfrac{1}{x} = \lim\limits_{x\to\infty} \dfrac{1}{x}\sin x = \lim\limits_{x\to 0} \dfrac{1}{x}\sin \dfrac{1}{x} = 0$$

2. 无穷大量

定义 1.10　如果在自变量 x 的某种趋向下，函数 $f(x)$ 的绝对值无限增大，那么函数 $f(x)$ 就叫做在自变量的这种趋向下的无穷大量，简称**无穷大**，即 $\lim f(x) = \infty$。

注意： 根据极限的定义，如果 $f(x)$ 是当 $x \to x_0$（或 $x \to \infty$）时的无穷大，那么它的极限是不存在的。但为了描述函数的这种变化趋势，我们也称"函数的极限是无穷大"，并记做 $\lim\limits_{x\to x_0} f(x) = \infty$。

例如，当 $x \to 0$ 时，$f(x) = \dfrac{1}{x}$ 的绝对值无限增大，记作 $\lim\limits_{x\to 0} f(x) = \lim\limits_{x\to 0} \dfrac{1}{x} = \infty$。

如果 x 在某个变化过程中，$f(x)$ 取正值无限增大，那么 $f(x)$ 叫做**正无穷大**，记作 $\lim\limits_{\substack{x\to x_0\\(x\to\infty)}} f(x) = +\infty$。例如：$\lim\limits_{x\to+\infty} 2^x = +\infty$，$\lim\limits_{x\to+\infty} x^2 = +\infty$。

如果 x 在某个变化过程中，$f(x)$ 取负值且 $|f(x)|$ 无限增大，那么 $f(x)$ 叫做**负无穷大**，记作 $\lim\limits_{\substack{x\to x_0\\(x\to\infty)}} f(x) = +\infty$。例如：$\lim\limits_{x\to 0^+} \ln x = -\infty$，$\lim\limits_{x\to 0^-} \dfrac{1}{x} = -\infty$。

注意：

(1) 说一个函数 $f(x)$ 是无穷大，必须指明自变量 x 的变化趋向；

(2) 无穷大量是变量，切不可把绝对值很大的一个常数说成是无穷大量。

3. 无穷小量与无穷大量的关系

一般地，无穷小量与无穷大量之间有以下的关系。

定理 1.5 在自变量的同一变化过程中，如果 $f(x)$ 为无穷大量，则 $\dfrac{1}{f(x)}$ 是无穷小量；反之，如果 $f(x)$ 是无穷小量，且 $f(x)\neq 0$，则 $\dfrac{1}{f(x)}$ 为无穷大量。

定理给出了判别无穷大量的一种较简单的有效方法。

【例 1.14】 指出自变量 x 在怎样的趋向下，下列函数为无穷大量。

(1) $y = \dfrac{1}{x-1}$ (2) $y = \ln x$

解：(1) 因为 $\lim\limits_{x\to 1}(x-1) = 0$，根据无穷小量与无穷大量之间的关系有，

$$\lim_{x\to 1} \dfrac{1}{x-1} = \infty$$

所以，当 $x\to 1$ 时 $y = \dfrac{1}{x-1}$ 是无穷大量；

(2) 由自然对数函数的图像知，当 $x\to 0^+$ 时，$\ln x \to -\infty$ 为负无穷大量；当 $x\to +\infty$ 时 $\ln x \to +\infty$，为正无穷大量。

4. 无穷小量的比较

两个无穷小量的和、差、积仍是无穷小量，但它们的商情况就不同了。

设 $\alpha = x$，$\beta = x^2$，$\gamma = 3x$，当 $x\to 0$ 时，它们都是无穷小量。而 $\dfrac{\beta}{\alpha} = x$ 是无穷小量，$\dfrac{\gamma}{\alpha} = 2$ 是常数，$\dfrac{\gamma}{\beta} = \dfrac{3}{x}$ 是无穷大量，可见两个无穷小量的商，可以是无穷小量，可以是常数，也可以是无穷大量。这是因为无穷小量在趋向于零的过程中快慢不同。为了比较无穷小量，在这引入无穷小量阶的概念。

定义 1.11 设 α, β 是同一变化过程中的两个无穷小量，

(1) 若 $\lim\dfrac{\alpha}{\beta} = 0$，则称 α 是比 β 高阶的无穷小量，记为 $\alpha = o(\beta)$，也称 β 是比 α 低阶的无穷小量；

(2) 若 $\lim\dfrac{\alpha}{\beta} = C$（$C$ 是不为零的常数），则称 α 与 β 是同阶无穷小量，若 $C = 1$，则称 α 与 β 是等阶无穷小量。

由定义可知,当 $x \to 0$ 时,$x^2 = o(x)$,x 与 $2x$ 是同阶无穷小量,x 是比 x^2 低阶的无穷小量。

习题 1.4

1. 求下列极限。

(1) $\lim\limits_{x \to \infty} \dfrac{\sin x}{x}$

(2) $\lim\limits_{x \to 0} x \sin \dfrac{1}{x}$

(3) $\lim\limits_{x \to \infty} \dfrac{\arctan x}{x}$

(4) $\lim\limits_{x \to \infty} \dfrac{(x+1)\sin x}{2x^2}$

2. 试比较下列各组无穷小。

(1) $x - 4$ 与 $4(\sqrt{x} - 2)\ (x \to 4)$

(2) $3x^3 - 2x^2$ 与 $x^2\ (x \to 0)$

(3) $\dfrac{1}{2x^2}$ 与 $\dfrac{2}{x}\ (x \to \infty)$

3. 试证明:当 $x \to 0$ 时,$1 - \sqrt{1 - 2x^2} \sim x^2$。

1.5 极限的运算

1.5.1 极限的四则运算法则

定理 1.6 (极限的四则运算法则)设 $\lim\limits_{x \to x_0} f(x) = A$,$\lim\limits_{x \to x_0} g(x) = B$,则有

(1) $\lim\limits_{x \to x_0} [f(x) \pm g(x)] = \lim\limits_{x \to x_0} f(x) \pm \lim\limits_{x \to x_0} g(x) = A \pm B$;

(2) $\lim\limits_{x \to x_0} [f(x) \cdot g(x)] = \lim\limits_{x \to x_0} f(x) \cdot \lim\limits_{x \to x_0} g(x) = A \cdot B$;

(3) $\lim\limits_{x \to x_0} \dfrac{f(x)}{g(x)} = \dfrac{\lim\limits_{x \to x_0} f(x)}{\lim\limits_{x \to x_0} g(x)} = \dfrac{A}{B}$(其中 $B \neq 0$)。

下面只证法则(2),其他证法类同。

证明 (2) $\because \lim\limits_{x \to x_0} f(x) = A, \lim\limits_{x \to x_0} g(x) = B$,则存在无穷小量 $\alpha(x), \beta(x)$,使得 $f(x) = A + \alpha(x), g(x) = B + \beta(x)$,则 $f(x) \cdot g(x) = (A + \alpha(x))(B + \beta(x)) = AB + A\beta(x) + B\alpha(x) + \alpha(x)\beta(x)$,由无穷小量运算性质知 $A\beta(x) + B\alpha(x) + \alpha(x)\beta(x)$ 仍然为无穷小量,再由法则(1)知

$$\lim_{x \to x_0} f(x) \cdot g(x) = \lim_{x \to x_0} \{AB + A\beta(x) + B\alpha(x) + \alpha(x)\beta(x)\}$$

$$= \lim_{x \to x_0} AB + \lim_{x \to x_0} \{A\beta(x) + B\alpha(x) + \alpha(x)\beta(x)\} = AB$$

证毕。

推论 1 若 $\lim\limits_{x \to x_0} f(x) = A$,$C$ 为常数,则 $\lim\limits_{x \to x_0} Cf(x) = C \lim\limits_{x \to x_0} f(x) = CA$。

推论 2 若 $\lim\limits_{x \to x_0} f(x) = A$,$n \in \mathbf{N}$,则 $\lim\limits_{x \to x_0} [f(x)]^n = [\lim\limits_{x \to x_0} f(x)]^n = A^n$。

注意：

(1) 以上法则虽然是以 $x \to x_0$ 方式给出，但对任何其他方式，如 $x \to x_0^+$，$x \to x_0^-$，$x \to \infty$，$x \to +\infty$，$x \to -\infty$ 都成立。

(2) 定理结论成立的前提是函数 $f(x)$ 与 $g(x)$ 的极限必须存在，否则将导出错误结论。如：

$$\lim_{x \to +\infty} \frac{x+1}{x} = \lim_{x \to +\infty} \frac{1}{x} \lim_{x \to +\infty} (x+1) = 0 \times \lim_{x \to +\infty} (x+1) = 0 \times \infty = 0$$

实际上正确解法是：

$$\lim_{x \to +\infty} \frac{x+1}{x} = \lim_{x \to +\infty} \left(1 + \frac{1}{x}\right) = \lim_{x \to +\infty} 1 + \lim_{x \to +\infty} \frac{1}{x} = 1 + 0 = 1$$

再如：$\lim\limits_{x \to 0} x \sin \frac{1}{x} = \lim\limits_{x \to 0} x \cdot \lim\limits_{x \to 0} \sin \frac{1}{x} = 0$ 这个做法是错误的，因为当 $x \to 0$ 时，函数 $\sin \frac{1}{x}$ 是没有极限的。

(3) 除法法则中分母的极限必须不为零，否则结论不成立。

有了极限的运算法则，只要我们再掌握一些基本初等函数的极限结果（可结合它们的图像），就可以计算很多函数的极限。

【例 1.15】 求 $\lim\limits_{x \to 1}(2x^2 - 3x + 5)$。

解： $\lim\limits_{x \to 1}(2x^2 - 3x + 5) = \lim\limits_{x \to 1} 2x^2 - \lim\limits_{x \to 1} 3x + \lim\limits_{x \to 1} 5$
$= 2(\lim\limits_{x \to 1} x)^2 - 3 \lim\limits_{x \to 1} x + \lim\limits_{x \to 1} 5 = 2 \times 1^2 - 3 \times 1 + 5 = 4$

由例 1.15 可得多项式函数一般性结论，设多项式函数 $Q_n(x) = a_0 x^n + a_1 x^{n-1} + \cdots + a_{n-1} x + a_0$，其中 $x \in \mathbf{R}$，则

$$\lim_{x \to x_0} Q_n(x) = \lim_{x \to x_0}(a_0 x^n + a_1 x^{n-1} + \cdots + a_{n-1} x + a_0)$$
$$= \lim_{x \to x_0} a_0 x^n + \lim_{x \to x_0} a_1 x^{n-1} + \cdots + \lim_{x \to x_0} a_{n-1} x + \lim_{x \to x_0} a_0$$
$$= a_0 x_0^n + a_1 x_0^{n-1} + \cdots + a_{n-1} x_0 + a_0 = Q_n(x_0)$$

即当 $x \to x_0$ 时，多项式函数 $Q_n(x) = a_0 x^n + a_1 x^{n-1} + \cdots + a_{n-1} x + a_0$ 的极限就等于这个函数在 x_0 的函数值 $Q_n(x_0)$。

【例 1.16】 求 $\lim\limits_{x \to 1} \frac{x^2 - 2x + 3}{2x^2 - 3}$。

解： 因为分母的极限 $\lim\limits_{x \to 1}(2x^2 - 3) = 2 \times 1^2 - 3 = -1 \neq 0$，由定理 3 知：

$$\lim_{x \to 1} \frac{x^2 - 2x + 3}{2x^2 - 3} = \frac{1^2 - 2 \times 1 + 3}{2 \times 1^2 - 3} = -2$$

由例 1.16 及极限运算法则有，一般地，设函数 $P(x) = \frac{Q_m(x)}{Q_n(x)}$，其中 $Q_m(x)$ 表示 m 次多项式函数，$Q_n(x)$ 表示 n 多项式函数，且 $Q_n(x_0) \neq 0$，则 $\lim\limits_{x \to x_0} P(x) = \lim\limits_{x \to x_0} \frac{Q_m(x)}{Q_n(x)} = \frac{\lim\limits_{x \to x_0} Q_m(x)}{\lim\limits_{x \to x_0} Q_n(x)} = \frac{Q_m(x_0)}{Q_n(x_0)} = P(x_0)$。

【例 1.17】 求 $\lim\limits_{x \to 1} \frac{x^2 + 2x + 3}{x^2 - 1}$。

解： 因为 $\lim\limits_{x \to 1}(x^2 - 1) = 0$，而 $\lim\limits_{x \to 1}(x^2 + 2x + 3) = 6$，故 $\lim\limits_{x \to 1} \frac{x^2 - 1}{x^2 + 2x + 3} = 0$，即 $\frac{x^2 - 1}{x^2 + 2x + 3}$

是 $x \to 1$ 的无穷小量,由无穷小量与无穷大量的倒数关系,可得 $\lim\limits_{x \to 1}\dfrac{x^2+2x+3}{x^2-1}=\infty$。

【例 1.18】 求 $\lim\limits_{x \to 1}\dfrac{x^2+2x-3}{x^2-1}$。

解:当 $x \to 1$ 时,此式的分子与分母的极限都为零,因此不能用商的极限运算法则。但当 $x \to 1(x \ne 1)$ 时,可通过因式分解消去零因子 $(x-1)$,求出极限。

$$\lim_{x \to 1}\frac{x^2+2x-3}{x^2-1}=\lim_{x \to 1}\frac{(x-1)(x+3)}{(x-1)(x+1)}=\lim_{x \to 1}\frac{x+3}{x+1}=\frac{1+3}{1+1}=2$$

重要结论:"$\dfrac{0}{0}$"型未定式可先使用分子分母同时约分手段消去公共零因式,然后再运用极限的运算法则进行计算。

注意:寻找公共零因式一般要进行因式分解。

【例 1.19】 求 $\lim\limits_{x \to \infty}\dfrac{x^2+2x-3}{x^2-1}$。

解:因为分子、分母的极限都不存在,所以不能运用极限的运算法则。做适当变形,即分子、分母同时除以它们的最高次幂 x^2,然后再用极限运算法则,即

$$\lim_{x \to \infty}\frac{x^2+2x-3}{x^2-1}=\lim_{x \to \infty}\frac{\dfrac{x^2+2x-3}{x^2}}{\dfrac{x^2-1}{x^2}}=\lim_{x \to \infty}\frac{1+\dfrac{2}{x}-\dfrac{3}{x^2}}{1-\dfrac{1}{x^2}}=1$$

一般地,当 $x \to \infty$ 时,多项式商的极限有如下结论:
当 $a_n \ne 0, b_m \ne 0, m, n$ 为正整数时,

$$\lim_{x \to \infty}\frac{a_n x^n+a_{n-1}x^{n-1}+\cdots+a_1 x+a_0}{b_m x^m+b_{m-1}x^{m-1}+\cdots+b_1 x+b_0}=\begin{cases}0, & \text{当 } n<m \\ \dfrac{a_n}{b_m}, & \text{当 } n=m \\ \infty, & \text{当 } n>m\end{cases}$$

【例 1.20】 求 $\lim\limits_{x \to 0}\dfrac{\sqrt{1+x}-\sqrt{1-x}}{2x}$。

解:注意到分子、分母的极限均为零,不能直接运用商的极限运算法则,但可先分子有理化,再进行运算。

$$\lim_{x \to 0}\frac{\sqrt{1+x}-\sqrt{1-x}}{2x}=\lim_{x \to 0}\frac{(\sqrt{1+x}-\sqrt{1-x})(\sqrt{1+x}+\sqrt{1-x})}{2x(\sqrt{1+x}+\sqrt{1-x})}$$
$$=\lim_{x \to 0}\frac{1}{\sqrt{1+x}+\sqrt{1-x}}=\frac{1}{2}$$

【例 1.21】 求 $\lim\limits_{x \to 1}\left(\dfrac{1}{1-x}-\dfrac{2}{1-x^2}\right)$。

解:因为 $\lim\limits_{x \to 1}\dfrac{1}{1-x}$ 与 $\lim\limits_{x \to 1}\dfrac{2}{1-x^2}$ 都不存在,所以不能直接利用极限的运算法则。可先通分,再求极限,即

$$\lim_{x \to 1}\left(\frac{1}{1-x}-\frac{2}{1-x^2}\right)=\lim_{x \to 1}\frac{1+x-2}{1-x^2}=\lim_{x \to 1}\frac{x-1}{(1-x)(1+x)}=-\lim_{x \to 1}\frac{1}{(1+x)}=-\frac{1}{2}$$

1.5.2 两个重要极限

在极限求解方法中,有两个重要的极限不可忽视,它们分别代表一类极限题型的求解,而且在应用过程中充满了趣味与艰辛。

定理 1.7(夹逼定理) 如果函数 $f(x),g(x),h(x)$ 在同一变化过程中满足 $g(x)\leqslant f(x)\leqslant h(x)$,且 $\lim g(x)=\lim h(x)=A$,那么 $\lim f(x)$ 存在且等于 A。

证明略。

1. 第一个重要极限 $\lim\limits_{x\to 0}\dfrac{\sin x}{x}=1$

证明:因为函数 $\dfrac{\sin x}{x}$ 是偶函数,所以只需证明 $\lim\limits_{x\to 0^+}\dfrac{\sin x}{x}=1$ 的情形。

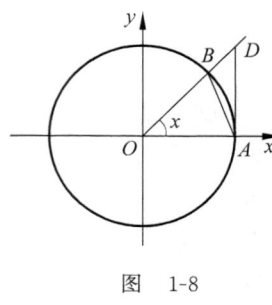

图 1-8

取 $0<x<\dfrac{\pi}{2}$,在单位圆(见图1-8)中,$\triangle OAB$ 的面积 $<$ 扇形 $\overparen{OAB}$ 的面积 $<\triangle OAD$ 的面积,所以 $\dfrac{1}{2}\sin x<\dfrac{1}{2}x<\dfrac{1}{2}\tan x$,从而有 $1<\dfrac{x}{\sin x}<\dfrac{1}{\cos x}$,得 $\cos x<\dfrac{\sin x}{x}<1$,又 $\lim\limits_{x\to 0^+}\cos x=1$,根据夹逼定理,有 $\lim\limits_{x\to 0}\dfrac{\sin x}{x}=1$。

这是一个非常重要的极限,其中 x 可以是任何极限为 0 的表达式。

实际上该极限是有以下的一般形式:$\lim\limits_{\square\to 0}\dfrac{\sin\square}{\square}=1$。其中"□"表示这部分是相同的,且趋向于 0。

【例 1.22】 求 $\lim\limits_{x\to 0}\dfrac{\tan x}{x}$。

解:$\lim\limits_{x\to 0}\dfrac{\tan x}{x}=\lim\limits_{x\to 0}\dfrac{\sin x}{x}\cdot\dfrac{1}{\cos x}=\lim\limits_{x\to 0}\dfrac{\sin x}{x}\cdot\lim\limits_{x\to 0}\dfrac{1}{\cos x}=1\times 1=1$

【例 1.23】 求 $\lim\limits_{x\to 0}\dfrac{\sin ax}{\sin bx}$(其中,常数 $a\neq 0, b\neq 0$)。

解:$\lim\limits_{x\to 0}\dfrac{\sin ax}{\sin bx}=\lim\limits_{x\to 0}\left(\dfrac{\sin ax}{ax}\cdot\dfrac{bx}{\sin bx}\cdot\dfrac{a}{b}\right)=\dfrac{a}{b}\lim\limits_{x\to 0}\dfrac{\sin ax}{ax}\lim\limits_{x\to 0}\dfrac{bx}{\sin bx}=\dfrac{a}{b}$

【例 1.24】 求 $\lim\limits_{x\to 0}\dfrac{1-\cos x}{x^2}$。

解:$\lim\limits_{x\to 0}\dfrac{1-\cos x}{x^2}=\lim\limits_{x\to 0}\dfrac{1-\cos 2\dfrac{x}{2}}{x^2}=\lim\limits_{x\to 0}\dfrac{1-\left(1-2\sin^2\dfrac{x}{2}\right)}{x^2}=\lim\limits_{x\to 0}\dfrac{2\sin^2\dfrac{x}{2}}{x^2}$

$=\lim\limits_{x\to 0}\dfrac{1}{2}\cdot\left(\dfrac{\sin\dfrac{x}{2}}{\dfrac{x}{2}}\right)^2=\dfrac{1}{2}$

【例 1.25】 求 $\lim\limits_{x\to\pi}\dfrac{\sin 3x}{\tan 5x}$。

解：令 $x=\pi+t$，则当 $x\to\pi$ 时，$t\to 0$，所以

$$\lim_{x\to\pi}\frac{\sin 3x}{\tan 5x}=\lim_{t\to 0}\frac{\sin(3\pi+3t)}{\tan(5\pi+5t)}=-\lim_{t\to 0}\frac{\sin 3t}{\tan 5t}=-\lim_{t\to 0}\frac{\frac{\sin 3t}{3t}}{\frac{\tan 5t}{5t}}\cdot\frac{3}{5}=-\frac{3}{5}$$

2. 第二个重要极限 $\lim\limits_{x\to\infty}\left(1+\dfrac{1}{x}\right)^x=e$

其中 e 为无理数，$e\approx 2.71828\cdots$（证明略）。

利用代换 $z=\dfrac{1}{x}$，则当 $x\to\infty$ 时，$z\to 0$，于是上式又可改写成

$$\lim_{z\to 0}(1+z)^{\frac{1}{z}}=e$$

这样我们又就得到了另一个重要极限：

$$\lim_{x\to 0}(1+x)^{\frac{1}{x}}=\lim_{x\to\infty}\left(1+\frac{1}{x}\right)^x=e$$

这个极限在形式上是"1^∞"未定型极限，这个极限的一般形式为 $\lim\limits_{\square\to\infty}\left(1+\dfrac{1}{\square}\right)^{\square}=e$。其中"□"表示这部分须完全一致。

【例 1.26】 求 $\lim\limits_{x\to\infty}\left(1+\dfrac{3}{x}\right)^x$。

解：令 $\dfrac{3}{x}=t$，当 $x\to\infty$ 时，$t\to 0$

$$原式=\lim_{t\to 0}(1+t)^{\frac{3}{t}}=[\lim_{t\to 0}(1+t)^{\frac{1}{t}}]^3=e^3$$

该方法熟练后，可不设新变量，直接求解，如 $\lim\limits_{x\to\infty}\left(1+\dfrac{3}{x}\right)^x=\lim\limits_{x\to\infty}\left(1+\dfrac{3}{x}\right)^{\frac{x}{3}\times 3}=e^3$。

【例 1.27】 求 $\lim\limits_{x\to\infty}\left(1-\dfrac{1}{x}\right)^{2x+3}$。

解：$\lim\limits_{x\to\infty}\left(1-\dfrac{1}{x}\right)^{2x+3}=\lim\limits_{x\to\infty}\left(1-\dfrac{1}{x}\right)^{2x}\cdot\lim\limits_{x\to\infty}\left(1-\dfrac{1}{x}\right)^3=\lim\limits_{x\to\infty}\left\{\left(1+\dfrac{1}{-x}\right)^{-x}\right\}^{-2}\cdot 1=e^{-2}$

一般地，可以有以下的结论：$\lim\limits_{x\to\infty}\left(1+\dfrac{a}{x}\right)^{bx+c}=e^{ab}$（$a,b,c$ 为常数）。

【例 1.28】 求 $\lim\limits_{x\to\infty}\left(\dfrac{2x+1}{2x-1}\right)^{2x}$。

解法 1：$\lim\limits_{x\to\infty}\left(\dfrac{2x+1}{2x-1}\right)^{2x}=\lim\limits_{x\to\infty}\left(\dfrac{1+\dfrac{1}{2x}}{1-\dfrac{1}{2x}}\right)^{2x}=\dfrac{\lim\limits_{x\to\infty}\left(1+\dfrac{1}{2x}\right)^{2x}}{\lim\limits_{x\to\infty}\left(1-\dfrac{1}{2x}\right)^{2x}}=\dfrac{e}{e^{-1}}=e^2$

解法 2：$\lim\limits_{x\to\infty}\left(\dfrac{2x+1}{2x-1}\right)^{2x}=\lim\limits_{x\to\infty}\left(\dfrac{2x-1+2}{2x-1}\right)^{2x}=\lim\limits_{x\to\infty}\left(1+\dfrac{2}{2x-1}\right)^{2x}$

$=\lim\limits_{x\to\infty}\left(1+\dfrac{1}{x-\dfrac{1}{2}}\right)^{2\left(x-\frac{1}{2}\right)}\left(1+\dfrac{1}{x-\dfrac{1}{2}}\right)=e^2$

习题 1.5

1. 求下列函数的极限。

(1) $\lim\limits_{x\to 1}(x^3+2x^2-3x+4)$

(2) $\lim\limits_{x\to 1}\dfrac{x^2+3}{x^2-2x-3}$

(3) $\lim\limits_{x\to 3}\dfrac{x^2-9}{x^2-x-6}$

(4) $\lim\limits_{x\to 3}\dfrac{x-2}{x-3}$

(5) $\lim\limits_{x\to 1}\left(\dfrac{1}{x-1}-\dfrac{2}{x^2-1}\right)$

(6) $\lim\limits_{x\to\infty}\dfrac{3x^2-2x+5}{5x^2+4x-3}$

(7) $\lim\limits_{x\to 0}\dfrac{\sqrt{x^2+9}-3}{\sqrt{x^2+1}-1}$

(8) $\lim\limits_{x\to+\infty}(\sqrt{x^2+1}-x)$

2. 已知 $\lim\limits_{x\to 3}\dfrac{x^2-2x+k}{x-3}=4$，求 k 值。

3. 求下列各极限。

(1) $\lim\limits_{x\to 0}\dfrac{\sin 3x}{5x}$

(2) $\lim\limits_{x\to 0}x\cot 2x$

(3) $\lim\limits_{x\to 0}\dfrac{\sin 2x}{\sin 5x}$

(4) $\lim\limits_{x\to -1}\dfrac{\sin(x+1)}{x^2-1}$

(5) $\lim\limits_{x\to 0}\dfrac{1-\cos 2x}{x^2}$

(6) $\lim\limits_{x\to 0}\dfrac{\arcsin 2x}{\sin 5x}$

4. 求下列各极限。

(1) $\lim\limits_{x\to\infty}\left(\dfrac{x+1}{x}\right)^{2x}$

(2) $\lim\limits_{x\to 0}(1-2x)^{\frac{1}{x}}$

(3) $\lim\limits_{x\to\frac{\pi}{2}}(1+3\cos x)^{\sec x}$

(4) $\lim\limits_{x\to\infty}\left(\dfrac{2x+1}{2x-1}\right)^{x+\frac{3}{2}}$

5. 已知 $\lim\limits_{x\to 0}\dfrac{\sin 2x}{kx}=2$，求 k 的值。

1.6 极限在经济学中的应用

1.6.1 复利问题

设本金为 P，月利率为 i，如果以一个月为一个复利结算周期，那么一年后的本利和 F（本金与利息之和）为

$$F=P(1+i)^{1\times 12}$$

若每天结算一次，利率变为 $\dfrac{i}{30}$，一个月（按 30 天算）就结算 30 次，一年结算 30×12 次，则一年后的本利和 F 为

$$F=P\left(1+\dfrac{i}{30}\right)^{30\times 12}$$

一般地，设本金为 P，每一期的利率为 i，每期结算 m 次，n 期共结算 $m\cdot n$ 次，那么 n

期后的本利和 F 为
$$F = P\left(1 + \frac{i}{m}\right)^{m \cdot n}$$

当每个周期内结算的次数 $m \to \infty$（表示资金周转使用率最大限度提高）时，n 年末的本利和 F 为
$$F = \lim_{m \to \infty} P\left(1 + \frac{i}{m}\right)^{m \cdot n} = P \cdot \left[\lim_{m \to \infty}\left(1 + \frac{i}{m}\right)^{\frac{m}{i}}\right]^{ni} = Pe^{ri}$$

因此 $F = Pe^{ni}$ 叫做连续复利公式。

通常称 n 年末的本利和 F 为本金 P 的终值，而本金 P 称为现值。已知现值 P，确定终值 F，这种情况为复利问题。

在日常生活中的各种现象，如人口的增长，细胞的繁殖，树木的生长等，都可以归结为上述数学模型。

【**例 1.29**】 某企业各银行贷款 5000 万元，按年连续复利率 6% 计算，10 年后一次性还清本金和利息，问到期后需要偿还银行的总金额为多少？

解：$P = 5000$（万元），$i = 0.06$，$n = 10$，则需要偿还的总金额 F 为
$$F = Pe^{ni} = 5000 \times e^{10 \times 0.06} \approx 9110.594（万元）$$

【**例 1.30**】 设某地区现在的人口总数为 1000 万，年增长率为 1.3% 时，求 10 年后该地区的人口总数（精确到小数点后一位）。

解：$P = 1000$（万），$i = 0.013$，$n = 10$，则该地区 10 年后的总人数 F 为
$$F = Pe^{ni} = 1000 \times e^{10 \times 0.013} \approx 1138.8（万）$$

1.6.2 贴现问题

已知现值，确定终值的问题是复利问题；与之相反，已知终值问题，求现值问题，这种情况我们称之为贴现问题，这时的利率 i 称为**贴现率**。

由复利公式可得贴现公式：已知 n 年末的终值 F，利率 i，求现值 P。

若以一年为期贴现，由 $F = P(1+i)^n$ 可得
$$P = F(1+i)^{-n}$$

若一年分 m 期贴现，由 $F = P\left(1 + \frac{i}{m}\right)^{nm}$ 可得
$$P = F\left(1 + \frac{i}{m}\right)^{-nm}$$

若按连续复利计息，可得连续贴现公式：$F = Pe^{ni}$ 可得
$$P = Fe^{-ni}$$

【**例 1.31**】 某夫妻欲向银行存入一笔金额作为子女的教育基金，银行的年利率为 5.4%，若希望 18 年后达到 20 万元，问至少需存入多少本金？

解：$F = 20$ 万元，$i = 5.4\%$，$n = 18$，
$$P = F(1+i)^{-n} = 20(1 + 0.054)^{-18} = \frac{20}{2.577} \approx 7.7610（万元）$$

【**例 1.32**】 假设你购买某理财产品，10 年后可得 20 万元，按：(1) 每年计息 4 次；(2) 连续复利计息。现在需要投资多少元？

解：$F=20$ 万元，$i=6\%$，$n=10$

(1) $m=4$，

$$P = F\left(1+\frac{i}{m}\right)^{-nm} = 20\times\left(1+\frac{0.06}{4}\right)^{-4\times 10} = \frac{20}{1.015^{40}} = \frac{20}{1.8140} \approx 11.0252(\text{万元})$$

(2) $P = Fe^{-ni} = 20\times e^{-10\times 0.06} = \frac{20}{e^{0.6}} \approx 10.9762(\text{万元})$

习题 1.6

1. 某企业借入 1000 万元，年利率 12%，若每年、每半年、每季度和每月以及连续复利来计算利息，则一年后的本利和是多少？

2. 设本金为 1000 元，年利率 5%，若每年结算一次，则 20 年后的本利和是多少？若按连续复利计算，则本利和又是多少？

3. 某人欲购买一新款手机，该手机价为 3000 元，卖方提供三种付款：

(1) 全部付现款；(2) 先付 1150 元现款，以后两年每年付 1150 元；(3) 先付 2000 元现款，一年后再付 1100 元，设银行的利率为 6.5%，若按连续复利计算，买方应该选择哪一种方式付款？

4. 设年利率为 6%，现投资多少元，10 年后可得 150 万元？

(1) 按每年计息 4 次；(2) 按连续复利计息。

综合练习 1

1. 填空题

(1) 设函数 $f(x)=\sqrt{x-1}$，则 $f(x)$ 的定义域是_____。

(2) 函数 $y=\ln\sin x$ 的复合过程是_____。

(3) 已知 $f(x)=\begin{cases} 2x-1, & x\leqslant 0 \\ e^x, & x>0 \end{cases}$，则 $f(3)=$_____。

(4) 函数 $y=x^3+1$ 的反函数是_____。

(5) 当 $x\to 0$，$3\sin x\tan x$ 与 x 相比是_____无穷小。

2. 选择题

(1) 下列各式中极限存在的是（   ）。

    A. $\lim\limits_{x\to 0}\frac{1}{x}$ B. $\lim\limits_{x\to\infty}\frac{x^2-1}{x+1}$ C. $\lim\limits_{x\to\infty}\tan x$ D. $\lim\limits_{x\to 0}\frac{x}{\cos x}$

(2) 当 $x\to\infty$ 时，下列各式是无穷小量的是（   ）。

    A. $\sin x$ B. $x\sin\frac{1}{x}$ C. $\frac{1}{x}\sin x$ D. e^x

(3) 若 $\lim\limits_{x\to x_0^-}f(x)=A$，$\lim\limits_{x\to x_0^+}f(x)=A$，则下列说法正确的是（   ）。

    A. $f(x_0)=A$ B. $\lim\limits_{x\to x_0}f(x)=A$

    C. $f(x)$ 在点 x_0 有定义   D. $f(x)$ 在点 x_0 连续

(4) 设函数 $f(x)=\dfrac{|x|}{x}$,则 $\lim\limits_{x\to 0}f(x)$ 为（　　）。

　　A. 1　　　　　　B. -1　　　　　　C. 0　　　　　　D. 不存在

(5) $\lim\limits_{x\to -1}\dfrac{\sin(x+1)}{x^2-1}=$（　　）。

　　A. 1　　　　　　B. ∞　　　　　　C. $\dfrac{1}{2}$　　　　　　D. $-\dfrac{1}{2}$

3. 求下列函数的极限。

(1) $\lim\limits_{x\to 2}\dfrac{x^2-3x-2}{x^2-2}$　　　　　　(2) $\lim\limits_{x\to 3}\dfrac{x^2-x-6}{x^2-9}$

(3) $\lim\limits_{x\to \infty}\dfrac{x^2-7x+11}{x+2}$　　　　　　(4) $\lim\limits_{x\to 0}\dfrac{\sqrt{x+1}-1}{x}$

(5) $\lim\limits_{x\to \infty}\dfrac{3x^2-7x-2}{4x^2-12x+5}$　　　　　　(6) $\lim\limits_{x\to 1}\left(\dfrac{1}{1-x}-\dfrac{2}{1-x^2}\right)$

(7) $\lim\limits_{x\to 0}\dfrac{1-\cos 2x}{x\sin x}$　　　　　　(8) $\lim\limits_{x\to \infty}\left(1-\dfrac{3}{x}\right)^x$

4. 某工厂生产 x 件产品用了 $200+5x(x-4)$ 元，如果每件产品销售价格为 50 元，问工厂生产 x 件产品所获得的净利润。

5. 某人若用 100000 元购买理财产品，固定年利率 5%，按连续复利计息，那么 5 年后的本利和是多少？

数学家的故事（一）

阿基米德——数学之神

阿基米德（公元前 287—212），是古希腊物理学家、数学家、静力学和流体静力学的奠基人，被后世尊称为"数学之神"，在人类有史以来最重要的三位数学家中，阿基米德占首位，另两位分别是牛顿和高斯。

阿基米德有一句名言："给我一个支点，我就能撬起整个地球。"

公元前 287 年，阿基米德出生于希腊西西里岛叙拉古附近的一个小村庄，大概在他九岁时，被父亲送到埃及的亚历山大城跟随欧几里得的学生埃拉托塞和卡农学习。亚历山大城位于尼罗河口，是当时世界的知识、文化贸易中心，学者云集，人才荟萃，被世人誉为"智慧之都"。文学、数学、天文学、医学的研究都很发达。

阿基米德在数学上有着极为光辉灿烂的成就，特别是在几何学方面。

阿基米德的数学思想中蕴涵微积分，阿基米德的《方法论》已经十分接近现代微积分，这里有对数学上"无穷"的超前研究，贯穿全篇的则是如何将数学模型进行物理上的应用。

他所缺的是没有极限概念，但其思想实质却伸展到 17 世纪趋于成熟的无穷小分析领域里去，预告了微积分的诞生。

阿基米德将欧几里得提出的趋近观念做了有效的运用。他利用"逼近法"算出球面积、球体积、椭圆面积,后世的数学家依据这样的"逼近法"加以发展成近代的"微积分"。阿基米德还利用割圆法求得π的值介于3.14163和3.14286之间。

另外他算出球的表面积是其内接最大圆面积的四倍,又导出圆柱内切球体的体积是圆柱体积的三分之二,这个定理就刻在他的墓碑上。

阿基米德研究出螺旋形曲线的性质,现今的"阿基米德螺线"曲线,就是因为纪念他而命名的。另外他在《数沙者》一书中,创造了一套记大数的方法,简化了记数的方式。

阿基米德的几何著作是希腊数学的顶峰。他把欧几里得严格的推理方法与柏拉图鲜艳的丰富想象和谐地结合在一起,达到了至善至美的境界,从而使得往后由开普勒、卡瓦列利、费马、牛顿、莱布尼茨等人继续培育起来的微积分日趋完美。

阿基米德对于机械的研究源于他在亚历山大城求学时期。有一天阿基米德在久旱的尼罗河边散步,看到农民提水浇地相当费力,经过思考之后他发明了一种利用螺旋作用在水管里旋转而把水吸上来的工具,后世的人把它叫做"阿基米德螺旋提水器",埃及一直到两千年后的现在,还有人使用这种器械。这个工具成了后来螺旋推进器的先祖。当时的欧洲,在工程和日常生活中,经常使用一些简单机械,譬如:螺丝、滑车、杠杆、齿轮等,阿基米德花了许多时间去研究,发现了"杠杆原理"和"力矩"的观念,对于经常使用工具制作机械的阿基米德而言,将理论运用到实际的生活中是轻而易举的。

刚好海维隆王又遇到了一个棘手的问题:国王替埃及托勒密王造了一艘船,因为太大太重,船无法放进海里,国王就对阿基米德说:"你连地球都举得起来,一艘船放进海里应该没问题吧?"于是阿基米德立刻巧妙地组合各种机械,造出一架机具,在一切准备妥当后,将牵引机具的绳子交给国王,国王轻轻一拉,大船果然移动下水,国王不得不为阿基米德的天才所折服。从这个历史记载的故事我们可以明显地知道,阿基米德极可能是当时全世界对于机械的原理与运用了解最透彻的人。

阿基米德在他的著作《论杠杆》(可惜失传)中详细地论述了杠杆的原理。有一次叙拉古国王对杠杆的威力表示怀疑,他要求阿基米德移动载满重物和乘客的一艘新三桅船。阿基米德叫工匠在船的前后左右安装了一套设计精巧的滑车和杠杆。阿基米德叫100多人在大船前面,抓住一根绳子,他让国王牵动一根绳子,大船居然慢慢地滑到海中。群众欢呼雀跃,国王也高兴异常,当众宣布:"从现在起,我要求大家,无论阿基米德说什么,都要相信他!"阿基米德还曾利用抛物镜面的聚光作用,把集中的阳光照射到入侵叙拉古的罗马船只,让它们自己燃烧起来。罗马的许多船只都被烧毁了,但罗马人却找不到失火的原因。900多年后,有位科学家按史书介绍的阿基米德的方法制造了一面凹面镜,成功地点着了距离镜子45米远的木头,而且烧化了距离镜子42米远的铝质材料。所以,许多科技史家通常都把阿基米德看成是人类利用太阳能的始祖。

公元前三世纪末正是罗马帝国与北非迦太基帝国,为了争夺西西里岛的霸权而开战的时期。身处西西里岛的叙拉古一直都投靠罗马,但是公元前216年迦太基大败罗马军队,叙拉古的新国王(海维隆二世的孙子继任),立即见风转舵与迦太基结盟,罗马帝国于是派马塞拉斯将军领军从海路和陆路同时进攻叙拉古,阿基米德眼见国土危急,护国的责任感促使他奋起抗敌,于是他绞尽脑汁,夜以继日地发明御敌武器。

根据一些年代较晚的记载,当时他造了巨大的起重机,可以将敌人的战舰吊到半空中,然后重重摔下使战舰在水面上粉碎;同时阿基米德也召集城中百姓手持镜子排成扇形,将阳光聚焦到罗马军舰上,烧毁敌人船只;他还利用杠杆原理制造出一批投石机,凡是靠近城墙的敌人,都难逃他的飞石或标枪。这些武器弄得罗马军队惊慌失措、人人害怕,连大将军马塞拉斯都苦笑地承认:"这是一场罗马舰队与阿基米德一人的战争,阿基米德是神话中的百手巨人。"

阿基米德在天文学方面也有出色的成就。除了前面提到的星球仪,他还认为地球是圆球状的,并围绕着太阳旋转,这一观点比哥白尼的"日心地动说"要早一千八百年。限于当时的条件,他并没有就这个问题做深入、系统的研究。但早在公元前三世纪就提出这样的见解,是很了不起的。

据说罗马兵入城时,统帅马塞拉斯出于敬佩阿基米德的才能,曾下令不准伤害这位贤能。而阿基米德似乎并不知道城池已破,又重新沉迷于数学的深思之中。

一个罗马士兵突然出现在他面前,命令他到马塞拉斯那里去,遭到阿基米德的严词拒绝,于是阿基米德不幸死在了这个士兵的刀剑之下。

另一种说法是:罗马士兵闯入阿基米德的住宅,看见一位老人在地上埋头作几何图形(还有一种说法他在沙滩上画图),士兵将图踩坏,阿基米德怒斥士兵:"不要弄坏我的圆!"士兵拔出短剑,这位旷世绝伦的大科学家,竟如此地在愚昧无知的罗马士兵手下丧命了。

马塞拉斯对于阿基米德的死深感悲痛。他将杀死阿基米德的士兵当做杀人犯予以处决,并为阿基米德修了一座陵墓,在墓碑上根据阿基米德生前的遗愿,刻上了"圆柱容球"这一几何图形。

阿基米德之死,罗马将军马塞拉斯甚为悲痛,除严肃处理这个士兵外,还寻找阿基米德的亲属,给予抚恤并表示敬意,又给阿基米德立墓,聊表景仰之忱。在碑上刻着球内切于圆柱的图形,以资纪念。因阿基米德发现球的体积及表面积,都是外切圆柱体体积及表面积的 2/3。他生前曾流露过要刻此图形在墓上的愿望。

随着时间的流逝,阿基米德的陵墓被荒草湮没了。后来,西西里岛的会计官、政治家、哲学家西塞罗(公元前106—43)游历叙拉古时,在荒草发现了一块刻有圆柱容球图形的墓碑,依此辨认出这就是阿基米德的坟墓,并将它重新修复了。

阿基米德是最富有传奇色彩的古代科学家。1998年之前,传世的阿基米德著作共8篇,依次是:《论平面平衡》、《抛物线求积》、《球体和圆柱体》、《测圆术》、《论螺线》、《论浮体》、《圆锥体和椭球体》、《数沙者》。这8篇的内容传自两个古代抄本系统,它们被专家称为"抄本A"和"抄本B"。不幸的是这两个抄本都已佚失。1998年,纽约克里斯蒂拍卖行出现了一件名为"阿基米德羊皮书"的拍品,这是一本很不起眼的中世纪抄写的祈祷书,但是因为据说它原先是一本阿基米德著作的抄本,只是后来被人刮掉了原书字迹,再用来抄写祈祷书的(这种"废物利用"在古代并不罕见),所以身价不菲,最终由一位神秘富翁以200万美元拍得。随后这位富翁自称"B先生",派人找到巴尔的摩市的华尔特艺术博物馆手稿部主任诺尔博士,要诺尔组织团队来研究"阿基米德羊皮书",研究经费由他来资助。但研究结束后羊皮书要归还给他。诺尔组织了一支包括了古代科学教授、数学史教授、中世纪艺术史教授、化学教授、数码成像专家、X射线成像专家、古籍手稿研究专家的研究团队,他们都主要是在周末业余时间从事这项研究。研究过程中,B先生也经常参与决策。他一直是负责的、考虑全面的、大方的。这支研究团队辛勤工作了7年——从1999年至2006年,这个项目从来没有发生资金短缺的问题。

研究者们将"阿基米德羊皮书"一页页拆开,利用各种现代的成像技术,最终竟然成功地完整重现了那份在700多年前已经被从羊皮纸上刮去的抄本内容。于是传世阿基米德著作的第三个抄本重新出现了。它现在被称为"抄本C",成为存世的阿基米德著作抄本中最古老的版本。

"抄本C"中包括了阿基米德的7篇著作:《论平面平衡》、《球体和圆柱体》、《测圆术》、《论螺线》、《论浮体》、《方法论》、《十四巧板》。其中前五篇是以前"抄本A"和"抄本B"系统已经承传下来的,为世人所知的;而最为珍贵的是最后两篇,即《方法论》和《十四巧板》,这是以前从未出现过的。

达·芬奇曾尽力搜寻阿基米德的著作,但他无法看到《方法论》,因为文艺复兴时期的大师们只能依赖"抄本A"和"抄本B"(那时还未佚失)来了解阿基米德。而达·芬奇要是看到了《方法论》,他一定会爽然自失——原来阿基米德的研究和成就早在1700年前就大大超过他了。阿基米德在《方法论》中已经十分接近现代微积分,这里有对数学上"无穷"的超前研究,贯穿全篇的则是如何将数学模型进行物理上的应用。研究者们甚至认为,"阿基米德有能力创造出伽利略和牛顿所创造的物理科学"。至于另一篇新发现的著作《十四巧板》,则又别开生面。尽管"十四巧板"这种古代游戏(比中国民间的"七巧板"更复杂些)在西方早已为人所知,但最初诺尔他们认为《十四巧板》既难以理解也无关紧要,也许只是阿基米德的游戏而已。不过后来研究组合数学的专家参加研究之后,又有了惊人发现——他们认为阿基米德在《十四巧板》中,其实是要讨论总共有多少种方式将十四巧板拼成一个正方形?他们研究的答案是:《十四巧板》中的十四巧板总共有17152种拼法可以得到正方形。这使他们相信,《十四巧板》表明"希腊人完全掌握了组合数学这门科学的最早期证据"。

"阿基米德羊皮书"提供的《方法论》和《十四巧板》这两篇阿基米德遗作的重新问世,确实可以说是"改写了科学史"。

祖冲之——中国古代伟大的数学家

祖冲之(公元429—500),是我国杰出的数学家、天文学家、文学家、地质学家、地理学家和科学家。

祖冲之的原籍是范阳郡道县(今河北易县)。在西晋末年,祖家由于故乡遭到战争的破坏,迁到江南居住。祖冲之的祖父祖昌,曾在宋朝朝庭里担任过大匠卿,负责主持建筑工程,是掌握了一些科学技术知识的;同时,祖家历代对于天文历法都很有研究。因此祖冲之从小就有接触科学技术的机会。

祖冲之对于自然科学和文学、哲学都有广泛的兴趣,特别是对天文、数学和机械制造,更有强烈的爱好和深入的钻研。早在青年时期,他就有了博学多才的名声,并且被朝庭派到当时的一个学术研究机关华林学省去做研究工作。后来他又担任过地方官职。公元461年,他任南徐州(今江苏镇江)刺史府里的从事。464年,宋朝政府调他到娄县(今江苏昆山县东北)做县令。

祖冲之在这一段期间,虽然生活很不安定,但是仍然继续坚持学术研究,并且取得了很大的成就。他研究学术的态度非常严谨。他十分重视古人研究的成果,但又绝不迷信古人。用他自己的话来说,就是绝不"虚推(盲目崇拜)古人",而要"搜炼古今(从大量的古今著作中吸取精华)"。一方面,他对于古代科学家刘歆、张衡、阚泽、刘徽、刘洪、赵匪(欠)等人的著述都做了深入的研究,充分吸取其中一切有用的东西;另一方面,他又敢于大胆怀疑前人在科学研究方面的结论,并通过实际观察和研究,加以修正补充,从而取得许多极有价值的科学成果。在天文历法方面,他所编制的《大明历》,是当时最精密的历法。在数学方面,他推算出准确到六位小数的圆周率,取得了当时世界上最优秀的成绩。

宋朝末年,祖冲之回到建康(今南京),担任谒者仆射的官职。从这时起,直到齐朝初年,他花了较大的精力来研究机械制造,重造指南车,发明千里船、水碓磨等,做出了出色的贡献。

当祖冲之晚年的时候,齐朝统治集团发生了内乱,政治腐败黑暗,人民生活非常痛苦。北朝的魏乘机发大兵向南进攻。从公元494年到500年间,江南一带又陷入战火。对于这种内忧外患重重逼迫的政治局面,祖冲之非常关心。在公元494年到498年之间,他担任长水校尉的官职。当时他写了一篇《安边论》,建议政府开垦荒地,发展农业,增强国力,安定民生,巩固国防。齐明帝看到了这篇文章,打算派祖冲之巡行四方,兴办一些有利于国计民生的事业。但是由于连年战争,他的建议始终没能实现。过不多久,这位卓越的大科学家活到七十二岁,就在公元500年的时候去世了。

在数学方面的成就,祖冲之推算出圆周率 π 的不足近似值(朒数)3.1415926和过剩近似值(盈数)3.1415927,指出 π 的真值在盈、朒两限之间,即 $3.1415926 < \pi < 3.1415927$,并用以校算新莽嘉量斛的容积。这个圆周率值是当时世界上最先进的数学成就,直到15世纪阿拉伯数学家阿尔·卡西和16世纪法国数学家韦达(1540—1603)才得到更精确的结果。祖冲之还确定了两个分数形式的圆周率值,约率 $\pi=22/7 (\approx 3.14)$,密率 $\pi=355/113 (\approx 3.1415929)$,其中密率是在分母小于1000条件下圆周率的最佳近似分数。密率为祖冲之首创,直到16世纪才被德国数学家奥托(1550—1605)和荷兰工程师安托尼兹(1543—1620)重新得到。在西方数学史上,这个圆周率值常被称为安托尼兹率。祖冲之和其子祖暅,在刘徽工作的基础上圆满解决了球体积计算问题。他们得到下列结果:"牟合方盖"(底径相等的两圆柱直交之公共部分)的体积等。

祖冲之在推算过程中提出了"幂势既同,则积不容异"(二立体等高处截面积恒相等,则二立体体积相等)原理。这个原理,直到17世纪才为意大利数学家卡瓦列利(1598—1647)重新提出,而被称为卡瓦列利原理,中国现在一般称为祖暅公理。据《隋书·律历志》记载,祖冲之对于二次方程和三次方程也有所研究。所著《缀术》一书,是著名的《算经十书》之一,曾被唐代国子监和朝鲜、日本用做算学课本,可惜已失传。

在天文历法方面,祖冲之在长期观测、精确计算和对历史文献深入研究的基础上,创制了《大明历》。他最早把岁差引进历法,提高了历法精确性,这是中国历法史上的重大进步。他还采用了391年有144个闰月的新闰周,突破了沿袭很久的19年7闰的传统方法。《大明历》中使用的数据,大多依据长期实测的结果,相当精确。按照祖冲之的数据计算,一个回归年的日数为 365.24281481 平太阳日。一个交点月的日数为 27.21223 平太阳日,关于木星(当时称岁星)每 84 年超辰一次的结论,相当于求出木星公转周期为 11.858 年。这些都非常接近现测数值。所推算的五大行星会合周期,也是当时最好的结果。他还发明用圭表测量冬至前后若干天的正午太阳影长以定冬至时刻的方法。这个方法也为后世长期采用。宋孝武帝大明六年(公元 462 年),祖冲之上书刘宋朝廷,请求颁行《大明历》,但遭到皇帝宠臣戴法兴的反对。戴法兴指责引进岁差和改革闰周等违背了儒家经典,是"诬天背经"。祖冲之据理力争,针锋相对地写了一篇辩驳的奏章。他表示"愿闻显据,以核理实",并引用历史文献和天象观测的大量事实,逐条批驳了戴法兴的论点。他明确指出天体运行"有形可检,有数可推",是有规律的。科学在不断进步,人们不能"信古而疑今",充分体现了一位科学家坚持真理,革旧创新的可贵精神。但是,祖冲之生前《大明历》未能颁行。后经祖暅三次上书朝廷,推荐《大明历》,终于在梁武帝天监九年(公元 510 年)被采用颁行,前后行用八十年,对后世历法产生了重要的影响。

祖冲之是一位博学多才的科学家和发明家。对于机械原理也很有研究。他曾设计制造水碓磨(利用水力加工粮食的工具)、铜制机件传动的指南车、一天能走百里的"千里船"和"木牛流马"等水陆运输工具。还设计制造过漏壶(古代计时器)和巧妙的欹器,并精通音律。他的著述很多,《隋书·经籍志》著录有《长水校尉祖冲之集》五十一卷,散见于各种史籍记载的有《缀术》、《九章算术注》、《大明历》、《驳戴法兴奏章》、《安边论》、《述异记》、《易老庄义》、《论语孝经释》等。其中大部分已失传,现在仅能见到《上大明历表》、《大明历》、《驳戴法兴奏章》、《开立圆术》等有限的几篇。其子祖暅、孙祖皓也都是南朝有名的天文学家和数学家。

为了纪念和表彰祖冲之在科学上的卓越贡献,人们建议把密率 355/113 称为"祖率",紫金山天文台已把该台发现的一颗小行星命名为"祖冲之",在月球背面也已有了以祖冲之名字命名的环形山。

第 2 章 导数、微分及其应用

2.1 导数的概念

2.1.1 两个实例

【实例 1】 变速直线运动的瞬时速度

已知变速直线运动物体的路程 s 是时间 t 的函数 $s=s(t)$，求该物体在时刻 t_0 的瞬时速度 $v(t_0)$。

对于变速直线运动，若从 t_0 到 $t_0+\Delta t$ 这一时间间隔 Δt 内物体运动的路程为

$$\Delta s = s(t_0+\Delta t) - s(t_0)$$

则物体在 Δt 这一段时间内的平均速度为

$$\bar{v} = \frac{s(t_0+\Delta t) - s(t_0)}{\Delta t}$$

显然，$|\Delta t|$ 越小，$\bar{v}$ 越接近物体在 t_0 的瞬时速度 $v(t_0)$，当 $\Delta t \to 0$ 时，$\bar{v}$ 的极限值就是物体在时刻 t_0 的瞬时速度，即

$$v(t_0) = \lim_{\Delta t \to 0} \bar{v} = \lim_{\Delta t \to 0} \frac{\Delta s}{\Delta t} = \lim_{\Delta t \to 0} \frac{s(t_0+\Delta t) - s(t_0)}{\Delta t}$$

也就是说，变速直线运动物体的瞬时速度就是当时间增量趋于零时，路程函数的增量与时间的增量之比的极限。

【实例 2】 平面曲线切线的斜率

已知一平面曲线 L 的方程为 $y=f(x)$，$P(x_0, y_0)$ 为该曲线 L 上的一点，求曲线在该点处的切线斜率。

首先给出平面内曲线切线的一般概念。

曲线 $y=f(x)$ 在其上一点 $P(x_0, y_0)$ 处的切线 PT 是割线 PQ 当动点 Q 沿此曲线无限接近于点 P 时的极限位置。

设割线 PQ 的倾斜角为 β，切线 PT 的倾斜角为 α，则割线的斜率为

$$\bar{k} = \tan\beta = \frac{\Delta y}{\Delta x} = \frac{f(x_0+\Delta x) - f(x_0)}{\Delta x}$$

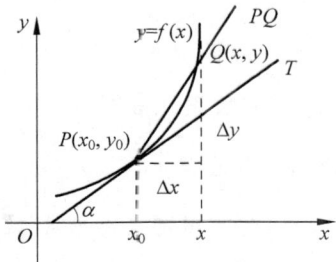

图 2-1 实例 2

当点 Q 沿曲线趋近于点 T 时，即 $\Delta x \to 0$，$\beta \to \alpha$ 时，$\tan\beta \to \tan\alpha$，则得到切线 PT 的斜率

$$k = \tan\alpha = \lim_{\Delta x \to 0}\tan\beta = \lim_{\Delta x \to 0}\frac{\Delta y}{\Delta x} = \lim_{\Delta x \to 0}\frac{f(x_0+\Delta x) - f(x_0)}{\Delta x}$$

由此可见，曲线 $y=f(x)$ 在点 $P(x_0, y_0)$ 处的纵坐标 y_0 的增量 Δy 与横坐标 x_0 的增

量 Δx 之比,当 $\Delta x \to 0$ 时的极限即为曲线上点 $P(x_0, y_0)$ 处的切线斜率。

上述两个实例,尽管实际意义不同,但解决它们的数学方法是相同的,都可以归结为函数的改变量与自变量之比,当自变量改变量趋于零时的极限。在自然科学和工程技术中,还有许多问题最终都可以归结为讨论此类数学模型的极限,数学上这种特定的极限叫做函数的导数。

2.1.2 导数的概念

定义 2.1 设函数 $y=f(x)$ 在点 x_0 的某邻域内有定义,当自变量 x 在 x_0 处取得增量 $\Delta x (\Delta x \neq 0)$ 时,函数 $y=f(x)$ 相应取得增量 $\Delta y = f(x_0 + \Delta x) - f(x_0)$ 若当 $\Delta x \to 0$ 时, $\lim\limits_{\Delta x \to 0} \dfrac{\Delta y}{\Delta x}$ 存在,则称函数 $y=f(x)$ 在点 x_0 处可导,并称该极限值为函数 $y=f(x)$ 在点 x_0 处的导数,记作

$$f'(x_0), \quad y' \big|_{x=x_0}, \quad \dfrac{\mathrm{d}y}{\mathrm{d}x}\bigg|_{x=x_0}, \quad \text{或} \dfrac{\mathrm{d}f(x)}{\mathrm{d}x}\bigg|_{x=x_0}$$

即

$$f'(x_0) = \lim_{\Delta x \to 0} \dfrac{\Delta y}{\Delta x} = \lim_{\Delta x \to 0} \dfrac{f(x_0 + \Delta x) - f(x_0)}{\Delta x}$$

若上述极限不存在,则称 $y=f(x)$ 在点 x_0 处不可导。

函数 $y=f(x)$ 在点 x_0 的导数也经常如下形式表示:

$$f'(x_0) = \lim_{h \to 0} \dfrac{f(x_0 + h) - f(x_0)}{h} \quad \text{或} \quad f'(x_0) = \lim_{x \to x_0} \dfrac{f(x) - f(x_0)}{x - x_0}$$

【例 2.1】 试用导数的定义求函数 $f(x) = x^2$ 在点 $x_0 = 1$ 处的导数。

解:由定义 $f'(x_0) = \lim\limits_{\Delta x \to 0} \dfrac{\Delta y}{\Delta x} = \lim\limits_{\Delta x \to 0} \dfrac{f(x_0 + \Delta x) - f(x_0)}{\Delta x}$,得

$$f'(1) = \lim_{\Delta x \to 0} \dfrac{f(1 + \Delta x) - f(1)}{\Delta x} = \lim_{\Delta x \to 0} \dfrac{(1 + \Delta x)^2 - 1^2}{\Delta x}$$

$$= \lim_{\Delta x \to 0} \dfrac{2\Delta x + (\Delta x)^2}{\Delta x} = \lim_{\Delta x \to 0} (2 + \Delta x) = 2$$

若右极限 $\lim\limits_{\Delta x \to 0^+} \dfrac{\Delta y}{\Delta x} = \lim\limits_{\Delta x \to 0^+} \dfrac{f(x_0 + \Delta x) - f(x_0)}{\Delta x}$ 存在,则称该极限值为 $y=f(x)$ 在 x_0 的右导数,记作 $f'_+(x_0)$。

类似地,可定义左导数 $f'_-(x_0) = \lim\limits_{\Delta x \to 0^-} \dfrac{\Delta y}{\Delta x} = \lim\limits_{\Delta x \to 0^-} \dfrac{f(x_0 + \Delta x) - f(x_0)}{\Delta x}$。

右导数和左导数统称为单侧导数。

显然,函数 $y=f(x)$ 在点 x_0 处可导的充分必要条件是 $f'_+(x_0)$ 与 $f'_-(x_0)$ 都存在,且 $f'_+(x_0) = f'_-(x_0)$。

若函数 $y=f(x)$ 在区间 I 上每一点都可导,则称 $y=f(x)$ 在区间 I 上可导。此时对每一个 $x \in I$,都对应有 $y=f(x)$ 的一个确定的导数 $f'(x)$,这样的对应就构成了一个新的函数,称 $f'(x)$ 为 $y=f(x)$ 在 I 上的导函数,也简称为导数,记作:

$$f'(x), \quad y', \quad \frac{dy}{dx}, \quad 或 \quad \frac{df(x)}{dx}$$

2.1.3 基本初等函数的导数公式

根据导数的定义,求函数的导数可按如下步骤进行:

(1) 计算函数的增量 Δy;

(2) 计算函数增量与自变量增量的比值 $\frac{\Delta y}{\Delta x}$;

(3) 求极限 $\lim\limits_{\Delta x \to 0} \frac{\Delta y}{\Delta x}$。

【例 2.2】 求函数 $f(x) = C$ (C 为常数)的导数。

解: $f'(x) = \lim\limits_{\Delta x \to 0} \frac{\Delta y}{\Delta x} = \lim\limits_{\Delta x \to 0} \frac{f(x+\Delta x) - f(x)}{\Delta x} = \lim\limits_{\Delta x \to 0} \frac{C-C}{\Delta x} = 0$,

即 $(C)' = 0$,这就说明,常数的导数等于零。

【例 2.3】 求 $f(x) = x^n$ (n 为正整数)在点 $x = a$ 处的导数。

解: $f'(a) = \lim\limits_{x \to a} \frac{x^n - a^n}{x-a} = \lim\limits_{x \to a} \frac{x^n - a^n}{x-a}$

$= \lim\limits_{x \to a} (x^{n-1} + ax^{n-2} + \cdots + a^{n-2}x + a^{n-1}) = na^{n-1}$

即 $$f'(a) = na^{n-1}$$

更一般地,对于幂函数 $f(x) = x^\alpha$ (α 为常数),有
$$(x^\alpha)' = \alpha x^{\alpha-1}$$

如,$(x^3)' = 3x^{3-1} = 3x^2$,$(\sqrt{x})' = (x^{\frac{1}{2}})' = \frac{1}{2}x^{\frac{1}{2}-1} = \frac{1}{2\sqrt{x}}$

当 $x \neq 0$ 时,$\left(\frac{1}{x}\right)' = (x^{-1})' = -x^{-2} = -\frac{1}{x^2}$。

【例 2.4】 求 $f(x) = \log_a x$ ($a > 0, a \neq 1$)的导数。

解: $f'(x) = \lim\limits_{h \to 0} \frac{f(x+h) - f(x)}{h} = \lim\limits_{h \to 0} \frac{\log_a(x+h) - \log_a x}{h}$

$= \lim\limits_{h \to 0} \frac{\log_a\left(1 + \frac{h}{x}\right)}{h} = \lim\limits_{h \to 0} \frac{1}{x} \cdot \log_a\left(1 + \frac{h}{x}\right)^{\frac{x}{h}} = \frac{1}{x}\log_a e = \frac{1}{x\ln a}$

即 $$(\log_a^x)' = \frac{1}{x\ln a}$$

特别地,当 $a = e$ 时,$(\ln x)' = \frac{1}{x}$。

前面利用导数的定义推导出了几个基本初等函数的求导公式,其他基本初等函数求导公式我们不再一一推导,但它们是完成函数求导工作的基本工具,为了便于查阅,现把这些公式归纳如下:

(1) $(C)' = 0$ (2) $(x^\mu)' = \mu x^{\mu-1}$

(3) $(\sin x)' = \cos x$ (4) $(\cos x)' = -\sin x$

(5) $(\tan x)' = \sec^2 x$ (6) $(\cot x)' = -\csc^2 x$

(7) $(\sec x)' = \sec x \cdot \tan x$ 　　　　(8) $(\csc x)' = -\csc x \cdot \cot x$

(9) $(a^x)' = a^x \ln a$ 　　　　(10) $(e^x)' = e^x$

(11) $(\log_a^x)' = \dfrac{1}{x \ln a}$ 　　　　(12) $(\ln x)' = \dfrac{1}{x}$

(13) $(\arcsin x)' = \dfrac{1}{\sqrt{1-x^2}}$ 　　　　(14) $(\arccos x)' = -\dfrac{1}{\sqrt{1-x^2}}$

(15) $(\arctan x)' = \dfrac{1}{1+x^2}$ 　　　　(16) $(\operatorname{arccot} x)' = -\dfrac{1}{1+x^2}$

2.1.4　导数的几何意义

由前面讨论知,函数 $y=f(x)$ 在点 x_0 处的导数 $f'(x_0)$ 在几何上就是曲线 $y=f(x)$ 在点 $(x_0, f(x_0))$ 的切线斜率,即

$$k = \tan\alpha = \lim_{\Delta x \to 0} \frac{f(x_0 + \Delta x) - f(x_0)}{\Delta x} = f'(x_0)$$

如果曲线 $y=f(x)$ 在点 $(x_0, f(x_0))$ 的导数存在,则曲线 $y=f(x)$ 在点 $(x_0, f(x_0))$ 的切线方程是

$$y - f(x_0) = f'(x_0)(x - x_0)$$

由解析几何知道,过切点 $(x_0, f(x_0))$ 且与切线垂直的直线称为曲线 $y=f(x)$ 在该点的法线,若切线斜率为 $f'(x_0) \neq 0$,则法线斜率为 $-\dfrac{1}{f'(x_0)}$,从而过切点的法线方程为

$$y - f(x_0) = -\frac{1}{f'(x_0)}(x - x_0)$$

【例 2.5】 求曲线 $y=\sqrt{x}$ 在点 $P(1,1)$ 处的切线方程与法线方程。

解：由 $(x^\mu)' = \mu x^{\mu-1}$,所以 $y' = (\sqrt{x})' = (x^{\frac{1}{2}})' = \dfrac{1}{2\sqrt{x}}$,则 $y'(1) = \dfrac{1}{2}$

曲线 $y=\sqrt{x}$ 在点 $P(1,1)$ 的切线方程为：

$$y - 1 = \frac{1}{2}(x-1), \quad 即 \quad x - 2y + 1 = 0$$

曲线 $y=\sqrt{x}$ 过点 $P(1,1)$ 的法线方程为：

$$y - 1 = -2(x-1), \quad 即 \quad 2x + y - 3 = 0$$

2.1.5　函数的可导性与连续性的关系

定理 2.1　如果函数 $y=f(x)$ 在点 x_0 处可导,则函数 $y=f(x)$ 在点 x_0 处必连续。

然而,该定理的逆命题却不一定成立,即一个函数在某点处连续,但是在该点处不一定可导。

【例 2.6】 讨论函数 $f(x) = |x|$ 在 $x=0$ 处的连续性与可导性。

解：因为
$$\lim_{x \to 0^+} f(x) = \lim_{x \to 0^+} |x| = \lim_{x \to 0^+} x = 0,$$
$$\lim_{x \to 0^-} f(x) = \lim_{x \to 0^-} |x| = \lim_{x \to 0^-} (-x) = 0$$

所以 $\lim\limits_{x\to 0^+} f(x) = \lim\limits_{x\to 0^-} f(x) = 0$,即函数 $f(x) = |x|$ 在 $x=0$ 处连续。

又因为
$$f(x) = |x| = \begin{cases} x & x \geq 0 \\ -x & x < 0 \end{cases}$$

$f'_+(0) = \lim\limits_{\Delta x \to 0^+} \dfrac{|\Delta x|}{\Delta x} = \lim\limits_{\Delta x \to 0^+} \dfrac{\Delta x}{\Delta x} = 1$, $f'_-(0) = \lim\limits_{\Delta x \to 0^-} \dfrac{|\Delta x|}{\Delta x} = \lim\limits_{\Delta x \to 0^-} \dfrac{-\Delta x}{\Delta x} = -1$,$f'_+(0) \neq f'_-(0)$,所以 $f'(0)$ 不存在,即 $f(x)=|x|$ 在 $x=0$ 处不可导。

习题 2.1

1. 已知垂直向上抛一物体,其运动规律为 $h(t) = 10t - \dfrac{1}{2}gt^2$,求:

(1) 物体从 1 秒到 1.2 秒的平均速度;
(2) 物体在 1 秒末的瞬时速度。

2. 根据导数的定义,证明:$(\cos x)' = -\sin x$。

3. 求下列曲线在给定点处的切线方程和法线方程。

(1) $y = \ln x$ 在点 $(1, 0)$ 处   (2) $y = \sin x$ 在点 $\left(\dfrac{\pi}{6}, \dfrac{1}{2}\right)$ 处

4. 求下列函数的导数。

(1) $y = x^5$ (2) $y = \sqrt{x^3}$ (3) $y = \dfrac{\sqrt{x}}{x^2}$

2.2 导数的运算法则

前面一节根据导数的定义求出了部分基本初等函数的导数,但对于一般的函数而言,利用定义方法求一个函数的导数往往很困难,本节将给出函数的求导法则,借助这些法则和基本初等函数的导数公式,就能方便地求出常见初等函数的导数。

2.2.1 导数的四则运算法则

定理 2.2   如果函数 $u = u(x), v = v(x)$ 都在点 x 处具有导数,则它们的和、差、积、商(除分母为零的点外)都在点 x 处具有导数,且

(1) $[u \pm v]' = u' \pm v'$

(2) $[u \cdot v]' = u'v + uv'$

特别地,$[Cu]' = Cu'$(C 为常数)

(3) $\left[\dfrac{u}{v}\right]' = \dfrac{u'v - uv'}{v^2}$ $(v \neq 0)$

下面仅给出法则(2)的证明,法则(1)和(3)的证明从略。

证明:对任意的 $x \in \mathbf{I}$,有:

$$[u \cdot v]' = \lim_{\Delta x \to 0} \dfrac{u(x + \Delta x)v(x + \Delta x) - u(x)v(x)}{\Delta x}$$

$$= \lim_{\Delta x \to 0} \frac{u(x+\Delta x)v(x+\Delta x)-u(x)v(x+\Delta x)+u(x)v(x+\Delta x)-u(x)v(x)}{\Delta x}$$

$$= \lim_{\Delta x \to 0} \frac{u(x+\Delta x)-u(x)}{\Delta x}v(x+\Delta x) + \lim_{\Delta x \to 0} \frac{v(x+\Delta x)-v(x)}{\Delta x}u(x)$$

$$= \lim_{\Delta x \to 0} \frac{u(x+\Delta x)-u(x)}{\Delta x}\lim_{\Delta x \to 0}v(x+\Delta x) + \lim_{\Delta x \to 0} \frac{v(x+\Delta x)-v(x)}{\Delta x}\lim_{\Delta x \to 0}u(x)$$

$$= u'v + uv'$$

法则(1)、(2)可推广到任意有限个可导函数的情形。

例如,设 $u=u(x), v=v(x), w=w(x)$,则

$$[u \pm v \pm w]' = u' \pm v' \pm w', \quad (uvw)' = u'vw + uv'w + uvw'$$

【例 2.7】 已知 $y=x^5-\ln x+\mathrm{e}^7$,求 y'。

解:$y'=(x^5-\ln x+\mathrm{e}^7)'=(x^5)'-(\ln x)'+(\mathrm{e}^7)'=5x^4-\dfrac{1}{x}$

【例 2.8】 已知 $y=\sin x-x^2+\mathrm{e}^x$,求 $y'(0)$。

解:$y'=(\sin x-x^2+\mathrm{e}^x)'=(\sin x)'-(x^2)'+(\mathrm{e}^x)'=\cos x-2x+\mathrm{e}^x$

$y'(0)=\cos 0-2\times 0+\mathrm{e}^0=2$

【例 2.9】 设 $f(x)=x\mathrm{e}^x\cos x$,求 $f'(x)$。

解:$f'(x)=x'\mathrm{e}^x\cos x+x(\mathrm{e}^x)'\cos x+x\mathrm{e}^x(\cos x)'$

$\qquad =\mathrm{e}^x\cos x+x\mathrm{e}^x\cos x-x\mathrm{e}^x\sin x$

【例 2.10】 设 $f(x)=\tan x$,求 $f'(x)$。

解:$f'(x)=(\tan x)'=\left(\dfrac{\sin x}{\cos x}\right)'=\dfrac{(\sin x)'\cos x-\sin x(\cos x)'}{\cos^2 x}$

$\qquad\qquad =\dfrac{\cos^2 x+\sin^2 x}{\cos^2 x}=\dfrac{1}{\cos^2 x}=\sec^2 x$

即 $(\tan x)'=\sec^2 x$

用类似的方法可得:

$$(\cot x)'=-\csc^2 x, \quad (\sec x)'=\sec x\tan x, \quad (\csc x)'=-\csc x\cot x$$

2.2.2 复合函数的求导法则

对于复合函数的导数,能否直接利用基本初等函数的导数公式求导呢?

如,求函数 $y=\sin 2x$ 的导数,能否直接利用 $(\sin x)'=\cos x$,得到 $(\sin 2x)'=\cos 2x$?

事实上,$\sin 2x=2\sin x\cos x$,

$$(\sin 2x)'=(2\sin x\cos x)'=2[(\sin x)'\cos x+\sin x(\cos x)']=2\cos 2x$$

所以 $(\sin 2x)'\neq \cos 2x$。

下面给出复合函数的求导法则。

定理 2.3 如果 $u=\varphi(x)$ 在点 x 处可导,且 $y=f(u)$ 在点 u 处也可导,则复合函数 $y=f[\varphi(x)]$ 在点 x 处可导,且其导数

$$\dfrac{\mathrm{d}y}{\mathrm{d}x}=f'(u)\cdot\varphi'(x) \quad 或 \quad \dfrac{\mathrm{d}y}{\mathrm{d}x}=\dfrac{\mathrm{d}y}{\mathrm{d}u}\cdot\dfrac{\mathrm{d}u}{\mathrm{d}x} \quad 或 \quad y'_x=y'_u\cdot u'_x$$

也就是说,若 y 是 x 的复合函数,u 是中间变量,那么 y 对 x 的导数等于 y 先对 u 的导数,再乘以 u 对 x 的导数,称此法则为复合函数的链式法则。

复合函数求导法则可以推广到有限次复合情形。

如,可导函数 $y=f(u),u=g(v),v=h(x)$ 复合而成的复合函数 $y=f\{g[h(x)]\}$,则

$$\frac{dy}{dx}=\frac{dy}{du}\cdot\frac{du}{dv}\cdot\frac{dv}{dx}$$

【例 2.11】 已知 $y=\sin^2 x$,求 $\dfrac{dy}{dx}$。

解:将 $y=\sin^2 x$ 看成由 $y=u^2$,$u=\sin x$ 复合而成,则

$$\frac{dy}{dx}=\frac{dy}{du}\cdot\frac{du}{dx}=(u^2)'_u(\sin x)'_x=2u\cos x=2\sin x\cos x=\sin 2x$$

【例 2.12】 求函数 $y=e^{\sin x}$ 的导数。

解:将 $y=e^{\sin x}$ 看成由 $y=e^u$ 和 $u=\sin x$ 复合而成,则

$$\frac{dy}{dx}=\frac{dy}{du}\cdot\frac{du}{dx}=(e^u)'\cdot(\sin x)'=e^u\cdot\cos x=e^{\sin x}\cos x$$

利用链式法则求复合函数的导数,关键在于正确地将复合函数分解成几个简单函数,并认清中间变量,一旦熟悉以后,一般可不必写出分解过程,直接由外向里逐步求导。

【例 2.13】 求 $y=\ln\sin(e^x)$ 的导数。

解:$\dfrac{dy}{dx}=[\ln\sin(e^x)]'=\dfrac{1}{\sin(e^x)}\cdot[\sin(e^x)]'=\dfrac{1}{\sin(e^x)}\cos(e^x)\cdot(e^x)'$

$=\dfrac{\cos(e^x)}{\sin(e^x)}e^x=e^x\cot(e^x)$

【例 2.14】 设 $y=\sqrt{1+x^2}$,求 y'。

解:$y'=[(1+x^2)^{\frac{1}{2}}]'=\dfrac{1}{2}(1+x^2)^{\frac{1}{2}-1}(1+x^2)'=\dfrac{2x}{2\sqrt{1+x^2}}=\dfrac{x}{\sqrt{1-x^2}}$

2.2.3 隐函数的求导法则

如果变量 x、y 之间的函数对应关系由一个含 x、y 的二元方程 $F(x,y)=0$ 所确定(y 没有解出),此时 x、y 的函数关系隐含在方程中,称这种由二元方程所确定的函数为 y 对 x 为隐函数。

相应地,称由 $y=f(x)$ 表示的函数为显函数。把一个隐函数化成显函数的过程叫做隐函数的显化。有些隐函数,如方程 $y^3+2\sin y-x=0$ 所确定的函数,y 难以解出。下面通过具体的例子来说明隐函数导数的求法。

【例 2.15】 求由方程 $y^2+x^2=R^2$(其中,R 为实数)所确定隐函数 y 对 x 的导数。

解:将方程两端对 x 求导,得

$$(y^2+x^2)'=(R^2)'$$
$$(y^2)'+(x^2)'=0$$

即

$$2y\cdot y'+2x=0$$

所以

$$y' = -\frac{x}{y}$$

由上例可以得到隐函数求导步骤是：

(1) 将方程 $F(x,y)=0$ 两端对 x 求导（其中视 y 为 x 的函数），得到一个关于 y' 的一次方程；

(2) 从一次方程中解出 y' 即为所求的隐函数 y 对 x 的导数。

【例 2.16】 求椭圆 $\dfrac{x^2}{16}+\dfrac{y^2}{9}=1$ 在点 $P\left(2,\dfrac{3\sqrt{3}}{2}\right)$ 处的切线斜率。

解：由导数的几何意义得 $k=y'(2)$，对椭圆方程两边求导，得

$$\frac{x}{8}+\frac{2}{9}y \cdot y' = 0$$

代入点 $P\left(2,\dfrac{3\sqrt{3}}{2}\right)$ 得

$$k=-\frac{\sqrt{3}}{4}$$

2.2.4 高阶导数

由物理学知识可知，作变速直线运动物体的速度 $v(t)$ 是路程函数 $s=s(t)$ 对时间 t 的导数，即 $v(t)=s'(t)$，若速度仍然是时间 t 的函数，则它对时间 t 的导数是物体的加速度，即 $a=v'(t)=[s'(t)]'$，于是，加速度是路程函数 $s=s(t)$ 对时间 t 的导数的导数，称为二阶导数。

定义 2.2 若函数 $y=f(x)$ 的导数 $f'(x)$ 在点 x 处的可导，则称 $f'(x)$ 在点 x 处的导数叫做函数 $y=f(x)$ 在点 x 处的二阶导数，

记做：y''，$f''(x)$，$\dfrac{d^2 y}{dx^2}$，或 $\dfrac{d^2 f(x)}{dx^2}$

类似地，二阶导数 $f''(x)$ 的导数称为 $y=f(x)$ 的三阶导数，

记做：y'''，$f'''(x)$，$\dfrac{d^3 y}{dx^3}$，或 $\dfrac{d^3 f(x)}{dx^3}$

三阶导数 $f'''(x)$ 的导数称为 $y=f(x)$ 四阶导数，

记做：$y^{(4)}$，$f^{(4)}(x)$，或 $\dfrac{d^4 y}{dx^4}$

一般地，$n-1$ 阶导数的导数称为 $y=f(x)$ 的 n 阶导数，记做 $y^{(n)}$，$f^{(n)}(x)$，或 $\dfrac{d^n y}{dx^n}$。

相应地，把 $y=f(x)$ 的导数 $f'(x)$ 叫做函数 $y=f(x)$ 的一阶导数。

二阶及二阶以上的导数统称为高阶导数。

由此可见，求高阶导数就是多次接连地求导，直到求出对应阶为止。

【例 2.17】 设 $y=-5x^4+3x-2$，求 y'''。

解：
$$y'=-20x^3+3$$
$$y''=-60x^2$$
$$y'''=-120x$$

【例 2.18】 设 $y=x\ln x$，求 $y''(1)$。

解：因为
$$y'=\ln x + x \cdot \frac{1}{x}=\ln x + 1$$

$$y'' = (\ln x + 1)' = \frac{1}{x}$$

所以 $\qquad y''(1) = 1$

【例 2.19】 分别求 $y = \sin x$ 的 n 阶导数 $y^{(n)}$。

解： $y' = \cos x = \sin\left(x + \frac{\pi}{2}\right)$

$$y'' = -\sin x = \sin\left(x + 2 \cdot \frac{\pi}{2}\right)$$

$$y''' = -\cos x = \sin\left(x + 3 \cdot \frac{\pi}{2}\right)$$

$$y^{(4)} = \sin x = \sin\left(x + 4 \cdot \frac{\pi}{2}\right)$$

……

归纳得 $(\sin x)^{(n)} = \sin\left(x + n \cdot \frac{\pi}{2}\right)$

同理 $(\cos x)^{(n)} = \cos\left(x + n \cdot \frac{\pi}{2}\right)$

习题 2.2

1. 求下列函数的导数。

(1) $y = x^4 - 3x^2 + x - 1$ 　　　　(2) $y = \frac{3}{x^2} + \frac{1}{x} - e^2$

(3) $y = 5x^2 + 2^x - e^x$ 　　　　(4) $y = \tan x + \csc x - 2$

(5) $y = \ln x + \log_2^x - 5$ 　　　　(6) $y = \sin x \cos x$

(7) $y = x^2 \sin x$ 　　　　(8) $y = \frac{\cos x}{x}$

(9) $y = \frac{x+1}{x-1}$ 　　　　(10) $y = x e^x \sin x$

2. 求下列函数的导数。

(1) $y = \sin^2 x - \cos 2x$ 　　　　(2) $y = \sin(x^2 + 3x)$

(3) $y = (1 + x^3)^2 \cos x$ 　　　　(4) $y = \ln(1 - x^2)$

(5) $y = \sqrt{1 + x^2}$ 　　　　(6) $y = \ln \frac{1 + \sqrt{x}}{1 - \sqrt{x}}$

3. 求由下列方程所确定的隐函数关于 x 的导数。

(1) $\sin x - \cos y = 1$ 　　　　(2) $y e^x - \ln y = 1$

(3) $x - y = e^{x+y}$ 　　　　(4) $\sin(xy) = x + y$

4. 求下列函数的二阶导数。

(1) $y = x e^x$ 　　　　(2) $y = x^3 - 6x + 5$

(3) $y = x^2 \ln x$ 　　　　(4) $y = \sin^2 2x$

2.3 函数的微分

2.3.1 微分的概念

函数的导数反映的是函数相对于自变量变化的快慢程度,它是函数在点 x 处的变化率,但在实际问题中,当自变量在某一点处取得一个微小改变量 Δx 时,如何有效计算出函数改变量的值呢？因此我们要引入微分的概念。

先来研究一个实际问题。一块正方形金属薄片受温度变化影响,其边长由 x_0 变到 $x_0 + \Delta x$,问此薄片的面积改变了多少？

解：设此正方形的边长为 x,面积为 A,则 $A = x^2$。金属薄片的面积改变量为：

$$\Delta A = (x_0 + \Delta x)^2 - x_0^2 = 2x_0 \Delta x + (\Delta x)^2$$

ΔA 由两部分组成,第一部分 $2x_0 \Delta x$ 是 Δx 的线性函数,第二部分 $(\Delta x)^2$ 是当 $\Delta x \to 0$ 时,$(\Delta x)^2$ 是比 Δx 更快趋于 0,数学上称之为高阶无穷小(记成 $o(\Delta x)$),如果边长改变很微小,面积的改变量 ΔA 可以近似地由 $2x_0 \Delta x$ 代替,而且 Δx 越趋于 0,近似程度越好。

即

$$\Delta A \approx 2x_0 \Delta x$$

定义 2.3 设函数 $y = f(x)$ 在点 x_0 某领域有定义,如果函数 $y = f(x)$ 的增量

$$\Delta y = f(x_0 + \Delta x) - f(x_0)$$

可表示为

$$\Delta y = A \cdot \Delta x + o(\Delta x)$$

其中 A 是不依赖于 Δx 的常数,则称函数 $y = f(x)$ 在点 x_0 是可微的,$A \Delta x$ 叫做函数 $y = f(x)$ 在点 Δx 处的微分,记做 $\mathrm{d}y |_{x = x_0}$,

即

$$\mathrm{d}y |_{x = x_0} = A \cdot \Delta x$$

函数可微的条件：函数 $y = f(x)$ 在点 x_0 可微的充分必要条件是函数 $y = f(x)$ 在点 x_0 可导,且

$$\mathrm{d}y |_{x = x_0} = f'(x_0) \Delta x$$

若函数 $y = f(x)$ 在其定义域内任意一点 x 处都可微,则称 $f'(x) \Delta x$ 是 $y = f(x)$ 的微分,记做 $\mathrm{d}y$,

即

$$\mathrm{d}y = f'(x) \Delta x$$

当 $y = x$ 时,可得 $\mathrm{d}y = \mathrm{d}x = \Delta x$,所以有

$$\mathrm{d}y = f'(x) \mathrm{d}x$$

【例 2.20】 求函数 $y = x^2$ 在 $x = 1$ 处的微分。

解：因为 $y' |_{x=1} = (x^2)' |_{x=1} = 2x |_{x=1} = 2$

所以在 $x = 1$ 处的微分为：$\mathrm{d}y = y' \mathrm{d}x = 2 \mathrm{d}x$。

2.3.2 基本初等函数的微分公式

由函数微分的定义 $dy=f'(x)dx$ 可知,要求函数 $y=f(x)$ 的微分,只要求出函数的导数 $f'(x)$,再乘以 dx 即可。因此,由求导公式及求导法则可以得到基本初等函数的微分公式和微分法则。

导数公式:

$(x^a)'=ax^{a-1}$

$(\sin x)'=\cos x$

$(\cos x)'=-\sin x$

$(\tan x)'=\sec^2 x$

$(\cot x)'=-\csc^2 x$

$(a^x)'=a^x \ln a$

$(e^x)'=e^x$

$(\log_a x)'=\dfrac{1}{x\ln a}$

$(\ln x)'=\dfrac{1}{x}$

$(\arcsin x)'=\dfrac{1}{\sqrt{1-x^2}}$

$(\arccos x)'=-\dfrac{1}{\sqrt{1-x^2}}$

$(\arctan x)'=\dfrac{1}{1+x^2}$

$(\operatorname{arccot} x)'=-\dfrac{1}{1+x^2}$

微分公式:

$d(x^a)=ax^{a-1}dx$

$d(\sin x)=\cos x dx$

$d(\cos x)=-\sin x dx$

$d(\tan x)=\sec^2 x dx$

$d(\cot x)=-\csc^2 x dx$

$d(a^x)=a^x \ln a dx$

$d(e^x)=e^x dx$

$d(\log_a x)=\dfrac{1}{x\ln a}dx$

$d(\ln x)=\dfrac{1}{x}dx$

$d(\arcsin x)=\dfrac{1}{\sqrt{1-x^2}}dx$

$d(\arccos x)=-\dfrac{1}{\sqrt{1-x^2}}dx$

$d(\arctan x)=\dfrac{1}{1+x^2}dx$

$d(\operatorname{arccot} x)=-\dfrac{1}{1+x^2}dx$

2.3.3 微分的运算法则

(1) 函数和、差、积、商的微分运算法则

求导法则:

$(u\pm v)'=u'\pm v'$

$(uv)'=u'v+v'u$

$\left(\dfrac{u}{v}\right)'=\dfrac{u'v-uv'}{v^2}(v\neq 0)$

微分法则:

$d(u\pm v)=du\pm dv$

$d(uv)=vdu+udv$

$d\left(\dfrac{u}{v}\right)=\dfrac{vdu-udv}{v^2}dx(v\neq 0)$

(2) 复合函数的微分运算法则

设函数 $y=f(u)$ 及 $u=\varphi(x)$ 都可导,则复合函数 $y=f[\varphi(x)]$ 的微分为

$$dy=f'(u)\varphi'(x)dx$$

由于 $\varphi'(x)dx=d[\varphi(x)]=du$,所以,复合函数 $y=f[\varphi(x)]$ 的微分也可以写成

$$dy=f'(u)du$$

由此可知,无论 u 是自变量还是中间变量,微分形式 $dy=f'(u)du$ 保持不变,这一性质称为一阶微分形式不变性。利用微分形式不变性,可简化有关微分运算。

【例 2.21】 $y=\sin(2x-1)$,求 dy。

解法 1：令 $y=\sin u, u=2x-1$,则
$$y'=y'_u \cdot u'_x=(\sin u)'(2x-1)'=2\cos u=2\cos(2x-1)$$
$$dy=2\cos(2x-1)dx$$

解法 2：$y'=[\sin(2x-1)]'=\cos(2x-1) \cdot (2x-1)'=2\cos(2x-1)$
$$dy=2\cos(2x-1)dx$$

【例 2.22】 $y=\ln(1+x^2)$,求 dy。

解法 1：$dy=d\ln(1+x^2)=[\ln(1+x^2)]'dx=\dfrac{1}{1+x^2}(1+x^2)'dx=\dfrac{2x}{1+x^2}dx$

解法 2：$dy=d\ln(1+x^2)=\dfrac{1}{1+x^2}d(1+x^2)=\dfrac{1}{1+x^2}[d(1)+d(x^2)]=\dfrac{2x}{1+x^2}dx$

2.3.4 微分在近似计算中的应用

前面已经研究过,当函数 $y=f(x)$ 在某点处取得微小改变量时,有 $\Delta y \approx dy$,因此,用微分进行近似代替,适用于许多实际生产、生活中的数值计算问题。

如果 $y=f(x)$ 在点 x_0 处可导,且 $|\Delta x|$ 很小时,$\Delta y \approx dy=f'(x_0)\Delta x$

于是
$$f(x_0+\Delta x)-f(x_0) \approx f'(x_0)\Delta x$$

或
$$f(x_0+\Delta x) \approx f(x_0)+f'(x_0)\Delta x$$

令 $x_0+\Delta x=x$,得到
$$f(x) \approx f(x_0)+f'(x_0)(x-x_0)$$

【例 2.23】 利用微分求 $\sin 46°$ 的近似值。

解：设 $f(x)=\sin x$,则 $f'(x)=\cos x$,

可取 $x_0=45°=\dfrac{\pi}{4}$,$\Delta x=1°=\dfrac{\pi}{180}$

$$\sin 46° \approx \sin\dfrac{\pi}{4}+\dfrac{\pi}{180}\cos\dfrac{\pi}{4}=0.7071 \times (1+0.0175)=0.7194$$

即 $\sin 46° \approx 0.7194$

显然,若令 $x_0=0$,代入 $f(x) \approx f(x_0)+f'(x_0)(x-x_0)$ 中可得
$$f(x) \approx f(0)+f'(0)x$$

于是,当 $|x|$ 是较小的数值时,可以推得以下几个常见的近似公式：

(1) $\sqrt[n]{1+x} \approx 1+\dfrac{1}{n}x$；

(2) $\sin x \approx x$；

(3) $\tan x \approx x$；

(4) $e^x \approx 1+x$；

(5) $\ln(1+x) \approx x$

习题 2.3

1. 求函数 $y=x^2-x+1$ 当 $x=1, \Delta x=0.001$ 时的微分。

2. 求下列各函数的微分。
(1) $y = \sin x \cdot \ln x$
(2) $y = e^{3x} + \sin 2x$
(3) $y = xe^{2x}$
(4) $y = \sin^2 x \cos 2x$
(5) $y = (x^2 - 1)^3$
(6) $y = \ln(1 + x^2)$

3. 利用微分求下列近似值。
(1) $\cos 44°$
(2) $\sqrt{1.06}$

2.4 导数在经济分析中的应用

本节来学习导数在经济学中的两个重要应用——边际函数和弹性分析。

2.4.1 边际函数

在经济管理中,常常用边际这个概念来描述一个经济量 y 对于另一个经济量 x 的变化问题。一个经济函数 $y = f(x)$ 的导数 $f'(x)$ 称为该函数的边际函数。

边际函数值 $f'(x_0)$ 在经济学中的解释是:经济函数 $f(x)$ 在点 x_0 处,当自变量 x 再增加(或减少)1 个单位量时,经济函数 $f(x)$ 增加(或减少)量为 $f'(x_0)$。

常见的边际函数有边际成本、边际收益和边际利润等。

【例 2.24】 已知生产某产品 x 件的总成本为 $f(x) = 1100 + \dfrac{x^2}{1000}$,试求:

(1) 边际成本函数;
(2) 产量为 1000 件时的边际成本,并解释其经济意义。

解:(1) 边际成本函数:$f'(x) = \dfrac{x}{500}$;

(2) 边际成本:$f'(1000) = 2$;

它表示当产量为 1000 件时,再增加(或减少)1 件单位产品,总成本增加(或减少)2 个单位,即总成本的变化率为 2(单位成本/单位产量)。

【例 2.25】 设某产品的需求函数为 $y = 20 - \dfrac{x}{5}$,其中 y 为价格,x 为销售量,当销售量为 20 个单位时,求总收益、平均收益与边际收益。

解:设总收益为 $z(x)$,则总收益函数为 $z(x) = x \cdot y = 20x - \dfrac{x^2}{5}$;

销售量为 20 个单位时,总收益 $z(20) = 20 \times 20 - \dfrac{20^2}{5} = 320$;

平均收益 $\bar{z}|_{x=20} = \dfrac{z(20)}{20} = \dfrac{320}{20} = 16$;

边际收益 $z'(x)|_{x=20} = \left(20 - \dfrac{2}{5}x\right)\bigg|_{x=20} = 12$;

它表明当销量为 20 件时,再增加(或减少)1 件单位产品,总利润增加(或减少) 12 个单位,即总收益的变化率为 12(单位收益/单位销量)。

【例 2.26】 设某公司每天生产 x 件产品的总成本函数为
$$f(x) = 2000 + 450x + 0.02x^2;$$

如果产品的销售单价为 500 元时,求边际利润为零时的产量。

解:总收益函数为 $z(x)=500x$,则利润函数 $L(x)$ 为
$$L(x) = 500x - (2000 + 450x + 0.02x^2) = 50x - 0.02x^2 - 2000$$
边际利润函数为 $L(x)=50-0.04x$,当边际利润为零时,
$$L(x) = 50 - 0.04x = 0$$
解得 $x=1250$。

上面讨论了边际函数的问题,其实质是函数的绝对改变量与自变量的比率问题,但在实践活动中,仅仅研究函数的绝对变化率是不够的,还需要研究函数的相对变化率。

例如,单价分别为 50 元和 500 元两种产品,它们同时涨价 10 元,显然价格改变绝对量相同,但与原价相比,前者涨幅为 20%,后者涨幅为 2%,前者是后者的 10 倍。为了更准确说明这类问题,下面引入弹性概念。

2.4.2 弹性分析

定义 2.4 若函数 $y=f(x)$ 在点 x_0 处可导,且 $f(x_0)\neq 0$,函数的相对改变量 $\dfrac{\Delta y}{y_0}$ 与自变量的相对改变量 $\dfrac{\Delta x}{x_0}$ 之比的极限:
$$\lim_{\Delta x\to 0}\frac{\Delta y/y_0}{\Delta x/x_0} = \frac{x_0}{y_0}y'(x_0) = \frac{x_0}{f(x_0)}f'(x_0)$$
存在,称此极限值为函数 $y=f(x)$ 在点 x_0 处的弹性,记做 $\left.\dfrac{Ey}{Ex}\right|_{x=x_0}$。

由定义可知,$\left.\dfrac{Ey}{Ex}\right|_{x=x_0} = \dfrac{x_0}{f(x_0)}f'(x_0)$,把 x_0 一般化,称 $\dfrac{Ey}{Ex} = \dfrac{x}{f(x)}f'(x)\,(f(x_0)\neq 0)$ 为函数 $y=f(x)$ 在 x_0 处的弹性。

我们以需求函数的弹性来说明弹性的经济意义,设需求函数为 $Q=Q(P)$,按函数弹性的意义,需求函数的弹性定义为
$$\frac{EP}{EQ} = \frac{P}{Q}\frac{\mathrm{d}Q}{\mathrm{d}P}$$
由于上式是描述需求 Q 对价格 P 的相对变化率,通常称上式为需求函数在点 P 的需求价格弹性,简称为需求弹性,记做 E_P。

需求函数在点 P 的需求价格弹性的经济意义是:在价格为 P 时,若价格变动 1%,需求 Q 相对变化 $|E_P|$%。

【例 2.27】 设某商品的需求函数为 $f(x)=150-2x^2$,试求:

(1) 需求弹性函数;

(2) 当价格为多少时,需求弹性 $\left|\dfrac{Ey}{Ex}\right|=1$,称此需求弹性为单位弹性。

解:(1) 由已知可得 $f'(x)=-4x$,则需求弹性函数为
$$\frac{Ey}{Ex} = \frac{x}{f(x)}f'(x) = \frac{x}{150-2x^2}\cdot(-4x) = \frac{2x^2}{x^2-75}$$

(2) 令 $\left|\dfrac{Ey}{Ex}\right| = \left|\dfrac{2x^2}{x^2-75}\right| = 1$,

解得 $x=5$,即当价格 $x=5$ 时,商品需求量的相对变化与价格的相对变化基本相等。

习题 2.4

1. 求函数 $f(x)=2x^2+x$ 在 $x=2$ 处的边际函数值。

2. 设某商品的成本函数为 $f(x)=800+\dfrac{x}{200}$，求 $x=1000$ 时的边际成本，并解释其经济意义。

3. 设产品的成本函数和收入函数分别为 $f_1(x)=100+5x+2x^2$ 和 $f_2(x)=200x+x^2$，其中 x 为产品的产量，试确定边际收入函数和边际利润函数。

4. 已知某产品的需求函数为 $f(x)=e^{-\frac{x}{2}}$，求 $x=6$ 时的需求弹性，并解释其在经济学上的意义。

2.5 洛必达法则

在求分式极限的过程中，常常会遇到以下情形，如 $\lim\limits_{x\to 0}\dfrac{\sin x}{e^x-1}$，当 $x\to 0$ 时，分子和分母同时趋于 0，又如 $\lim\limits_{x\to +\infty}\dfrac{x^2}{e^x}$，当 $x\to +\infty$ 时，分子和分母同时趋于 $+\infty$，这样的极限可能存在，也可能不存在，通常把上述极限叫未定式，并简记为 $\dfrac{0}{0}$ 或 $\dfrac{\infty}{\infty}$。

下面介绍求上述未定式极限的有效方法——洛必达法则。

2.5.1 "$\dfrac{0}{0}$"型未定式

定理 2.4 设函数 $f(x)$ 与 $g(x)$ 满足下列条件：

(1) $\lim\limits_{x\to x_0}f(x)=\lim\limits_{x\to x_0}g(x)=0$；

(2) 在点 x_0 的某个邻域内（点 x_0 可除外）可导，且 $g'(x)\neq 0$；

(3) $\lim\limits_{x\to x_0}\dfrac{f'(x)}{g'(x)}=A$（或 ∞）。

则
$$\lim_{x\to x_0}\frac{f(x)}{g(x)}=\lim_{x\to x_0}\frac{f'(x)}{g'(x)}=A(\text{或}\infty)$$

定理说明，当 $\lim\limits_{x\to x_0}\dfrac{f'(x)}{g'(x)}$ 存在时，$\lim\limits_{x\to x_0}\dfrac{f(x)}{g(x)}$ 也存在且等于 $\lim\limits_{x\to x_0}\dfrac{f'(x)}{g'(x)}$；当 $\lim\limits_{x\to x_0}\dfrac{f'(x)}{g'(x)}$ 为无穷大时，$\lim\limits_{x\to x_0}\dfrac{f(x)}{g(x)}$ 也是无穷大。这种满足一定条件，通过对分子分母分别求导再求未定式极限的方法称为洛必达法则。

【例 2.28】 求 $\lim\limits_{x\to 0}\dfrac{\sin x}{e^x-1}$。

解：所求极限为 $\dfrac{0}{0}$ 型，
$$\lim_{x\to 0}\frac{\sin x}{e^x-1}=\lim_{x\to 0}\frac{(\sin x)'}{(e^x-1)'}=\lim_{x\to 0}\frac{\cos x}{e^x}=\frac{\cos 0}{e^0}=1$$

【例 2.29】 求 $\lim\limits_{x\to 0}\dfrac{\sin 5x}{\sin 7x}$。

解：所求极限为 $\dfrac{0}{0}$ 型，

$$\lim_{x\to 0}\frac{\sin 5x}{\sin 7x}=\lim_{x\to 0}\frac{(\sin 5x)'}{(\sin 7x)'}=\lim_{x\to 0}\frac{5\cos x}{7\cos x}=\frac{5}{7}$$

2.5.2 "$\dfrac{\infty}{\infty}$"型未定式

定理 2.5 设函数 $f(x)$ 与 $g(x)$ 满足下列条件：

(1) $\lim\limits_{x\to x_0}f(x)=\lim\limits_{x\to x_0}g(x)=\infty$；

(2) 在点 x_0 的某个邻域内（点 x_0 可除外）可导，且 $g'(x)\neq 0$；

(3) $\lim\limits_{x\to x_0}\dfrac{f'(x)}{g'(x)}=A$（或 ∞）。

则

$$\lim_{x\to x_0}\frac{f(x)}{g(x)}=\lim_{x\to x_0}\frac{f'(x)}{g'(x)}=A（或\infty）$$

特别指出的是，使用洛必达法则时，应注意以下几点：

(1) 两条定理中的"$x\to x_0$"，可相应改为 $x\to x_0^+, x\to x_0^-, x\to \infty, x\to +\infty, x\to -\infty$ 中任一种，只要满足相关条件即可；

(2) 洛必达法则只适用于 $\dfrac{0}{0}$ 型或 $\dfrac{\infty}{\infty}$ 型，因此每次使用法则时都必须检查是否为 $\dfrac{0}{0}$ 型或 $\dfrac{\infty}{\infty}$ 型未定式极限；

(3) 如果极限 $\lim\limits_{x\to x_0}\dfrac{f'(x)}{g'(x)}$ 不存在，并不能说明原极限 $\lim\limits_{x\to x_0}\dfrac{f(x)}{g(x)}$ 不存在，只表明洛必达法则不可用，此时应用其他方法来求极限；

(4) 如果 $\lim\limits_{x\to x_0}\dfrac{f'(x)}{g'(x)}$ 仍属于 $\dfrac{0}{0}$ 型或 $\dfrac{\infty}{\infty}$ 型，若仍满足洛必达法则条件，可继续使用洛必达法则。

【例 2.30】 求 $\lim\limits_{x\to +\infty}\dfrac{x^2}{e^x}$。

解：所求极限为 $\dfrac{\infty}{\infty}$ 型，

$$\lim_{x\to +\infty}\frac{x^2}{e^x}=\lim_{x\to +\infty}\frac{(x^2)'}{(e^x)'}=\lim_{x\to +\infty}\frac{2x}{e^x}=\lim_{x\to +\infty}\frac{(2x)'}{(e^x)'}=\lim_{x\to +\infty}\frac{2}{e^x}=0$$

【例 2.31】 求 $\lim\limits_{x\to +\infty}\dfrac{\ln x}{x^n}(n>0)$。

解：所求极限为 $\dfrac{\infty}{\infty}$ 型，

$$\lim_{x\to +\infty}\frac{\ln x}{x^n}=\lim_{x\to +\infty}\frac{(\ln x)'}{(x^n)'}=\lim_{x\to +\infty}\frac{\dfrac{1}{x}}{nx^{n-1}}=\lim_{x\to +\infty}\frac{1}{nx^n}=0$$

【例 2.32】 求 $\lim\limits_{x\to 1}\dfrac{x^3-3x+2}{x^3-x^2-x+1}$。

解：所求极限为 $\dfrac{0}{0}$ 型，

$$\lim_{x\to 1}\frac{x^3-3x+2}{x^3-x^2-x+1}=\lim_{x\to 1}\frac{(x^3-3x+2)'}{(x^3-x^2-x+1)'}=\lim_{x\to 1}\frac{3x^2-3}{3x^2-2x-1}$$

$$= \lim_{x \to 1} \frac{(3x^2-3)'}{(3x^2-2x-1)'} = \lim_{x \to 1} \frac{6x}{6x-2} = \frac{3}{2}$$

注：极限 $\lim_{x \to 1} \frac{6x}{6x-2}$ 不属于 $\frac{0}{0}$ 或 $\frac{\infty}{\infty}$ 型，不能再运用洛必达法则。

其他还有一些形如 $0 \cdot \infty, 1^\infty, 0^0, \infty^0, \infty - \infty$ 等类型的极限也属于未定式极限，只要通过适当地变形，可化为 $\frac{0}{0}$ 型或 $\frac{\infty}{\infty}$ 型的未定式，从而可采用洛必达法则。

【例 2.33】 求 $\lim_{x \to 0^+} x^n \ln x \ (n > 0)$。

解：这是属于 $0 \cdot \infty$ 型的未定式极限，将 $x^n \ln x$ 改写为 $\frac{\ln x}{x^{-n}}$ 使之转化为 $\frac{\infty}{\infty}$ 型。

$$\lim_{x \to 0^+} x^n \ln x = \lim_{x \to 0^+} \frac{\ln x}{x^{-n}} = \lim_{x \to 0^+} \frac{\frac{1}{x}}{-nx^{-n-1}} = -\frac{1}{n} \lim_{x \to 0^+} x^n = 0$$

【例 2.34】 求 $\lim_{x \to 1} \left(\frac{x}{1-x} - \frac{1}{\ln x} \right)$。

解：这是属于 $\infty - \infty$ 型的未定式极限，将 $\frac{x}{1-x} - \frac{1}{\ln x}$ 通分转化为 $\frac{0}{0}$ 型。

$$\lim_{x \to 1} \left(\frac{x}{1-x} - \frac{1}{\ln x} \right) = \lim_{x \to 1} \frac{x \ln x - (1-x)}{(1-x)\ln x} = \lim_{x \to 1} \frac{\ln x + 2}{\frac{1-x}{x} - \ln x} = \infty$$

习题 2.5

求下列函数的极限。

(1) $\lim_{x \to 1} \frac{\ln x}{x-1}$

(2) $\lim_{x \to 0^+} \frac{x^2}{e^x - 1}$

(3) $\lim_{x \to 0} \frac{\sin x}{\tan 3x}$

(4) $\lim_{x \to a} \frac{\sin x - \sin a}{x-a}$

(5) $\lim_{x \to 1} \frac{x^2 - 5x + 4}{x^3 - 1}$

(6) $\lim_{x \to 0} \frac{e^x - e^{-x}}{\sin x}$

(7) $\lim_{x \to +\infty} \frac{\ln x}{e^x}$

(8) $\lim_{x \to +\infty} \frac{x^2 + 1}{x \ln x}$

(9) $\lim_{x \to 0} \left(\frac{1}{x} - \frac{1}{e^x - 1} \right)$

(10) $\lim_{x \to 1} \left(\frac{2}{x^2 - 1} - \frac{1}{x-1} \right)$

2.6 函数的单调性与极值

2.6.1 函数单调性的判别方法

函数的单调性是函数的一个重要性质，在中学阶段我们利用函数定义的方法来判别函数的单调性，但对于较复杂的函数往往是很困难的，下面介绍利用导数的符号来判别函数的单调性。

一个函数 $y = f(x)$ 在区间上单调增加（或单调减少），其在直角坐标系中对应的图像是随着 x 值的增大曲线逐渐上升（或下降），对应切线的斜率为正（或负），如图 2-2 所示。

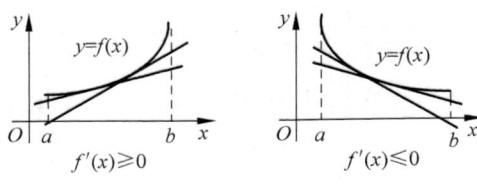

图 2-2

由导数的几何意义可知,若函数 $y=f(x)$ 在区间上单调增大,则 $y=f(x)$ 在此区间内函数图形是一条上升的曲线,曲线上各点的切线与 x 轴正向的夹角为锐角,所以其斜率为正,对应导数 $f'(x)>0$;若函数 $y=f(x)$ 在区间上单调减小,则 $y=f(x)$ 在此区间内函数图形是一条下降的曲线,曲线上各点的切线与 x 轴正向的夹角为钝角,所以其斜率为负,对应导数 $f'(x)<0$。

由此可见,函数的单调性与其导数的符号有着密切联系,因此可以通过判定函数导数的正负号来判定函数的增减性。

定理 2.6 设函数 $y=f(x)$ 在 (a,b) 内可导,则有:
(1) 如果在 (a,b) 内 $f'(x)>0$,那么函数 $y=f(x)$ 在 (a,b) 上单调增大;
(2) 如果在 (a,b) 内 $f'(x)<0$,那么函数 $y=f(x)$ 在 (a,b) 上单调减小。

【**例 2.35**】 确定函数 $f(x)=x^3-3x+1$ 的单调区间。

解:函数的定义域为 $(-\infty,+\infty)$,其导数为 $f'(x)=3x^2-3=3(x-1)(x+1)$。
当 $x>1$ 或 $x<-1$ 时,$f'(x)>0$,故它的单调增区间为 $(-\infty,-1)\cup(1,+\infty)$;
当 $-1<x<1$ 时,$f'(x)<0$,故它的单调减区间为 $(-1,1)$。

注意到上例中,当 $x=\pm1$ 时,$f'(-1)=0,f'(1)=0$,它恰好是单调区间的分界点,数学上将使得一阶导数等于零的点称为该函数的稳定点(或驻点)。

为了方便解决此类问题,可以采用以下步骤判别单调性:
(1) 确定函数 $y=f(x)$ 的定义域及导函数 $f'(x)$;
(2) 令 $f'(x)=0$,求出稳定点,以及 $f'(x)$ 不存在的点;
(3) 用以上这些点将 $f(x)$ 的定义域划分成若干个小区间;
(4) 列表,考察每个小区间上 $f'(x)$ 的符号,从而判断出函数的单调性。

【**例 2.36**】 求函数 $f(x)=x+\dfrac{1}{x}$ 的单调区间。

解:函数在定义域为 $(-\infty,0)\cup(0,+\infty)$,$f'(x)=1-\dfrac{1}{x^2}$

令 $f'(x)=0$,即 $1-\dfrac{1}{x^2}=0$,得两个稳定点 $x_1=-1,x_2=1$,无不可导点。

两个稳定点 $(-1,0)(-1,0)$ 把定义域 $(-\infty,0)\cup(0,+\infty)$ 分成四个子区间:$(-\infty,-1),(-1,0),(0,1),(1,+\infty)$,列表如下:

x	$(-\infty,-1)$	$(-1,0)$	$(0,1)$	$(1,+\infty)$
$f'(x)$	+	−	−	+
$f(x)$	↗	↘	↘	↗

所以，函数 $f(x)$ 单调增区间为 $(-\infty,-1)\cup(1,+\infty)$，单调减区间为 $(-1,0)\cup(0,1)$。

2.6.2 函数的极值

定义 2.5 设函数 $y=f(x)$ 在点 x_0 的某邻域内有定义，若对于该邻域内任意一点 $x(x\neq x_0)$，恒有：

(1) $f(x)<f(x_0)$，则称 $f(x_0)$ 为函数 $f(x)$ 的极大值，x_0 称为 $f(x)$ 的极大值点；

(2) $f(x)>f(x_0)$，则称 $f(x_0)$ 为函数 $f(x)$ 的极小值，x_0 称为 $f(x)$ 的极小值点。

函数的极大值和极小值统称为函数的极值，极大值点和极小值点统称为极值点。

注意：极大值和极小值是函数在一点 x_0 附近的局部性质，函数的极大值不一定大于极小值，函数的极值必定在区间内部取得，在区间端点处不能取得极值。

那么，如何求函数的极值呢？如图 2-3 所示，函数的极值通常是在由线的升降转折处取得，在点 x_2、x_5 处取得极大值，在点 x_1、x_4、x_6 处取得极小值，它们对应的切线是水平方向，对应的导数值等于零。

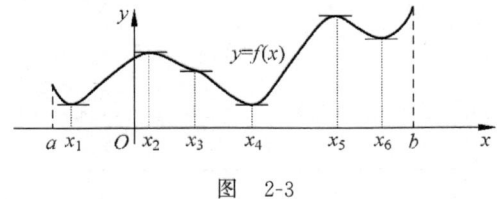

图 2-3

定理 2.7（极值存在的必要条件） 如果函数 $f(x)$ 在点 x_0 处可导，且 $f(x)$ 在点 x_0 处取得极值，则必有 $f'(x_0)=0$。

注意：可导的极值点必定是它的稳定点。但是，函数的稳定点不一定是极值点。

例如，函数 $f(x)=x^3$，点 $x_0=0$ 是它的稳定点，但是在 $(-\infty,+\infty)$ 内函数 $f(x)=x^3$ 是单调增加的，所以点 $x_0=0$ 不是极值点。这说明函数的稳定点可能不是极值点。

此外，函数在它的连续不可导点处也可能取得极值，如函数 $f(x)=|x|$ 在点 $x_0=0$ 处连续不可导，但是在该点取得极小值。

由此可知，函数的极值点只能在稳定点和不可导点中产生，但是稳定点和不可导点不一定都是极值点。那么如何判别函数的稳定点或不可导点是否是极值点呢？有如下判别方法。

定理 2.8（极值的第一充分条件） 设函数 $f(x)$ 在点 x_0 的领域内连续且可导（$f'(x)$ 可以不存在），

(1) 如果当 $x<x_0$ 时，$f'(x)>0$；当 $x>x_0$ 时，$f'(x)<0$，那么 x_0 点为 $f(x)$ 的极大值点；

(2) 如果当 $x<x_0$ 时，$f'(x)<0$；当 $x>x_0$ 时，$f'(x)>0$，那么 x_0 点为 $f(x)$ 的极小值点；

(3) 如果当在点 x_0 的该邻域内，$f'(x)$ 不变号，那么点 x_0 不是 $f(x)$ 的极值点。

【例 2.37】 求函数 $f(x)=-3x^4+8x^3-6x^2+6$ 的极值。

解：函数定义域为 $(-\infty,+\infty)$，且
$$f'(x)=-12x^3+24x^2-12x=-12x(x-1)^2$$

令 $f'(x)=0$，得稳定点 $x_1=0, x_2=1$，无不可导点，列表如下：

x	$(-\infty,0)$	0	$(0,1)$	1	$(1,+\infty)$
$f'(x)$	+	0	−	0	−
$f(x)$	↗	极大值	↘	非极值	↘

函数在 $x=0$ 处取得极大值 $f(0)=6$。

一般地，求函数极值的基本步骤是：

(1) 确定函数 $y=f(x)$ 的定义域及其导函数 $f'(x)$；

(2) 令 $f'(x)=0$，求出稳定点及一阶导数不存在的点；

(3) 用以上这些点将 $f(x)$ 的定义域分成若干个小区间，列表考察，在每个小区间上判断 $f'(x)$ 的符号以及 $f(x)$ 的单调性；

(4) 利用定理确定函数的极值点和极值。

【例 2.38】 求 $f(x)=(x+2)^2(x-1)^3$ 极值点。

解： 函数定义域为 $(-\infty,+\infty)$，且

$$f'(x)=2(x+2)(x-1)^3+(x+2)^2 \cdot 3(x-1)^2=(x+2)(x-1)^2(5x+4)$$

令 $f'(x)=0$，解得稳定点 $x_1=-2, x_2=-\dfrac{4}{5}, x_3=1$，无不可导点，列表如下：

x	$(-\infty,-2)$	-2	$\left(-2,-\dfrac{4}{5}\right)$	$-\dfrac{4}{5}$	$\left(-\dfrac{4}{5},1\right)$	1	$(1,+\infty)$
$f'(x)$	+	0	−	0	+	0	+
$f(x)$	↗	极大值	↘	极小值	↗	非极值	↗

函数的极大值点是 $x=-2$，极小值点是 $x=-\dfrac{4}{5}$，$x=1$ 非极值点。

定理 2.9（极值的第二充分条件） 设函数 $f(x)$ 在点 x_0 处具有二阶导数，且 $f'(x_0)=0$，$f''(x_0)\neq 0$，则：

(1) 当 $f''(x_0)<0$，函数 $f(x)$ 在 x_0 点取得极大值；

(2) 当 $f''(x_0)>0$，函数 $f(x)$ 在 x_0 点取得极小值。

定理说明，当 $f''(x_0)\neq 0$ 时，x_0 必定是极值点。但当 $f''(x_0)=0$ 时，该点是否为极值点还是要用极值的第一充分条件来判别。

【例 2.39】 求函数 $f(x)=\dfrac{1}{3}x^3-\dfrac{4}{3}x^2-x$ 的极值。

解： $f'(x)=x^2-\dfrac{8}{3}x-1=\dfrac{1}{3}(3x+1)(x-3)$，$f''(x)=2x-\dfrac{8}{3}$，

稳定点为 $x_1=-\dfrac{1}{3}$ 及 $x_2=3$，

又 $f''\left(-\dfrac{1}{3}\right)=-\dfrac{10}{3}<0$，$f''(3)=\dfrac{10}{3}>0$，

所以，函数的极大值为 $f\left(-\dfrac{1}{3}\right)=\dfrac{14}{81}$，极小值为 $f(3)=-6$。

2.6.3 函数的最大值与最小值

设函数 $f(x)$ 在闭区间 $[a,b]$ 上连续,根据闭区间上连续函数的性质可知,函数 $y=f(x)$ 在闭区间 $[a,b]$ 上一定有最大值和最小值,这个最大值或最小值只能在区间内部或区间端点处取得。如果最大值或最小值在区间内的某一点 x_0 取得,那么这个最大值或最小值 $f(x_0)$ 必定是函数 $f(x)$ 的一个极大值或极小值,点 x_0 必定为函数 $f(x)$ 的稳定点,因此,求出 $f(x)$ 在区间 $[a,b]$ 内全部的稳定点和不可导点处对应的函数值,以及区间端点处对应的函数值 $f(a)$、$f(b)$,再加以比较,其中最大者即为函数 $f(x)$ 在 $[a,b]$ 上的最大值,最小者即为 $f(x)$ 在 $[a,b]$ 上的最小值。

【例 2.40】 求函数 $f(x)=x^3-x^2-x+1$,在区间 $[-2,2]$ 的最大值和最小值。

解:$f(x)$ 在此区间处处可导,且 $f'(x)=3x^2-2x-1=(3x+1)(x-1)$,

令 $f'(x)=0$,解得稳定点 $x_1=-\dfrac{1}{3}$ 及 $x_2=1$,无不可导点。

因为 $f\left(-\dfrac{1}{3}\right)=\dfrac{32}{27}$,$f(1)=0$,$f(2)=3$,$f(-2)=-9$,

比较可得,函数的最大值为 $f(2)=3$,函数的最小值为 $f(-2)=-9$。

【例 2.41】 某厂要生产容积为 V 的圆柱形有盖容器,问底面半径 x 与高 y 应如何选择才能使得所用材料最省?

解:容器容积为 $V=\pi x^2 y$,要使得材料最省,必须使得容器表面积最小。
设表面积为 $S(x)$,则

$$S(x) = 2\pi x^2 + 2\pi xy = 2\pi x^2 + \dfrac{2V}{x}, \quad x>0$$

$$S'(x) = 4\pi x - \dfrac{2V}{x^2}$$

令 $S'(x)=0$,解得唯一可能极值点

$$x = \sqrt[3]{\dfrac{V}{2\pi}}$$

又 $S''(x)=4x+\dfrac{4V}{x^3}$,$S''\left(\sqrt[3]{\dfrac{V}{2\pi}}\right)>0$

所以,当 $x=\sqrt[3]{\dfrac{V}{2\pi}}$ 时,$S(x)$ 取得极小值,此时 $\dfrac{x}{y}=\dfrac{1}{2}$。

习题 2.6

1. 确定下列函数的单调性。

    (1) $f(x)=2x^3-9x^2+12x-1$　　(2) $f(x)=\dfrac{x}{1+x}$

    (3) $f(x)=x-\ln(1+x)$　　(4) $f(x)=e^x-x+2$

2. 求下列函数的极值。

    (1) $f(x)=2x^3-3x^2-12x+2$　　(2) $f(x)=\dfrac{x}{1+x^2}$

(3) $f(x)=x^2\ln x$

(4) $f(x)=x+\sqrt{1-x}$

(5) $f(x)=(x-1)x^{\frac{2}{3}}$

(6) $f(x)=\sin x-2x$

3. 求下列函数在指定区间的最大值与最小值。

(1) $f(x)=x+\dfrac{1}{x}, x\in\left[\dfrac{1}{2},3\right]$

(2) $f(x)=2x^3+3x^2-12x-10, x\in[-3,4]$

(3) $f(x)=\ln(1+x^2), x\in[-1,3]$

(4) $f(x)=x+\sqrt{x}, x\in[0,9]$

4. 需建造一个容量为 V 且底面为正方形的棱柱形开口水池,试问:如何设计水池的底边与高度,使所用材料最省?

2.7 曲线的凹凸性与拐点

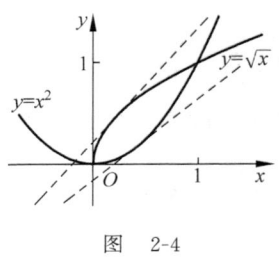

图 2-4

利用函数的单调性和极值,可以知道函数在某区间内的大概情况,但还不能全面地描述函数在区间内的形态特征。

例如,抛物线 $y=x^2$ 和 $y=\sqrt{x}$,当 $x>0$ 时,虽然都是增函数,它们在第一象限内都是上升的曲线,但是它们的弯曲情况却不同,如图 2-4 所示。因此,研究函数图像时还要考察它的弯曲方向。下面给出曲线凹凸的定义。

2.7.1 曲线的凹凸性与拐点定义

定义 2.6 设函数 $y=f(x)$ 在 (a,b) 内,如果曲线弧上任意一点处的切线总是位于该曲线弧的下方,则称此曲线弧是凹的,称区间 (a,b) 为该曲线的凹区间;如果曲线弧上任意一点处的切线总是位于该曲线弧的上方,则称此曲线弧是凸的,称区间 (a,b) 为该曲线的凸区间,如图 2-5 所示。

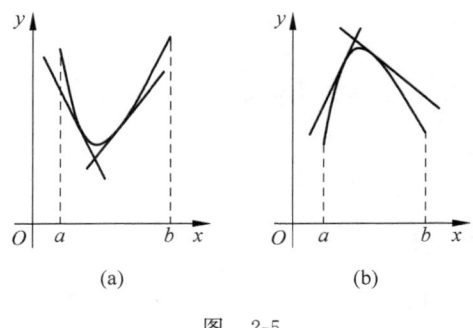

图 2-5

如果函数 $y=f(x)$ 在 (a,b) 内具有二阶导数,当曲线弧是凹的时候,其切线的斜率是逐渐增加的,即函数的导数是单调增加的;当曲线弧是凸的时候,其切线的斜率是逐渐减少的,即函数的导数是单调减小的,根据函数单调性的判别方法,则可以利用二阶导数的符号来判断曲线弧的凹凸性。

2.7.2 曲线凹凸性的判别及拐点的求法

定理 2.10 设函数 $f(x)$ 在 (a,b) 内具有二阶导数,则有:
(1) 如果在 (a,b) 内,$f''(x)>0$,那么曲线在 (a,b) 内是凹的;
(2) 如果在 (a,b) 内,$f''(x)<0$,那么曲线在 (a,b) 内是凸的。

【例 2.42】 判定曲线 $y=1+\ln x$ 的凹凸性。

解:因为
$$y'=\frac{1}{x}, \quad y''=-\frac{1}{x^2}$$

在函数 $y=1+\ln x$ 的定义域 $(0,+\infty)$ 内,$y''=-\dfrac{1}{x^2}<0$

所以,曲线 $y=1+\ln x$ 是凸的。

【例 2.43】 判断曲线 $y=x^3$ 的凹凸性。

解:因为 $y'=3x^2$,$y''=6x$

所以,当 $x\in(-\infty,0)$ 时,$y''<0$,此时曲线在 $(-\infty,0)$ 是凸的;当 $x\in(0,+\infty)$ 时,$y''>0$,此时曲线在 $(0,+\infty)$ 是凹的。

在上例中,点 $(0,0)$ 是曲线 $y=x^3$ 由凸弧变为凹弧的分界点,通常称这样的点为拐点。一般地,连续曲线 $y=f(x)$ 上凹弧与凸弧的分界点,称为曲线 $y=f(x)$ 的拐点。

求曲线 $y=f(x)$ 的拐点,实际上就是找出 $y''=f''(x)$ 取正值与取负值的分界点。如果 $f''(x)$ 连续,那么当 $f''(x)$ 的符号由正变负或由负变正时,必定有一点 x_0,使 $f''(x_0)=0$,这个点 $(x_0,f(x_0))$ 就是曲线的一个拐点。另外,二阶导数不存在时对应曲线上的点也有可能为拐点。因此,可以按下列步骤来判定曲线 $y=f(x)$ 的拐点。

(1) 确定 $y=f(x)$ 的定义域以及 $f''(x)$;
(2) 令 $f''(x)=0$,求出其解,并求出二阶导数不存在的点;
(3) 用上述点将定义域划分成若干个小区间,考察 $f''(x)$ 在每个小区间的符号;
(4) 若在点 x 左右两侧,$f''(x)$ 符号相反,则点 $(x_0,f(x_0))$ 是拐点,否则就不是拐点。

【例 2.44】 求曲线 $f(x)=x^3-6x^2+9x+1$ 的拐点。

解:函数 $f(x)$ 定义域为 $(-\infty,+\infty)$,
$$f'(x)=3x^2-12x+9, \quad f''(x)=6x-12=6(x-2),$$

令 $f''(x)=0$,解得 $x=2$。当 $x\in(-\infty,2)$ 时,$f''(x)<0$;当 $x\in(2,+\infty)$ 时,$f''(x)>0$,即 $f''(x)$ 在 $x=2$ 的两侧变号。

又因为 $f(2)=3$,所以,点 $(2,3)$ 是该曲线的拐点。

【例 2.45】 求曲线 $f(x)=x^{\frac{1}{3}}$ 的拐点。

解:函数 $f(x)$ 定义域为 $(-\infty,+\infty)$,
$$f'(x)=\frac{1}{3}x^{-\frac{2}{3}}, \quad f''(x)=-\frac{2}{9}x^{-\frac{5}{3}}(x\neq 0),$$

当 $x=0$ 时,$f'(x)$,$f''(x)$ 都不存在,$x=0$ 把 $(-\infty,+\infty)$ 划分成两个小区间:$(-\infty,0)$,$(0,+\infty)$,当 $x\in(-\infty,0)$ 时,$f''(x)>0$,此时曲线为凹的;当 $x\in(0,+\infty)$ 时,$f''(x)<0$,此时曲线为凸的。

当 $x=0$ 时,$y=0$,所以,点$(0,0)$是曲线的拐点。

习题 2.7

求下列函数的凹凸区间与拐点。

(1) $f(x)=x^3-5x^2+3x-1$ (2) $f(x)=xe^{-x}$

(3) $f(x)=\ln(1+x^2)$ (4) $f(x)=\dfrac{x}{1+x^2}$

2.8 极值在经济中的应用

前面我们讨论了极值和最值的求法,在实际问题中,如果所讨论的函数在所给定区间内只有一个极值点,而实际应用问题中又有最值存在,那么最值就在此极值点处取得,如"利润最大"、"成本最低"、"用料最省"、"效率最优"等问题,在数学上都可归结为求某一函数在某个区间内的最大值与最小值问题。

2.8.1 最大利润问题

设收益函数是 $R(x)$,成本函数是 $C(x)$,则利润函数为:
$$L(x)=R(x)-C(x)$$
对上式求导,得
$$L'(x)=R'(x)-C'(x)$$
为使利润 $L(x)$ 最大,只需令 $L'(x)=0$,即 $R'(x)-C'(x)=0$,有
$$R'(x)=C'(x)$$
即如果利润 $L(x)$ 达到最大值,必须使得边际收益 $R'(x)$ 等于边际成本 $C'(x)$。

【例 2.46】 某工厂每天生产某种产品的固定成本是 2500 元,已知每生产 x 件这种产品需要再增加可变成本 $C(x)=200x+\dfrac{1}{36}x^3$(元),若生产的产品每件售价 500 元,问该工厂每天应生产多少件这样的产品才能使得利润最大?

解:设生产 x 件产品的利润为 $L(x)$ 元,则
$$L(x)=500x-2500-C(x)=300x-\dfrac{1}{36}x^3-2500$$
求导,得
$$L'(x)=300-\dfrac{1}{12}x^2,\quad L''(x)=-\dfrac{1}{6}x$$
令
$$L'(x)=300-\dfrac{1}{12}x^2=0$$
得稳定点 $x=60$ 或 $x=-60$(不合题意,舍去)

且 $L''(60)=-10<0$

所以,产量 $x=60$ 是唯一的极大值点,也是该实际问题的最大值点。故当该厂生产

60 件这样的产品时可获得最大利润,最大利润为 9500 元。

【例 2.47】 某工厂生产某产品的成本函数为 $C(x)=80x+2000$(元),需求函数为 $P(x)=240-0.2x$,问产量为多少时该产品的利润最大？

解：收益函数为
$$R(x) = P(x) \cdot x = (240-0.2x)x = 240x - 0.2x^2$$
利润函数为
$$L(x) = R(x) - C(x) = 160x - 0.2x^2 - 2000$$
求导,得
$$L'(x) = 160 - 0.4x, \quad L''(x) = -0.4 < 0$$
令 $L'(x)=160-0.4x=0$,得 $x=400$

所以,当产量 $x=400$ 单位时是唯一的极大值点,也是该实际问题的最大值点,此时生产该产品的利润最大。

2.8.2 最小平均成本问题

设成本函数为 $C=C(x)$,其中 x 为产量,则平均成本函数为
$$\overline{C}(x) = \frac{C(x)}{x}$$
求导,得
$$\overline{C}'(x) = \frac{C'(x) \cdot x - C(x)}{x^2}$$
若使平均成本最小,应须使 $\overline{C}'(x)=0$,即 $\overline{C}'(x) = \frac{C'(x) \cdot x - C(x)}{x^2} = 0$,

于是
$$C'(x) \cdot x - C(x) = 0$$
得到
$$C'(x) = \frac{C(x)}{x} = \overline{C}(x)$$
即,使得平均成本最小的生产量正好是使得边际成本等于平均成本的生产量。

【例 2.48】 设产品的成本函数为 $C(x) = \frac{1}{4}x^2 + 3x + 400$,其中 x 为产量,问产量为多少时每件产品的平均成本最低？

解：平均成本函数为
$$\overline{C}(x) = \frac{C(x)}{x} = \frac{1}{4}x + 3 + \frac{400}{x}$$
求导,得
$$\overline{C}'(x) = \frac{1}{4} - \frac{400}{x^2}, \quad \overline{C}''(x) = \frac{800}{x^3}$$
令 $\overline{C}'(x) = \frac{1}{4} - \frac{400}{x^2} = 0$,得 $x=40$,且 $\overline{C}''(40) = \frac{1}{80} > 0$。

所以,当产量 $x=40$ 单位时是唯一极小值点,也是该实际问题的最小值点,此时生产该产品的平均成本最低。

2.8.3 用料最省问题

【例 2.49】 某工厂要设计制作一个无盖盒子,方案是从一边长为 a 的正方形铁皮的四角上截去同样大小的小正方形,然后把四边折起来,问截去的正方形边长多大时盒子的容积最大?

解：设截去的正方形边长为 x,则盒子的容积为

$$V(x) = x(a-2x)^2, \quad 0 < x < \frac{a}{2}$$

求导,得

$$V'(x) = (a-2x)(a-6x), \quad V''(x) = 24x - 8a$$

令

$$V'(x) = (a-2x)(a-6x) = 0,$$

得唯一稳定点 $x = \frac{a}{6}$,且 $V''\left(\frac{a}{6}\right) = -4a < 0$

所以,小正方形的边长为 $x = \frac{a}{6}$ 是唯一极大值点,也是该实际问题的最大值点,此时盒子的容积最大 $V\left(\frac{a}{6}\right) = \frac{2}{27}a^3$。

上述所有问题都可归结为求解实际问题的最优化问题,求解的一般步骤是:
(1) 建立数学模型 $y = f(x)$,并求导数 $f'(x), f''(x)$;
(2) 令 $f'(x) = 0$,求出函数 $y = f(x)$ 的稳定点和不可导点;
(3) 计算出唯一的极值,即为实际问题的最优解。

习题 2.8

1. 设生产某产品的总成本为 $C(x) = 1000 + 50x + x^2$,问产量为多少时,每件产品的平均成本最低?

2. 生产某产品的成本为 $C(x) = 5x + 200$,所得收益为 $R(x) = 10x - 0.01x^2$,问应生产多少单位产品,才能使总利润最大?

3. 某工厂生产某种产品,其固定成本为 3 万元,每生产 100 件产品,成本增加 2 万元,收入为 $R(x) = 5x - \frac{1}{2}x^2$,其中 x 为产量,求达到最大利润时的产量。

4. 需建造一个底面为正方形的棱柱形开口水池,水池容积为 V,问如何设计水池的底边与高度,使所用材料最省?

综合练习 2

1. 选择题

(1) 若 $f(x)$ 在点 x_0 可导,且 $f'(x_0) = 1$ 则 $\lim\limits_{h \to 0} \frac{f(x_0 - 2h) - f(x_0)}{h} = ($ $)$。

  A. $\frac{1}{2}$ B. 2   C. $-\frac{1}{2}$ D. -2

(2) 曲线 $y = e^{x^2}$ 在 $x = 1$ 处切线的斜率是( )。

A. $2e$　　　　B. $\dfrac{e}{2}$　　　　C. $\dfrac{e}{2}$　　　　D. e

(3) 下列函数在 $x=0$ 处可导的是(　　)。

A. $f(x)=x^{\frac{1}{3}}$　　B. $f(x)=e^{-x}$　　C. $f(x)=|x|$　　D. $f(x)=\sqrt{x}$

(4) 若 $y=f(\sin 2x)$，则 $\mathrm{d}y=(\qquad)$。

A. $f'(\sin 2x)\mathrm{d}x$　　　　　　B. $2f'(\sin 2x)\cos 2x\mathrm{d}x$

C. $f'(\sin 2x)\sin 2x\mathrm{d}x$　　　　D. $2f'(\sin 2x)\mathrm{d}x$

(5) 函数 $y=\cos^2 x$ 在 $x=0$ 处的二阶导数为(　　)。

A. 1　　　　B. 2　　　　C. -1　　　　D. -2

(6) 函数 $f(x)=x-\ln(x+1)$ 的单调减区间是(　　)。

A. $(-1,+\infty)$　　B. $(-1,0)$　　C. $(0,+\infty)$　　D. $(-\infty,-1)$

(7) 曲线 $f(x)$ 在区间 (a,b) 内有 $f'(x)>0,f''(x)<0$，则曲线(　　)。

A. 下降且是凸的　　　　　　B. 下降且是凹的

C. 上升且是凸的　　　　　　D. 上升且是凹的

(8) 使得可导函数 $f(x)$ 的一阶导数等于零的点一定是函数 $f(x)$ 的(　　)。

A. 极大值点　　B. 极小值点　　C. 稳定点　　D. 拐点

(9) 可导函数 $f(x)$ 在区间 $[a,b]$ 的极值和最值的关系是(　　)。

A. 极大值必大于极小值　　　　B. 极大值一定等于最大值

C. 极大值必大于最大值　　　　D. 上述说法都不对

(10) 曲线 $y=x\mathrm{e}^{-x}$ 的拐点是(　　)。

A. $(0,0)$　　B. $(2,2\mathrm{e}^{-2})$　　C. $(1,\mathrm{e}^{-2})$　　D. $(2,\mathrm{e}^{-2})$

2. 计算下列函数的导数。

(1) $y=(x-1)(1-x^2)^2$　　　　(2) $y=\mathrm{e}^{3x+1}+x^2$

(3) $y=\dfrac{1-\ln x}{1+x}$　　　　　　(4) $y=\ln\sin(1+x^2)$

(5) $y=\sqrt{1-\ln^2 x}$　　　　　(6) $y=x^2\mathrm{e}^x\cos x$

3. 计算下列方程所确定的隐函数的导数 $\dfrac{\mathrm{d}y}{\mathrm{d}x}$。

(1) $x^3-2xy-y^2=0$　　　　(2) $y-x\mathrm{e}^y=1$

(3) $\sin(x+y)=xy$　　　　　(4) $x^2+y^2+xy=4$

4. 求下列函数在给定点的导数。

(1) $y=(x-1)\sqrt{3-x}$，在点 $x=2$ 处；

(2) $y=2\sin x+x^2$，在点 $x=0$ 处。

5. 求下列函数的二阶导数。

(1) $y=\ln(1-x^2)$　　　　　(2) $y=x^3\ln(x+1)$

6. 求下列极限。

(1) $\lim\limits_{x\to 1}\dfrac{x^3-3x^2+2}{x^3-x^2-x+1}$　　　(2) $\lim\limits_{x\to 0}\dfrac{\mathrm{e}^x+\mathrm{e}^{-x}-2}{x^3}$

(3) $\lim\limits_{x\to\infty}\dfrac{x+\sin x}{1+x}$　　　　(4) $\lim\limits_{x\to 0}\left(\dfrac{1}{x^2}-\dfrac{1}{x\tan x}\right)$

7. 确定下列函数的单调区间。

(1) $y=(x-2)^5(2x+1)^4$ 　　　　(2) $y=x^4-2x^2-5$

8. 求下列函数的极值。

(1) $y=x^3\ln x$ 　　　　(2) $y=x^3-3x^2+3$

9. 求下列函数在给定区间上的最大值和最小值。

(1) $y=x+2\cos x, x\in\left[0,\dfrac{\pi}{2}\right]$

(2) $y=\dfrac{x}{e^x}, x\in[0,2]$

10. 要围一块面积为 $216m^2$ 的矩形土地,并在正中间用一堵墙将其隔成两块,问此矩形的长和宽为多少时用料最省?

数学家的故事(二)

牛顿——牛人数学家

艾萨克·牛顿(Isaac Newton,1643—1727)是英国伟大的数学家、物理学家、天文学家和自然哲学家,其研究领域包括了物理学、数学、天文学、神学、自然哲学和炼金术。牛顿的主要贡献有发明了微积分,发现了万有引力定律和经典力学,设计并实际制造了第一架反射式望远镜等,被誉为人类历史上最伟大、最有影响力的科学家。为了纪念牛顿在经典力学方面的杰出成就,"牛顿"后来成为衡量力的大小的物理单位。

牛顿于 1643 年 1 月 4 日生于英格兰林肯郡格兰瑟姆附近的沃尔索普村。1661 年入学英国剑桥大学圣三一学院,1665 年获文学士学位。随后两年在家乡躲避鼠疫,他在此间制定了一生大多数重要科学创造的蓝图。1667 年牛顿回剑桥后当选为剑桥大学三一学院院委,次年获硕士学位。1669 年任剑桥大学卢卡斯数学教授席位直到 1701 年。1696 年任皇家造币厂监督,并移居伦敦。1703 年任英国皇家学会会长。1706 年受英国女王安娜封爵。在晚年,牛顿潜心于自然哲学与神学。1727 年 3 月 31 日,牛顿在伦敦病逝,享年 84 岁。

1643 年 1 月 4 日英格兰林肯郡格兰瑟姆附近的沃尔索普村的一个自耕农家庭里,牛顿诞生了。牛顿是一个早产儿,出生时只有三磅重,接生婆和他的亲人都担心他能否活下来。谁也没有料到这个看起来微不足道的小东西会成为了一位震古烁今的科学巨人。

牛顿出生前三个月父亲便去世了。在他两岁时,母亲改嫁给一个牧师,把牛顿留在外祖母身边抚养。11 岁时,母亲的后夫去世,母亲带着和后爸所生的一子二女回到牛顿身边。牛顿自幼沉默寡言、性格倔强,这种性格可能来自他的家庭处境。

大约从 5 岁开始,牛顿被送到公立学校读书。少年时的牛顿并不是神童,他资质平常、成绩一般,但他喜欢读书,喜欢看一些介绍各种简单机械模型制作方法的读物,并从中受到启发,自己动手制作些奇奇怪怪的小玩意,如风车、木钟、折叠式提灯等。

传说小牛顿把风车的机械原理摸透后,自己制造了一架磨坊的模型,他将老鼠绑在一架有轮子的踏车上,然后在轮子的前面放上一粒玉米,刚好那地方是老鼠可望不可及的位置。老鼠想吃玉米,就不断地跑动,于是轮子不停地转动;有一次他放风筝时,在绳子上悬挂着小灯,夜间村人看去惊疑是彗星出现;他还制造了一个小水钟。每天早晨,小水钟会自动滴水到他的脸上,催他起床。他还喜欢绘画、雕刻,尤其喜欢刻日晷,家里墙角、窗台上到处安放着他刻画的日晷,用以观看日影的移动。

牛顿 12 岁时进了离家不远的格兰瑟姆中学。牛顿的母亲原希望他成为一个农民,但牛顿本人却无意于此,而酷爱读书。随着年岁的增大,牛顿越发爱好读书,喜欢沉思,做科学小实验。他在格兰瑟姆中学读书时,曾经寄宿在一位药剂师家里,使他受到了化学试验的熏陶。

牛顿在中学时代学习成绩并不出众,只是爱好读书,对自然现象有好奇心,例如颜色、日影四季的移动,尤其是几何学、哥白尼的日心说等。他还分门别类地记读书笔记,又喜欢别出心裁地做些小工具、小技巧、小发明、小实验。

当时英国社会渗透基督教新思想,牛顿家里有两位以神父为职业的亲戚,这可能影响牛顿晚年的宗教生活。从这些平凡的环境和活动中,还看不出幼年的牛顿是个才能出众异于常人的儿童。

后来迫于生活,母亲让牛顿停学在家务农,赡养家庭。但牛顿一有机会便埋首书卷,以至经常忘了干活。每次,母亲叫他同佣人一道上市场,熟悉做交易的生意经时,他便恳求佣人一个人上街,自己则躲在树丛后看书。有一次,牛顿的舅父起了疑心,就跟踪牛顿上市镇去,发现他的外甥伸着腿,躺在草地上,正在聚精会神地钻研一个数学问题。牛顿的好学精神感动了舅父,于是舅父劝服了母亲让牛顿复学,并鼓励牛顿上大学读书。牛顿又重新回到了学校,如饥似渴地汲取着书本中的营养。

1661 年,19 岁的牛顿以减费生的身份进入剑桥大学三一学院,靠为学院做杂务的收入支付学费,1664 年成为奖学金获得者,1665 年获学士学位。

17 世纪中叶,剑桥大学的教育制度还渗透着浓厚的中世纪经院哲学的气氛,当牛顿进入剑桥时,那里还在传授一些经院式课程,如逻辑、古文、语法、古代史、神学等。两年后三一学院出现了新气象,卢卡斯创设了一个独辟蹊径的讲座,规定讲授自然科学知识,如地理、物理、天文和数学课程。

讲座的第一任教授伊萨克·巴罗是个博学的科学家。这位学者独具慧眼,看出了牛顿具有深邃的观察力、敏锐的理解力。于是将自己的数学知识,包括计算曲线图形面积的方法,全部传授给牛顿,并把牛顿引向了近代自然科学的研究领域。

在这段学习过程中,牛顿掌握了算术、三角,读了开普勒的《光学》,笛卡儿的《几何学》和《哲学原理》,伽利略的《两大世界体系的对话》,胡克的《显微图集》,还有皇家学会的历史和早期的哲学学报等。

牛顿在巴罗门下的这段时间,是他学习的关键时期。巴罗比牛顿大 12 岁,精于数学和光学,他对牛顿的才华极为赞赏,认为牛顿的数学才华超过自己。后来,牛顿在回忆时说道:"巴罗博士当时讲授关于运动学的课程,也许正是这些课程促使我去研究这方面的问题。"

当时,牛顿在数学上很大程度是依靠自学。他学习了欧几里得的《几何原本》、笛卡儿的《几何学》、沃利斯的《无穷算术》、巴罗的《数学讲义》及韦达等许多数学家的著作。其中,对牛顿具有决定性影响的要数笛卡儿的《几何学》和沃利斯的《无穷算术》,它们将牛顿迅速引导到当时数学最前沿——解析几何与微积分。1664年,牛顿被选为巴罗的助手,第二年,剑桥大学评议会通过了授予牛顿大学学士学位的决定。

1665—1666年严重的鼠疫席卷了伦敦,剑桥离伦敦不远,为恐波及,学校因此而停课,牛顿于1665年6月离校返乡。

由于牛顿在剑桥受到数学和自然科学的熏陶和培养,对探索自然现象产生浓厚的兴趣,家乡安静的环境又使得他的思想展翅飞翔。1665—1666年这段短暂的时光成为牛顿科学生涯中的黄金岁月,他在自然科学领域内思潮奔腾,才华迸发,思考前人从未思考过的问题,踏进了前人没有涉及的领域,创建了前所未有的惊人业绩。

1665年年初,牛顿创立级数近似法,以及把任意幂的二项式化为一个级数的规则;同年11月,创立正流数法(微分);次年1月,用三棱镜研究颜色理论;5月,开始研究反流数法(积分)。这一年内,牛顿开始研究重力问题,并想把重力理论推广到月球的运动轨道上去。他还从开普勒定律中推导出使行星保持在它们的轨道上的力必定与它们到旋转中心的距离平方成反比。牛顿见苹果落地而悟出地球引力的传说,说的也是此时发生的轶事。

总之,在家乡居住的两年中,牛顿以比此后任何时候更为旺盛的精力从事科学创造,并关心自然哲学问题。他的三大成就:微积分、万有引力、光学分析的思想都是在这时孕育成形的。可以说此时的牛顿已经开始着手描绘他一生大多数科学创造的蓝图。

1667年复活节后不久,牛顿返回到剑桥大学,10月1日被选为三一学院的仲院侣(初级院委),翌年3月16日获得硕士学位,同时成为正院侣(高级院委)。1669年10月27日,巴罗为了提携牛顿而辞去了教授之职,26岁的牛顿晋升为数学教授,并担任卢卡斯讲座的教授。巴罗为牛顿的科学生涯打通了道路,如果没有牛顿的舅父和巴罗的帮助,牛顿这匹千里马可能就不会驰骋在科学的大道上。巴罗让贤,这在科学史上一直被传为佳话。

在牛顿的全部科学贡献中,数学成就占有突出的地位。他数学生涯中的第一项创造性成果就是发现了二项式定理。据牛顿本人回忆,他是在1664年和1665年间的冬天,在研读沃利斯博士的《无穷算术》时,试图修改他的求圆面积的级数时发现这一定理的。

笛卡儿的解析几何把描述运动的函数关系和几何曲线相对应。牛顿在老师巴罗的指导下,在钻研笛卡儿的解析几何的基础上,找到了新的出路。可以把任意时刻的速度看成是在微小的时间范围里的速度的平均值,这就是一个微小的路程和时间间隔的比值,当这个微小的时间间隔缩小到无穷小的时候,就是这一点的准确值。这就是微分的概念。

微积分的创立是牛顿最卓越的数学成就。牛顿为解决运动问题,才创立这种和物理概念直接联系的数学理论的,牛顿称之为"流数术"。它所处理的一些具体问题,如切线问题、求积问题、瞬时速度问题以及函数的极大和极小值问题等,在牛顿前已经得到人们的研究了。但牛顿超越了前人,他站在了更高的角度,对以往分散的结论加以综合,将自古希腊以来求解无限小问题的各种技巧统一为两类普通的算法——微分和积分,并确立了这两类运算的互逆关系,从而完成了微积分发明中最关键的一步,为近代科学发展提供了最有效的工具,开辟了数学上的一个新纪元。

牛顿没有及时发表微积分的研究成果,他研究微积分可能比莱布尼茨早一些,但是莱布尼茨所采取的表达形式更加合理,而且关于微积分的著作出版时间也比牛顿早。

在牛顿和莱布尼茨之间,为争论谁是这门学科的创立者的时候,竟然引起了一场悍然大波,这种争吵在各自的学生、支持者和数学家中持续了相当长的一段时间,造成了欧洲大陆的数学家和英国数学家的长期对立。英国数学在一段时期里闭关锁国,囿于民族偏见,过于拘泥在牛顿的"流数术"中停步不前,因而数学发展整整落后了一百年。

1707年,牛顿的代数讲义经整理后出版,定名为《普遍算术》。他主要讨论了代数基础(通过解方程)及其在解决各类问题中的应用。书中陈述了代数基本概念与基本运算,用大量实例说明了如何将各类问题化为代数方程,同时对方程的根及其性质进行了深入探讨,引出了方程论方面的丰硕成果,如:他得出了方程的根与其判别式之间的关系,指出可以利用方程系数确定方程根之幂的和数,即"牛顿幂和公式"。

牛顿对解析几何与综合几何都有贡献。他在1736年出版的《解析几何》中引入了曲率中心,给出密切线圆(或称曲线圆)概念,提出曲率公式及计算曲线的曲率方法。并将自己的许多研究成果总结成专论《三次曲线枚举》,于1704年发表。此外,他的数学工作还涉及数值分析、概率论和初等数论等众多领域。

牛顿在力学领域也有伟大的发现,力学是说明物体运动的科学。第一运动定律是伽利略发现的。这个定律阐明,如果物体处于静止或作恒速直线运动,那么只要没有外力作用,它就仍将保持静止或继续作匀速直线运动。这个定律也称惯性定律,它描述了力的一种性质:力可以使物体由静止到运动和由运动到静止,也可以使物体由一种运动形式变化为另一种形式。此被称为牛顿第一定律。力学中最重要的问题是物体在类似情况下如何运动。牛顿第二定律解决了这个问题,该定律被看做是古典物理学中最重要的基本定律。牛顿第二定律定量地描述了力能使物体的运动产生变化。它说明速度的时间变化率,即加速度a与力F成正比,而与物体的质量成反比,即$a=F/m$或$F=ma$;力越大,加速度也越大;质量越大,加速度就越小。力与加速度都既有量值又有方向。加速度由力引起,方向与力相同;如果有几个力作用在物体上,就由合力产生加速度,第二定律是最重要的,运动学中的所有基本方程都可由它通过微积分推导出来。

此外,牛顿根据这两个定律制定出第三定律。牛顿第三定律指出,两个物体的相互作用总是大小相等而方向相反。对于两个直接接触的物体,这个定律比较易于理解。书本对桌子向下的压力等于桌子对书本向上的托力,即作用力等于反作用力。引力也是如此,飞行中的飞机向上拉地球的力在数值上等于地球向下拉飞机的力。牛顿运动定律广泛用于科学和动力学问题上。

牛顿同时在天文学、光学、经典力学等方面都有着巨大的贡献,为多个学科的发展奠定了坚实的基础。

牛顿名言:
1. 如果说我比别人看得更远些,那是因为我站在巨人肩上。
2. 无知识的热心,犹如在黑暗中远征。
3. 你该将名誉作为你最高人格的标志。
4. 我的成就,当归功于精微的思索。

5. 你若想获得知识,你该下苦功;你若想获得食物,你该下苦功;你若想得到快乐,你也该下苦功,因为辛苦是获得一切的定律。

6. 聪明人之所以不会成功,是由于他们缺乏坚韧的毅力。

7. 胜利者往往是从坚持最后五分钟的时间中得来成功。

8. 我不知道世人怎样看我,但我自己以为我不过像一个在海边玩耍的孩子,不时为发现比寻常更为美丽的贝壳而沾沾自喜。

李善兰——微积分在中国最早的传播人

李善兰(1811—1882),字壬叔,号秋纫,浙江海宁人,出生在一个书香门第家庭,少年时代便喜欢数学。李善兰是中国清朝数学家、天文学、力学和植物学家。创立了二次平方根的幂级数展开式,各种三角函数,反三角函数和对数函数的幂级数展开式,这是李善兰也是19世纪中国数学界最重大的成就。

李善兰于清嘉庆十五年(1810年)1月2日生于浙江海宁县硖石镇,出身于读书世家,自幼就读于私塾,受到了良好的家庭教育。他资禀颖异,勤奋好学,于所读之诗书,过目即能成诵。9岁时,李善兰发现父亲的书架上有一本中国古代数学名著——《九章算术》,感到十分新奇有趣,从此迷上了数学。

14岁时,李善兰又靠自学读懂了欧几里得《几何原本》前六卷,这是明末徐光启(1562—1633)、利玛窦(M. Ricci,1522—1610)合译的古希腊数学名著。李善兰在《九章算术》的基础上,又吸取了《几何原本》的新思想,这使他的数学造诣日趋精深。

几年后,作为州县的生员,李善兰到省府杭州参加乡试。因为他"于辞章训诂之学,虽皆涉猎,然好之总不及算学,故于算学用心极深"(李善兰《则古昔斋算学》自序),结果八股文章做得不好,落第。

但他却毫不介意,而是利用在杭州的机会,留意搜寻各种数学书籍,买回了李冶的《测圆海镜》和戴震的《勾股割圆记》,仔细研读,使他的数学水平有了更大提高。李善兰在故里与蒋仁荣、崔德华等亲朋好友组织"鸳湖吟社",常游"东山别墅",分韵唱和,其时曾利用相似勾股形对应边成比例的原理测算过东山的高度。

余楙在《白岳诗话》中说他"夜尝露坐山顶,以测象纬躔次"。至今李善兰的家乡还流传着他在新婚之夜探头于阁楼窗外观测星宿的故事。1840年,鸦片战争爆发,帝国主义列强入侵中国的现实,激发了李善兰科学救国的思想。

1845年前后,李善兰在嘉兴陆费家设馆授徒,得以与江浙一带的学者顾观光、张文虎、汪曰桢等人相识,他们经常在一起讨论数学问题。此间,李善兰有关于"尖锥术"的著作《方圆阐幽》、《弧矢启秘》、《对数探源》等问世,其后,又撰《四元解》、《麟德术解》等。

1852—1866年受聘于墨海书馆任编译,同治二年(1863年)被招致曾国藩幕中,同治五年(1866年)曾国藩出资三百金为李善兰刻《几何原本》后九卷。1868年,李善兰因郭嵩涛推荐,到北京任同文馆天文算学馆总教习,天文算学馆相当于现在的大学数学系,李善兰可以称得上我国数学史上第一位数学教授,他在天文学馆执教十余年,先后课徒百余人,一直工作到病逝。同治十三年(1874年)升户部主事,光绪二年(1876年)升员外郎,光绪八年(1882年)升郎中。

1882年去世前几个月,"犹手著《级数勾股》二卷,老而勤学如此"(崔敬昌《李壬叔征君传》)。继梅文鼎之后,李善兰成为清代数学史上的又一杰出代表,李善兰的数学成就主要有尖锥术、垛积术、素数论三个方面。自20世纪30年代以来,李善兰受到国际数学界的普遍关注和赞赏。

李善兰在数学研究方面的成就,主要有尖锥术、垛积术和素数论三项。尖锥术理论主要见于《方圆阐幽》、《弧矢启秘》、《对数探源》三种著作,成书年代约为1845年,当时解析几何与微积分学尚未传入中国。李善兰创立的"尖锥"概念,是一种处理代数问题的几何模型,他对"尖锥曲线"的描述实质上相当于给出了直线、抛物线、立方抛物线等方程。

他创造的"尖锥求积术",相当于幂函数的定积分公式和逐项积分法则。他用"分离元数法"独立地得出了二项平方根的幂级数展开式结合"尖锥求积术",得到了π的无穷级数表达式。各种三角函数和反三角函数的展开式,以及对数函数的展开式。

在使用微积分方法处理数学问题方面取得了创造性的成就。垛积术理论主要见于《垛积比类》,写于1859—1867年间,这是有关高阶等差级数的著作。李善兰从研究中国传统的垛积问题入手,获得了一些相当于现代组合数学中的成果。例如,"三角垛有积求高开方廉隅表"和"乘方垛各廉表"实质上就是组合数学中著名的第一种斯特林数和欧拉数,得到了驰名中外的"李善兰恒等式"。

自20世纪30年代以来,《垛积比类》受到国际数学界的普遍关注和赞赏。可以认为,《垛积比类》是早期组合论的杰作。素数论主要见于《考数根法》,发表于1872年,这是中国素数论方面最早的著作。在判别一个自然数是否为素数时,李善兰证明了著名的费马素数定理,并指出了它的逆定理不真。

李善兰对经典力学在中国的传播做出卓越的贡献。他将英国人胡威立的《初等力学教程》(1833年第2版)笔译(经艾约瑟口述)为中文,1859年由上海墨海书馆以《重学》的书名出版,共20卷。这是第一本系统介绍力学的中译本。

十多年间,李善兰与西方人合作翻译出版了80多卷西方科学著作,比较系统地介绍了西方的数学、物理学、天文学和植物学,为中国近代科学的形成和发展做出了卓著的贡献。

李善兰以一个成名的数学家,在科学翻译方面辛勤耕耘几十年,虽然在翻译理论建设方面没有留下多少言论,但是作为开创性的科学翻译家,在翻译方法和厘定近代科学名词的译名方面做出了杰出的贡献。

首先,他采用翻译与研究结合的方法,以深厚的科学功底,走出了一条译研并举的科学译介道路。

他不懂外语,翻译中西士口授,由他笔录。他既是译者,也是读者。翻译《续几何原本》时,首先由伟烈亚力对习题进行讲解,他按照所讲思路进行解算。翻译初期,伟烈亚力汉语尚不能完全达意,所以他反复讲解,李善兰反复揣摩。通过这样的反复研讨,李善兰对内容达到融会贯通。如果习题无法解答,要么是伟氏理解有误,要么是原书刊印有误。遇到这样的情况,李善兰"因精于数学,与几何之术,心领神悟,能言其故",通过反复推敲,对错误进行修正。所以李善兰的译作在某些方面要超越原作,在内容上要比原作更完备、更准确,因为他把自己的研究成果也纳入了译文之中。《清史稿·畴人传》写道"(李善兰)因与伟烈亚力同译后九卷,西士精通几何者鲜,其第十卷犹玄奥,未易解,讹夺甚多,善兰笔受时,辄以意匡补"。他不仅是在翻译,还在译介中进行研究,在研究中进行更深层次的译介。他译完《圆锥曲线说》以后,接受了西方圆锥曲线的理论,结合中国传统算学的知识,通过进一步的研究,撰写了《椭圆正术解》、《椭圆新术》、《椭圆拾遗》等书籍。

其次,爱国思想是推动李善兰从事科学翻译和研究工作的原动力。鸦片战争爆发以后,李善兰目睹西方列强对中国的蹂躏,清楚地认识到,欧洲各国之所以强盛,在于其技术的进步,在于"算学明也",是和数学的发达分不开的。他说:"呜呼!今欧罗巴各国日益强盛,为中国边患。推原其故,制器精也,推原制器之精,算学明也。"他幻想有朝一日,"人人习算,制器日精,以威海外各国,令震慑,奉朝供。"(《重学》自序)。他希望通过翻译实现科技强国的梦想。

最后,李善兰在引进西方著作时,创造性地翻译了许多科学术语和名称。

这些科学名词,或借用我国古代已有的名词,或由他创新译出,大多比较恰当,大部分已沿用至今。这不仅是对科学发展做出了贡献,这也是对译学事业的重大贡献。他的译著大多讲述的是中国过去没有的知识和近代西方最新的科学研究成果。翻译中,他既没有同类书籍可供参考,也没有现成的专业术语可以借鉴,他必须开创性地工作。他凭着对科学内容的理解,应用汉语的构词方法,反复推敲,创立新词。他认为代数学的特点是"以字代数,或不定数,或未知已定数。恒用之已知或太繁,亦以字代"。因此他把 Algebra 译为"代数学"。他在数学翻译中创了许多名词,如代数学反面的"函数"、"常数"、"变数"、"系数"、"虚数"、"轴"、"平行"、"方"、"根"、"方程式"、"多项式"、"未知数"等 30 多个;解析几何中的"原点"、"切线"、"法线"、"摆线"、"螺线"、"圆锥曲线"、"抛物线"、"双曲线"、"渐近线"等 20 多个;微积分中的"微分"、"积分"、"无穷"、"极限"、"曲率"等近 20 个。这些名词贴切、准确,一直沿用至今。其中不少数学名词,还随《代数学》传入日本,成为日语中的数学术语。在翻译《植物学》时,他特别注意名词术语的翻译,除了个别原产于外国的植物外,极少音译。他参照中国传统植物学知识,第一个把 botany 翻译成"植物学",并开创性地将 family 译成"科",把 cell 译成"细胞"。他的《植物学》译本传入日本后,对日本生物学产生了不小影响,"植物学"一词甚至取代了日语中原有的名词"植学"。在天文学方面,他也厘定了大量的名词术语,如"行星"、"光行差"、"外行星"、"变星"、"双星"、"星云"等名词;在力学方面他还创译了"分力"、"质点"等。李善兰在科学术语方面的开创性贡献,将作为汉语文化和中国科学知识的组成部分,永存青史。

第 3 章 不定积分与定积分

前面已经讨论了求一个已知函数的变化率的问题,本章将讨论它的相反问题,即由函数的变化率去求产生它的原来函数。

3.1 不定积分

3.1.1 原函数与不定积分的概念

定义 3.1 如果函数 $y=f(x)$ 是 $F(x)$ 的导数,即
$$F'(x) = f(x)$$
则称 $F(x)$ 为 $f(x)$ 的一个原函数。

例如:在区间 $(-\infty,+\infty)$ 内,因为有 $(x^3)'=3x^2$,$(\sin x)'=\cos x$,所以 x^3、$\sin x$ 分别是函数 $3x^2$、$\cos x$ 的一个原函数。

因为常数 $(C)'=0$,所以有 $(\sin x+1)'=(\sin x+2)'=(\sin x+C)'=\cos x$($C$ 为任意常数),所以 $\cos x$ 的原函数有无穷多个,而且它们之间只是相差一个常数。

一般地,若有 $F'(x)=f(x)$,就有 $(F(x)+C)'=f(x)$,若 $F(x)$ 是 $f(x)$ 的一个原函数,则 $F(x)+C$ 是 $f(x)$ 的全部原函数,其中 C 为任意常数。

定义 3.2 若函数 $F(x)$ 是 $f(x)$ 在区间 I 上一个的原函数,则 $F(x)+C$(C 为任意常数)称为 $f(x)$ 在该区间上的不定积分,记 $\int f(x)\mathrm{d}x$。即

$$\int f(x)\mathrm{d}x = F(x)+C$$

其中,记号 $\int$ 称为积分符号,$f(x)$ 称为被积函数,$f(x)\mathrm{d}x$ 称为被积表达式(或称为被子积分式),x 称为积分变量,C 为积分常量。

【**例 3.1**】 求下列不定积分。

(1) $\int \cos x\mathrm{d}x$ (2) $\int \mathrm{e}^x\mathrm{d}x$ (3) $\int \dfrac{1}{1+x^2}\mathrm{d}x$

解:(1)因为 $(\sin x)'=\cos x$,$\sin x$ 是 $\cos x$ 的一个原函数,所以 $\int \cos x\mathrm{d}x=\sin x+C$。

(2) 因为 $(\mathrm{e}^x)'=\mathrm{e}^x$,$\mathrm{e}^x$ 是 e^x 的一个原函数,所以 $\int \mathrm{e}^x\mathrm{d}x=\mathrm{e}^x+C$。

(3) 因为 $(\arctan x)'=\dfrac{1}{1+x^2}$,$\arctan x$ 是 $\dfrac{1}{1+x^2}$ 的一个原函数,所以 $\int \dfrac{1}{1+x^2}\mathrm{d}x=\arctan x+C$。

3.1.2 不定积分的性质

1. 不定积分的几何意义

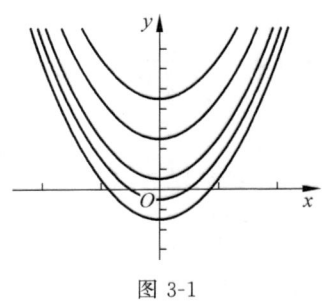

图 3-1

$F(x)+C$ 是 $f(x)$ 的所有原函数,原函数之间的关系可在几何上表示,把曲线 $y=F(x)$ 通过上下平移,就得到曲线 $y=F(x)+C$ 的图像,如图 3-1 所示。

由此,积分曲线簇 $y=F(x)+C$ 有如下特点：

① $y=F(x)+C$ 通过 $y=F(x)$ 沿 y 轴上、下平移 C 个单位得到。

② 由于 $(F(x)+C)'=F'(x)=f(x)$,在横坐标相同点 x 处,每条积分曲线在相应点的切线斜率相等,都等于 $f(x)$,从而使相应点的切线互相平行。这就是不定积分的几何意义。

2. 不定积分的性质

性质 1 $\left(\int f(x)\mathrm{d}x\right)' = f(x)$ 或 $\mathrm{d}\left(\int f(x)\mathrm{d}x\right)' = f(x)\mathrm{d}x$

性质 2 $\int F'(x)\mathrm{d}x = F(x)+C$ 或 $\int \mathrm{d}F(x) = F(x)+C$

性质 3 $\int kf(x)\mathrm{d}x = k\int f(x)\mathrm{d}x, k$ 为常数

性质 4 $\int [f(x) \pm g(x)]\mathrm{d}x = \int f(x)\mathrm{d}x \pm \int g(x)\mathrm{d}x$

3.1.3 不定积分的运算法则与基本公式

求导数基本公式的逆过程,就是求不定积分的基本公式,因而由导数基本公式可得出相应的公式,见表 3-1。

表 3-1

序号 \ 基本公式	$F'(x)=f(x)$	$\int f(x)\mathrm{d}x = F(x)+C$
1	$(x)'=1$	$\int \mathrm{d}x = x+C$
2	$\left(\dfrac{x^{a+1}}{a+1}\right)' = x^a$	$\int x^a \mathrm{d}x = \dfrac{x^{a+1}}{a+1}+C(a\neq -1)$
3	$(\ln|x|)' = \dfrac{1}{x}$	$\int \dfrac{1}{x}\mathrm{d}x = \ln|x|+C$
4	$(a^x)' = a^x \ln a$	$\int a^x \mathrm{d}x = \dfrac{a^x}{\ln a}+C$
5	$(e^x)' = e^x$	$\int e^x \mathrm{d}x = e^x+C$
6	$(\sin x)' = \cos x$	$\int \cos x \mathrm{d}x = \sin x+C$

续表

序号 \ 基本公式	$F'(x)=f(x)$	$\int f(x)\mathrm{d}x = F(x)+C$
7	$(\cos x)' = -\sin x$	$\int \sin x \mathrm{d}x = -\cos x + C$
8	$(\tan x)' = \sec^2 x$	$\int \sec^2 x \mathrm{d}x = \tan x + C$
9	$(\cot x)' = -\csc^2 x$	$\int \csc^2 x \mathrm{d}x = -\cot x + C$
10	$(\sec x)' = \sec x \tan x$	$\int \sec x \tan x \mathrm{d}x = \sec x + C$
11	$(\csc x)' = -\csc x \cot x$	$\int \csc x \cot x \mathrm{d}x = -\csc x + C$
12	$(\arcsin x)' = \dfrac{1}{\sqrt{1-x^2}}$	$\int \dfrac{1}{\sqrt{1-x^2}} \mathrm{d}x = \arcsin x + C$
13	$(\arctan x)' = \dfrac{1}{1+x^2}$	$\int \dfrac{1}{1+x^2} \mathrm{d}x = \arctan x + C$

利用不定积分的性质和基本积分公式，可求出一些简单函数的不定积分。我们把这种积分方法称为直接积分法。

【例 3.2】 求下列不定积分。

(1) $\int x\sqrt{x}\,\mathrm{d}x$ (2) $\int \dfrac{1}{x\sqrt{x}}\mathrm{d}x$

解：(1) $\int x\sqrt{x}\,\mathrm{d}x = \int x^{\frac{3}{2}}\mathrm{d}x = \dfrac{x^{\frac{3}{2}+1}}{\frac{3}{2}+1}+C = \dfrac{3}{5}x^{\frac{5}{3}}+C$

(2) $\int \dfrac{5}{x^3}\mathrm{d}x = 5\int x^{-3}\mathrm{d}x = 5\times \dfrac{1}{-3+1}x^{-3+1}+C = -\dfrac{5}{2}x^{-2}+C = -\dfrac{5}{2x^2}+C$

【例 3.3】 计算：(1) $\int \dfrac{\sqrt{x}-5x^3\mathrm{e}^x+x^2}{x^3}\mathrm{d}x$； (2) $\int (2^x-3^x)^2 \mathrm{d}x$。

解：(1) 利用指数运算性质，首先将被积函数变形，然后再进行积分。

$\int \dfrac{\sqrt{x}-5x^3\mathrm{e}^x+x^2}{x^3}\mathrm{d}x = \int \left(x^{-\frac{5}{2}}-5\mathrm{e}^x+\dfrac{1}{x}\right)\mathrm{d}x = \int x^{-\frac{5}{2}}\mathrm{d}x - 5\int \mathrm{e}^x\mathrm{d}x + \int \dfrac{1}{x}\mathrm{d}x$

$= \dfrac{1}{-\frac{5}{2}+1}x^{-\frac{5}{2}+1}-5\mathrm{e}^x+\ln|x|+C$

$= -\dfrac{2}{3}x^{-\frac{3}{2}}-5\mathrm{e}^x+\ln|x|+C$

(2) $\int (2^x-3^x)^2 \mathrm{d}x = \int [(2^x)^2-2(2^x)(3^x)+(3^x)^2]\mathrm{d}x$

$= \int 4^x\mathrm{d}x - 2\int 6^x\mathrm{d}x + \int 9^x\mathrm{d}x = \dfrac{1}{\ln 4}4^x - \dfrac{2}{\ln 6}6^x + \dfrac{1}{\ln 9}9^x + C$

【例 3.4】 求下列不定积分。

(1) $\int \cos^2 \frac{x}{2} \mathrm{d}x$ (2) $\int \cot^2 x \mathrm{d}x$ (3) $\int \frac{\sec x + \tan x}{\cos x} \mathrm{d}x$

解：(1) $\int \cos^2 \frac{x}{2} \mathrm{d}x = \int \frac{1+\cos x}{2} \mathrm{d}x = \frac{1}{2}\left(\int \mathrm{d}x + \int \cos x \mathrm{d}x\right) = \frac{1}{2}(x + \sin x) + C$

(2) $\int \cot^2 x \mathrm{d}x = \int (\csc^2 x - 1) \mathrm{d}x = \int \csc^2 x \mathrm{d}x - \int \mathrm{d}x = -\cot x - x + C$

(3) $\int \frac{\sec x + \tan x}{\cos x} \mathrm{d}x = \int \sec x (\sec x + \tan x) \mathrm{d}x = \int \sec^2 x \mathrm{d}x + \int \sec x \tan x \mathrm{d}x$
$= \tan x + \sec x + C$

习题 3.1

1. 利用微分与积分的运算关系计算下列不定积分。

(1) $\int \mathrm{d}(\sin \sqrt{x^3+1})$ (2) $\mathrm{d}\left(\int \tan x \mathrm{d}x\right)$ (3) $\int (a^x + 2x)' \mathrm{d}x$

(4) $\left(\int \sqrt{1-\sin 2x} \mathrm{d}x\right)'$

2. 计算下列不定积分。

(1) $\int (x-1)^2 \mathrm{d}x$ (2) $\int \frac{\sqrt{x}+\sqrt[5]{x}}{\sqrt[3]{x}} \mathrm{d}x$ (3) $\int (3^x - 2^x)^2 \mathrm{d}x$

(4) $\int \frac{x^2}{1+x^2} \mathrm{d}x$ (5) $\int 2^{2x} \mathrm{e}^x \mathrm{d}x$ (6) $\int \frac{1-x+x^2}{x(1+x^2)} \mathrm{d}x$

(7) $\int \left(\sec^2 x - 3^x + \frac{1}{1+x^2}\right) \mathrm{d}x$ (8) $\int x(x-a)(x-b) \mathrm{d}x$ (9) $\int \left(\sin \frac{x}{2} + \cos \frac{x}{2}\right)^2 \mathrm{d}x$

(10) $\int \left(\cos x - a^x + \frac{1}{\cos^2 x}\right) \mathrm{d}x$ (11) $\int \frac{x^2 + x\sqrt{x} - 2}{\sqrt{x}} \mathrm{d}x$ (12) $\int \left(1 - \frac{1}{x^2}\right)\sqrt{x\sqrt{x}} \mathrm{d}x$

(13) $\int \frac{\cos 2x}{\cos x - \sin x} \mathrm{d}x$ (14) $\int \sqrt{1 - \cos 2x} \mathrm{d}x$

3.2 不定积分的换元积分法与分部积分法

3.2.1 换元积分法

1. 第一类换元积分法（凑微分法）

定理 3.1 设 $\int f(u) \mathrm{d}u = F(u) + C$，且 $u = \varphi(x)$ 可导，则有

$$\int f(\varphi(x)) \varphi'(x) \mathrm{d}x = F(\varphi(x)) + C$$

证明：因为 $F'(u) = f(u)$，记 $u = \varphi(x)$，由复合函数的求导法则，有

$$\frac{\mathrm{d}}{\mathrm{d}x}(F(\varphi(x)) + C) = \frac{\mathrm{d}F(u)}{\mathrm{d}u} \cdot \frac{\mathrm{d}u}{\mathrm{d}x} = f(u)\varphi'(x) = f(\varphi(x))\varphi'(x)$$

所以有
$$\int f(\varphi(x))\varphi'(x)dx = F(\varphi(x)) + C$$
其中，$u=\varphi(x)$ 的 u 称为中间变量。

由上述定理可推出第一类换元积分法计算的一般过程：
$$\int f[\varphi(x)]\varphi'(x)dx \xrightarrow{凑微分} \int f[\varphi(x)]d\varphi(x) \xrightarrow{令 u=\varphi(x)} \int f(u)du$$
$$= F(u) + C \xrightarrow{回代 u=\varphi(x)} F[\varphi(x)] + C$$

因此，我们把第一类换元积分法也称为凑微分法。

【例 3.5】 求 $\int \dfrac{1}{x+1}dx$。

解： $\int \dfrac{1}{x+1}dx = \int \dfrac{1}{x+1}d(x+1) = \ln|x+1| + C$。

【例 3.6】 求 $\int \dfrac{1}{1-x^2}dx$。

解：
$$\int \dfrac{1}{1-x^2}dx = \dfrac{1}{2}\int\left(\dfrac{1}{1-x} + \dfrac{1}{1+x}\right)dx = \dfrac{1}{2}\left(\int \dfrac{1}{1-x}dx + \int \dfrac{1}{1+x}dx\right)$$
$$= \dfrac{1}{2}\left(\int \dfrac{-d(1-x)}{1-x} + \int \dfrac{d(1+x)}{1+x}\right)$$
$$= \dfrac{1}{2}(\ln|1+x| - \ln|1-x|) + C = \dfrac{1}{2}\ln\left|\dfrac{1+x}{1-x}\right| + C$$

常用的凑微分的公式见表 3-2。

表 3-2

序号	凑微分公式	序号	凑微分公式
1	$dx = \dfrac{1}{a}d(ax+b)\ (a \neq 0)$	6	$\cos(dx) = d\sin x$
2	$xdx = \dfrac{1}{2a}d(ax^2+b)(a \neq 0)$	7	$\dfrac{1}{1+x^2}dx = d\arctan x$
3	$\dfrac{1}{x}dx = d\ln|x|$	8	$\sec^2 x dx = d(\tan x)$
4	$\dfrac{1}{\sqrt{ax+b}}dx = \dfrac{2}{a}d\sqrt{ax+b}$	9	$\sec x \tan x dx = d\sec x$
5	$e^x dx = de^x$	10	$\dfrac{1}{\sqrt{1-x^2}}dx = d\arcsin x = -d\arccos x$

【例 3.7】 求 $\int \dfrac{dx}{a^2+x^2}(a>0)$。

解： $\int \dfrac{dx}{a^2+x^2} = \dfrac{1}{a^2}\int \dfrac{dx}{1+\left(\dfrac{x}{a}\right)^2} = \dfrac{1}{a}\int \dfrac{d\dfrac{x}{a}}{1+\left(\dfrac{x}{a}\right)^2} = \dfrac{1}{a}\arctan\dfrac{x}{a} + C$

【例 3.8】 求 $\int \tan x dx$。

解： $\int \tan x dx = \int \dfrac{\sin x}{\cos x}dx = -\int \dfrac{d\cos x}{\cos x} = -\ln|\cos x| + C$

从以上几个例可知,使用凑微分法的关键在于把被积表达式 $f(x)\mathrm{d}x$ 凑成 $F[\varphi(x)]\mathrm{d}\varphi(x)$ 的形式,以便引入中间变量 $u=\varphi(x)$,化为易积的 $\int f(u)\mathrm{d}u$,最后把中间变量 u 还原为起始变量 x。

2. 第二类换元积分法

第一类换元积分法是引入中间变量 u 代替可导函数 $u(x)$,而第二类换元积分法是引入新变量 t,令 $x=\varphi(t)$,使得新被积分表达式成为易积的形式。

第二换元积分计算不定积分的一般过程为:
$$\int f(x)\mathrm{d}x \xrightarrow{x=\varphi(t)} \int f[\varphi(t)]\varphi'(t)\mathrm{d}t \xrightarrow{\text{积分}} F(t)+C \xrightarrow{\diamondsuit t=\varphi(x)} F[\varphi^{-1}(x)]+C$$

【例 3.9】 求 $\int \sqrt{a^2-x^2}\,\mathrm{d}x\,(a>0)$。

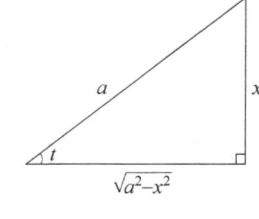

解:为了还原积分变量 x,由 $x=a\sin t$ 作直角三角形可知 $\cos t=\dfrac{\sqrt{a^2-x^2}}{a}$,代入上式,得
$$\int \sqrt{a^2-x^2}\,\mathrm{d}x = \frac{a^2}{2}(t+\sin t\cos t)+C$$
$$= \frac{a^2}{2}\left(\arcsin\frac{x}{a}+\frac{x}{a}\cdot\frac{\sqrt{a^2-x^2}}{a}\right)+C$$
$$= \frac{a^2}{2}\arcsin\frac{x}{a}+\frac{x}{2}\sqrt{a^2-x^2}+C$$

【例 3.10】 求 $\int \dfrac{\mathrm{d}x}{\sqrt{x}+\sqrt[3]{x}}$。

解:令 $x=t^6,\mathrm{d}x=t^5\mathrm{d}t,\sqrt{x}=\sqrt{t^6}=t^3,\sqrt[3]{x}=t^2$,于是
$$\int \frac{\mathrm{d}x}{\sqrt{x}+\sqrt[3]{x}} = \int \frac{6t^5\mathrm{d}t}{t^3+t^2} = 6\int \frac{t^3}{1+t}\mathrm{d}t = 6\int \left(t^2-t+1-\frac{1}{t+1}\right)\mathrm{d}t$$
$$= 6\left(\frac{t^3}{3}-\frac{t^2}{2}+t-\ln|t+1|\right)+C$$
$$= 2\sqrt{x}-3\sqrt[3]{x}+6\sqrt[6]{x}-6\ln|\sqrt[6]{x}+1|+C$$

3.2.2 分部积分法

分部积分法是乘积微分公式的逆运算。

设函数 $u=u(x),v=v(x)$ 具有连续的导函数,根据乘法微分法得
$$\mathrm{d}(uv)=u\mathrm{d}v+v\mathrm{d}u$$
即
$$u\mathrm{d}v=\mathrm{d}(uv)-v\mathrm{d}u$$
两边积分得 $\int u\mathrm{d}v = uv-\int v\mathrm{d}u$。

上式称为分部积分公式。用此公式计算不定积分就称为分部积分法。
用分部积分法的关键在于正确选择 u 和 v,一般要注意下列两点:
(1) v 容易求出(可用凑微分求出)。
(2) $\int v\mathrm{d}u$ 比 $\int u\mathrm{d}v$ 容易计算。

【例 3.11】 求 $\int x\cos x\,dx$。

解： 设 $u=x, dv=\cos x\,dx$，于是 $du=dx, v=\sin x$，根据分部积分公式有
$$\int x\cos x\,dx = \int x\,d\sin x = x\sin x - \int \sin x\,dx = x\sin x - \cos x + C$$

【例 3.12】 求 $\int e^x \sin x\,dx$。

解： 设 $u=e^x, dv=\sin x\,dx$，则 $du=e^x dx, v=-\cos x$，于是
$$\int e^x \sin x\,dx = -e^x \cos x + \int e^x \cos x\,dx = -e^x \cos x + \int e^x\,d\sin x$$
$$= -e^x \cos x + e^x \sin x - \int e^x \sin x\,dx$$

$$\therefore \int e^x \sin x\,dx = \frac{1}{2}e^x(\sin x - \cos x) + C$$

对分部积分法熟练后，计算时 u 和 dv 不必写出，可直接计算。

【例 3.13】 求 $\int \ln x\,dx$。

解： $\int \ln x\,dx = x\ln x - \int x\,d\ln x = x\ln x - \int x \cdot \frac{1}{x}\,dx = x(\ln x - 1) + C$

【例 3.14】 求 $\int \frac{x}{\cos^2 x}\,dx$。

解： $\int \frac{x}{\cos^2 x}\,dx = \int x\sec^2 x\,dx = \int x\,d\tan x$
$$= x\tan x - \int \tan x\,dx = x\tan x - \int \frac{\sin x}{\cos x}\,dx$$
$$= x\tan x + \int \frac{d\cos x}{\cos x} = x\tan x + \ln|\cos x| + C$$

习题 3.2

1. 求下列不定积分。

   (1) $\int \frac{x}{x^2+1}\,dx$ (2) $\int \frac{\cos x}{2\sin x - 1}\,dx$ (3) $\int 2x(x^2-1)^{10}\,dx$

   (4) $\int \frac{\arcsin x}{\sqrt{1-x^2}}\,dx$ (5) $\int \frac{dx}{\cos^2 3x}$ (6) $\int e^{\sin x}\cos x\,dx$

   (7) $\int \sin ax\,dx$ (8) $\int x\sqrt{x^2+1}\,dx$

2. 求下列不定积分。

   (1) $\int x\sqrt{x-1}\,dx$ (2) $\int \frac{1}{1+\sqrt{2x}}\,dx$ (3) $\int \frac{1}{\sqrt{e^x-1}}\,dx$

   (4) $\int \frac{\sqrt{x^2-1}}{x}\,dx$ (5) $\int \frac{x}{\sqrt{x-2}}\,dx$ (6) $\int \frac{dx}{\sqrt{2x^2+1}}$

   (7) $\int \frac{1}{x\sqrt{x^2-1}}\,dx$ (8) $\int \frac{dx}{\sqrt{x^2+a^2}}\,(a>0)$

3. 求下列不定积分。

(1) $\int x e^{-x} dx$ (2) $\int x^2 \ln x \, dx$ (3) $\int \dfrac{\ln x}{x^3} dx$

(4) $\int x \sin 2x \, dx$ (5) $\int e^x \cos x \, dx$ (6) $\int \dfrac{\ln \ln x}{x} dx$

(7) $\int \arcsin x \, dx$ (8) $\int x^2 e^{3x} dx$

3.3 定 积 分

引例：

【例 3.15】 曲边梯形的面积。

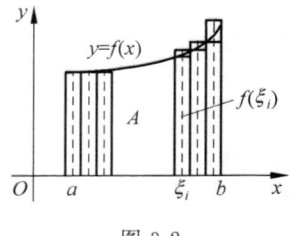

图 3-2

设函数 $y = f(x)$ 在区间 $[a,b]$ 上是非负连续函数，由曲线 $y = f(x)$，直线 $x = a, x = b$ 以及 x 轴所围成的平面图形，称为曲边梯形，其中曲线 $y = f(x)$ 为曲边，如图 3-2 所示。

下面讨论曲边梯形的面积 A。

曲边梯形的面积 A 的表达式可写为

$$A = \{(x,y) \mid a \leqslant x \leqslant b, 0 \leqslant y \leqslant f(x)\}$$

把 A 分割成若干个小曲边梯形，把每个小曲边梯形近似看做一个小矩形，用长乘宽求得小矩形的面积，加起来就是曲边梯形面积的近似值。显然，分割得越细，误差越小，小矩形面积和越接近于曲边梯形的面积。

由如下四个步骤可得到曲边梯形的面积。

(1) 分割　在区间 $[a,b]$ 内插入 $n-1$ 个分点：

$$a = x_0 < x_1 < x_2 < \cdots < x_{i-1} < x_i < \cdots < x_{n-1} < x_n = b$$

把区间 $[a,b]$ 分为 n 个小区间 $[x_0,x_1],[x_1,x_2],[x_2,x_3],\cdots,[x_{n-1},x_n]$，小区间 $[x_{i-1},x_i]$ 的长度记为 $\Delta x_i = x_i - x_{i-1}(i=1,2,3,\cdots,n)$，过各分点作垂直于 x 轴的直线，把整个曲边梯形分成 n 个小曲边梯形，其中第 i 个小曲边梯形的面积记为 $\Delta A_i(i=1,2,3,\cdots,n)$。

(2) 近似替换　在第 i 个小曲边梯形的底 $[x_{i-1},x_i]$ 上任取一点，它所对应的函数值为 $f(\xi_i)$，以 Δx_i 为底的小矩形的面积 $f(\xi_i)\Delta x_i$ 近似替换这个小曲边梯形的面积，即

$$\Delta A_i \approx f(\xi_i)\Delta x_i$$

(3) 求和　把 n 个小矩形面积相加，就得到曲边梯形的面积 A 的近似值

$$A \approx \sum_{i=1}^{n} \Delta A_i = f(\xi_1)\Delta x_1 + f(\xi_2)\Delta x_2 + \cdots + f(\xi_n)\Delta x_n = \sum_{i=1}^{n} f(\xi_i)\Delta x_i$$

(4) 取极限　当 $[a,b]$ 的分点无限增加，且小区间长度中的最大值 $\lambda = \max\limits_{1 \leqslant i \leqslant n}\{\Delta x_i\} \to 0$ 时，如果上述和式 $\sum\limits_{i=1}^{n} f(\xi_i)\Delta x_i$ 的极限存在，那么此极限就是所求曲边梯形的面积，即

$$A = \lim_{\lambda \to 0} \sum_{i=1}^{n} f(\xi_i)\Delta x_i$$

上面的问题，分析它解决问题的思想方法和结构模式，最终可归结为求一个某种和式的极限。

3.3.1 定积分的概念与性质

1. 定积分的概念

定义 3.3 设函数 $y=f(x)$ 在区间 $[a,b]$ 上有定义,任取分点
$$a = x_0 < x_1 < x_2 < \cdots < x_{i-1} < x_i < \cdots < x_{n-1} < x_n = b$$
将区间 $[a,b]$ 分为 n 个子区间 $[x_{i-1}, x_i]$ $(i=1,2,\cdots,n)$,记 $\Delta x_i = x_i - x_{i-1}$,$\lambda = \max\limits_{1 \leqslant i \leqslant n}\{\Delta x_i\}$,$i=1,2,\cdots,n$,在每个子区间 $[x_{i-1}, x_i]$ 上任取一点 ξ_i,作乘积 $f(\xi_i)\Delta x_i$ 的和式
$$\sum_{i=1}^{n} f(\xi_i)\Delta x_i$$
若极限 $\lim\limits_{\lambda \to 0}\sum\limits_{i=1}^{n} f(\xi_i)\Delta x_i$ 存在,则称此极限值为函数 $f(x)$ 在区间 $[a,b]$ 上的<u>定积分</u>,记为
$$\int_a^b f(x)\mathrm{d}x = \lim_{\lambda \to 0}\sum_{i=1}^{n} f(\xi_i)\Delta x_i$$
其中,x 称为<u>积分变量</u>,$f(x)$ 称为<u>被积函数</u>,$f(x)\mathrm{d}x$ 称为<u>被积表达式</u>,a,b 分别称为积分的下限与上限,$[a,b]$ 称为<u>积分区间</u>。

根据定积分的定义,例 3.15 可分别用定积分表示为:
$$\text{曲边梯形面积 } A = \int_a^b f(x)\mathrm{d}x$$

对于定积分,应该注意以下几点。

(1) 定积分的值只与被积函数及积分区间有关,与积分变量的记号无关,即
$$\int_a^b f(x)\mathrm{d}x = \int_a^b f(t)\mathrm{d}t = \int_a^b f(u)\mathrm{d}u$$
(2) 在定义中假设 $a<b$,为了计算方便起见,补充如下规定:

当 $a = b$ 时,$\int_a^a f(x)\mathrm{d}x = 0$;

当 $a > b$ 时,$\int_a^b f(x)\mathrm{d}x = -\int_b^a f(x)\mathrm{d}x$;

当且仅当 $f(x) = 1$ 时,$\int_a^b \mathrm{d}x = b - a$。

(3) 定义中的区间分法与 ξ_i 的取法是任意的。

(4) 如果函数 $f(x)$ 在 $[a,b]$ 上连续,则函数 $f(x)$ 在 $[a,b]$ 上可积。

2. 定积分的几何意义

由曲边梯形面积的计算可知,当 $f(x) > 0$ 时,图形位于 x 轴上方,$\int_a^b f(x)\mathrm{d}x = A > 0$,如图 3-3(a) 所示;当 $f(x) < 0$ 时,图形位于 x 轴下方,$\int_a^b f(x)\mathrm{d}x = -A < 0$,如图 3-3(b) 所示;当 $f(x)$ 在 $[a,b]$ 上有正有负时,$\int_a^b f(x)\mathrm{d}x = A_1 - A_2 + A_3$,如图 3-3(c) 所示。

3. 定积分的性质

在下列性质中,假设 $f(x), g(x)$ 在所讨论的区间上可积。

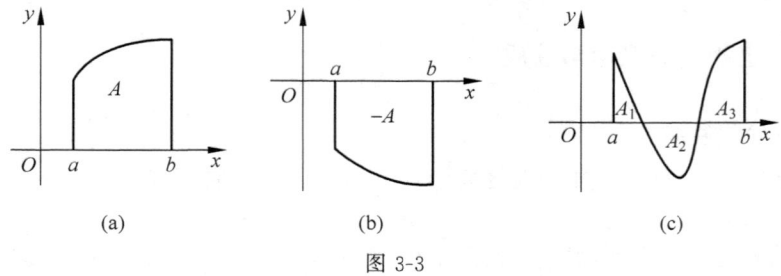

图 3-3

性质 1 $\int_a^b [f(x) \pm g(x)] dx = \int_a^b f(x) dx \pm \int_a^b g(x) dx$。

性质 2 $\int_a^b k f(x) dx = k \int_a^b f(x) dx$，$k$ 为常数。

性质 3 $\int_a^b f(x) dx = \int_a^c f(x) dx + \int_c^b f(x) dx$，其中满足 $c \in [a,b]$，也可满足 $c \notin [a,b]$。

性质 4 若 $f(x) \geqslant g(x)$，则 $\int_a^b f(x) dx \geqslant \int_a^b g(x) dx$。特别地，当 $g(x) = 0$ 时，则有 $\int_a^b f(x) dx \geqslant 0$。

性质 5（估值定理） 若在 $[a,b]$ 上有 $m \leqslant f(x) \leqslant M$，则有
$$m(b-a) \leqslant \int_a^b f(x) dx \leqslant M(b-a)$$

性质 6（积分中值定理） 若函数 $f(x)$ 在区间 $[a,b]$ 上连续，则在区间 $[a,b]$ 上至少存在一点 ξ，使下式成立
$$\int_a^b f(x) dx = f(\xi)(b-a)$$
或
$$f(\xi) = \frac{1}{b-a} \int_a^b f(x) dx$$

该性质的几何意义如图 3-4 所示，曲边梯形的面积等于以 $f(x)$ 在区间 $[a,b]$ 上的平均值 $f(\xi)$ 为高、以积分区间长 $b-a$ 为宽的矩形区域的面积。

性质 7 若函数 $f(x)$ 在区间 $[-a, a]$ 上连续，则
$$\int_{-a}^a f(x) dx = \begin{cases} 2\int_0^a f(x) dx & \text{当 } f(x) \text{ 为偶函数时} \\ 0 & \text{当 } f(x) \text{ 为奇函数时} \end{cases}$$

该性质的几何意义如图 3-5 所示。

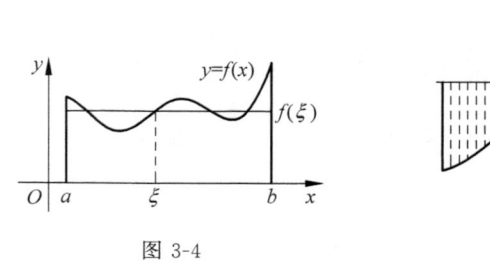

图 3-4

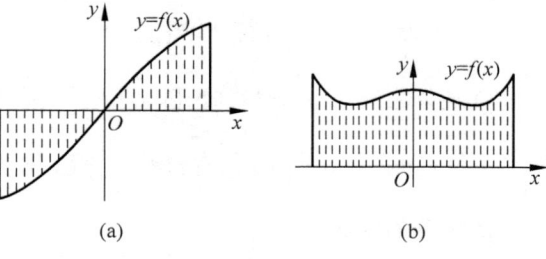

图 3-5

3.3.2 定积分的计算

为了寻求计算定积分简便而有效的方法,现研究积分与微分之间的联系。

1. 变上限的定积分

设 $f(x)$ 在区间 $[a,b]$ 上可积,根据定积分的性质 3,对任何 $x\in[a,b]$, $f(x)$ 在 $[a,b]$ 上也积。于是,有

$$\phi(x) = \int_a^x f(t)\mathrm{d}t, \quad x \in [a,b]$$

定义了一个以积分上限 x 为自变量的函数,称为**变上限的定积分**。

注意: $\phi(x) = \int_a^x f(t)\mathrm{d}t$ 不可把积分变量写成 x,以免与积分上限变量的 x 相混淆。

定理 3.2(原函数存在定理)

若函数 $f(x)$ 在区间 $[a,b]$ 上连续,则 $\phi(x) = \int_a^x f(t)\mathrm{d}t$ 在区间 $[a,b]$ 上可微,且

$$\left(\int_a^x f(t)\mathrm{d}t\right)' = f(x), \quad x \in [a,b]$$

定理 3.3(牛顿-莱布尼茨公式)

设函数 $f(x)$ 在区间 $[a,b]$ 上连续,$F(x)$ 是 $f(x)$ 在 $[a,b]$ 上的一个原函数,则有

$$\int_a^b f(x)\mathrm{d}x = F(b) - F(a) \stackrel{\text{记}}{=} F(x)\Big|_a^b$$

上式称为**牛顿-莱布尼茨公式**,也称微积分的基本公式,它进一步揭示了定积分与被积函数的原函数之间的联系,使定积分计算变得简便而有效。

【例 3.16】 求下列定积分。

(1) $\int_{-2}^{-1} \frac{1}{x}\mathrm{d}x$ (2) $\int_0^1 \mathrm{e}^{2x}\mathrm{d}x$

(3) $\int_0^{\frac{\pi}{3}} \sin x \mathrm{d}x$ (4) $\int_0^1 \frac{1}{1+x^2}\mathrm{d}x$

解: 由牛顿-莱布尼茨公式可得

(1) $\int_{-2}^{-1} \frac{1}{x}\mathrm{d}x = \ln|x|\Big|_{-2}^{-1} = \ln 1 - \ln 2 = -\ln 2$

(2) $\int_0^1 \mathrm{e}^{2x}\mathrm{d}x = \frac{1}{2}\int_0^1 \mathrm{e}^{2x}\mathrm{d}(2x) = \frac{1}{2}\mathrm{e}^{2x}\Big|_0^1 = \frac{1}{2}(\mathrm{e}^2 - \mathrm{e}^0) = \frac{1}{2}(\mathrm{e}^2 - 1)$

(3) $\int_0^{\frac{\pi}{3}} \sin x \mathrm{d}x = -\cos x \Big|_0^{\frac{\pi}{3}} = -\left(\cos\frac{\pi}{3} - \cos 0\right) = -\left(\frac{1}{2} - 1\right) = \frac{1}{2}$

(4) $\int_0^1 \frac{1}{1+x^2}\mathrm{d}x = \arctan x \Big|_0^1 = \arctan 1 - \arctan 0 = \frac{\pi}{4}$

2. 定积分的换元法

定理 3.4 设函数 $f(x)$ 在区间 $[a,b]$ 上连续,$x = \varphi(t)$ 在 $[\alpha,\beta]$ 上具有连续的导数,且 $a \leqslant \varphi(t) \leqslant b$, $(\alpha \leqslant t \leqslant \beta)$, $\varphi(\alpha) = a$, $\varphi(\beta) = b$,则

$$\int_a^b f(x)\mathrm{d}x = \int_\alpha^\beta f[\varphi(t)]\varphi'(t)\mathrm{d}t$$

【例 3.17】 求 $\int_2^5 \dfrac{x}{\sqrt{x-1}}\mathrm{d}x$。

x	2	5
t	1	2

解： 设 $t=\sqrt{x-1}$，则 $x=t^2+1$, $\mathrm{d}x=2t\mathrm{d}t$ 根据定理 3.4 可得

$$\int_2^5 \dfrac{x}{\sqrt{x-1}}\mathrm{d}x = \int_1^2 \dfrac{t^2+1}{t} \cdot 2t\mathrm{d}t = 2\int_1^2 (t^2+1)\mathrm{d}t = 2\left(\dfrac{t^3}{3}+t\right)\Big|_1^2$$
$$= \dfrac{20}{3}$$

【例 3.18】 求 $\int_0^{\frac{\pi}{2}} \sin x \cos^4 x \mathrm{d}x$。

解： $\int_0^{\frac{\pi}{2}} \sin x \cos^4 x \mathrm{d}x = -\int_0^{\frac{\pi}{2}} \cos^4 x \mathrm{d}\cos x = -\dfrac{1}{5}\cos^5 x \Big|_0^{\frac{\pi}{2}} = \dfrac{1}{5}$

【例 3.19】 求 $\int_0^4 \dfrac{1}{1+\sqrt{x}}\mathrm{d}x$。

x	0	4
t	0	2

解： 设 $\sqrt{x}=t$，则 $x=t^2$, $\mathrm{d}x=2t\mathrm{d}t$ 根据定理 3.4 可得

$$\int_0^4 \dfrac{1}{1+\sqrt{x}}\mathrm{d}x = \int_0^2 \dfrac{1}{1+t} \cdot 2t\mathrm{d}t = 2\int_1^2 \left(1-\dfrac{1}{t+1}\right)\mathrm{d}t = 2(t-\ln(1+t))\Big|_0^2 = 4-2\ln 3$$

3．分部积分法

定理 3.5 设函数 $u=u(x), v=v(x)$ 在区间 $[a,b]$ 上有连续的导数 $u'(x), v'(x)$，则有

$$\int_a^b u(x)\mathrm{d}v(x) = u(x)v(x)\Big|_a^b - \int_a^b v(x)\mathrm{d}u(x)$$

或简写成

$$\int_a^b u\,\mathrm{d}v = uv\Big|_a^b - \int_a^b v\,\mathrm{d}u$$

【例 3.20】 求 $\int_0^{\frac{\pi}{2}} x\cos x\mathrm{d}x$。

解： $\int_0^{\frac{\pi}{2}} x\cos x\mathrm{d}x = \int_0^{\frac{\pi}{2}} x\mathrm{d}\sin x = x\sin x\Big|_0^{\frac{\pi}{2}} - \int_0^{\frac{\pi}{2}} \sin x\mathrm{d}x = \dfrac{\pi}{2} - \cos x\Big|_0^{\frac{\pi}{2}} = \dfrac{\pi}{2}-1$

【例 3.21】 求 $\int_0^1 x\mathrm{e}^x\mathrm{d}x$。

解： $\int_0^1 x\mathrm{e}^x\mathrm{d}x = x\mathrm{e}^x\Big|_0^1 - \int_0^1 \mathrm{e}^x\mathrm{d}x = (x-1)\mathrm{e}^x\Big|_0^1 = 1$

【例 3.22】 求 $\int_0^1 \arcsin x\mathrm{d}x$。

解： $\int_0^1 \arcsin x\mathrm{d}x = x\arcsin x\Big|_0^1 - \int_0^1 x\mathrm{d}\arcsin x$

$$= \frac{\pi}{2} - \int_0^1 \frac{x}{\sqrt{1-x^2}} dx = \frac{\pi}{2} + \frac{1}{2} \int_0^1 \frac{1}{\sqrt{1-x^2}} d(1-x^2)$$

$$= \frac{\pi}{2} + \sqrt{1-x^2} \Big|_0^1 = \frac{\pi}{2} - 1$$

习题 3.3

1. 计算下列定积分。

(1) $\int_1^2 \left(\frac{1}{x^2} - \frac{1}{x} + 5^x \right) dx$

(2) $\int_0^{\frac{\pi}{2}} \frac{\cos 2x}{\cos x + \sin x} dx$

(3) $\int_0^{\pi} \sin^2 \frac{x}{2} dx$

(4) $\int_0^1 (x-1)^2 dx$

(5) $\int_1^4 \sqrt{x}(1-\sqrt{x}) dx$

(6) $\int_1^e \frac{\ln x}{x} dx$

(7) $\int_{-1}^3 (x-1)^3 dx$

(8) $\int_0^1 x\sqrt{x^2+1} dx$

(9) $\int_0^{\frac{\pi}{2}} \cos^3 x \sin x dx$

(10) $\int_1^e \frac{1}{x\sqrt{1+\ln x}} dx$

(11) $\int_1^{e^2} \frac{1+\ln x}{x} dx$

(12) $\int_1^2 \frac{x^2}{1+x^2} dx$

2. 利用函数的奇偶性计算。

(1) $\int_{-\pi}^{\pi} x\sin x dx$

(2) $\int_{-1}^1 \frac{x^2 \arcsin x}{\sqrt{1+x^2}} dx$

3. 计算下列定积分。

(1) $\int_0^1 \frac{1}{1+\sqrt{x}} dx$

(2) $\int_1^2 \frac{\sqrt{x^2-1}}{x} dx$

(3) $\int_0^3 \frac{x}{1+\sqrt{1+x}} dx$

(4) $\int_0^1 \sqrt{1-x^2} dx$

4. 计算下列定积分。

(1) $\int_0^1 x e^{-x} dx$

(2) $\int_0^{\frac{\pi}{2}} x\sin x dx$

(3) $\int_1^e \ln x dx$

(4) $\int_0^{\sqrt{\ln 2}} x^3 e^{x^2} dx$

3.4 定积分的应用

定积分不仅能分析和解决曲边梯形面积的问题,而且在经济方面也有着广泛的应用。本节首先阐述定积分的微元法,然后举例说明定积分在几何、经济上的一些简单应用。

3.4.1 定积分的几何应用

由前文的介绍可知,计算曲边梯形面积可分四个步骤:
① 分割;
② 近似代替;
③ 求和;

④ 取极限。

以上四个步骤中，第②步确定 $\Delta A_i \approx f(\xi_i)\Delta x_i$ 是关键。

为了实用且简便起见，省略下标 i，用 $[x, x+dx]$ 表示 $[a,b]$ 内任一子区间，则以 dx 为底宽、$f(x)$ 为高的小矩形面积 $f(x)dx$ 就是 $[x, x+dx]$ 上的小曲边梯形面积 ΔA 的近似值。如图 3-6 中的阴影部分所示，有 $\Delta A \approx f(x)dx$，其中 $f(x)dx$ 称为所示面积 A 的<u>微元</u>，记为 dA，即 $dA = f(x)dx$，所以 $A = \int_a^b f(x)dx$。

上述简化了的定积分方法称为定积分的<u>微元法</u>。

1. 直角坐标系中的平面图形的面积

① 由连续曲线 $y=f(x)$ 与直线 $x=a, x=b$ 及 x 轴所围成的平面图形的面积为
$$A = \int_a^b |f(x)| dx$$

② 由两条连续曲线 $y=f(x), y=g(x)$ 以及两条直线 $x=a$ 与 $x=b(a<b)$ 所围成的平面图形的面积为
$$A = \int_a^b |f(x) - g(x)| dx$$

如图 3-7 所示，$f(x) \geqslant g(x)$，若 $f(x) \leqslant g(x)$ 则上式变为 $A = \int_a^b (g(x) - f(x))dx$。

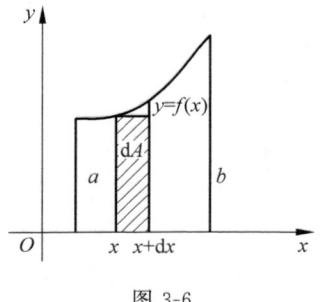

图 3-6   图 3-7

【**例 3.23**】 求曲线 $y=\sin x$ 在 $[0, 2\pi]$ 内与 x 轴所围成图形的面积。

解：在 $[0, 2\pi]$ 内绘制 $y=\sin x$ 图形，如图 3-8 所示。

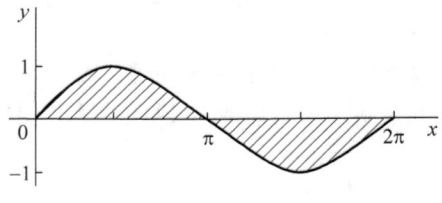

图 3-8

在 $[0, \pi]$ 上，$y=\sin x \geqslant 0$，在 $[\pi, 2\pi]$ 上，$y=\sin x \leqslant 0$，由公式 $A = \int_a^b |f(x)| dx$ 得所求面积为
$$A = \int_0^{2\pi} |\sin x| dx = \int_0^{\pi} |\sin x| dx + \int_{\pi}^{2\pi} |\sin x| dx$$

$$= \int_0^\pi \sin x \mathrm{d}x - \int_\pi^{2\pi} \sin x \mathrm{d}x = -(\cos x)\Big|_0^\pi - (-\cos x)\Big|_\pi^{2\pi}$$
$$= -(-1-1) - (-1-1) = 4$$

【例 3.24】 求由抛物线 $y^2 = 4x$ 与直线 $y = x - 3$ 所围成的平面图形的面积。

解：如图 3-9 所示，为了确定图形所在范围，先求出这两条曲线的交点坐标。解方程组 $\begin{cases} y^2 = 4x \\ y = x - 3 \end{cases}$ 得交点坐标为 $(1, -2)$ 和 $(9, 6)$，选择 y 为积分变量，则所求图形的面积为

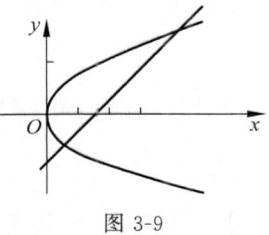

图 3-9

$$A = \int_{-2}^{6} \left[(y+3) - \frac{y^2}{4} \right] \mathrm{d}y = \left(\frac{1}{2}y^2 + 3y - \frac{1}{12}y^3 \right) \Big|_{-2}^{6} = \frac{64}{3}$$

2. 旋转体的体积

平面图形绕该平面内的一条直线旋转一周所成的立体图形，称为旋转体。常见的旋转体有圆柱体、圆锥体、圆台体、球体等。

下面讨论绕 x 轴和绕 y 轴旋转而成的旋转体的体积计算。

① 由曲线 $y = f(x)$，直线 $x = a, x = b$ 和 x 轴围成的曲边梯形绕 x 轴旋转而成的旋转体体积为 $V_x = \pi \int_a^b [f(x)]^2 \mathrm{d}x$。

② 由曲线 $x = \varphi(y)$，直线 $y = c, y = d$ 和 y 轴围成的曲边梯形绕 y 轴旋转而成的旋转体积为 $V_y = \pi \int_c^d [\varphi(y)]^2 \mathrm{d}y$。

【例 3.25】 求由星形线 $x^{\frac{2}{3}} + y^{\frac{2}{3}} = a^{\frac{2}{3}}$ 所围成的图形绕 x 轴旋转所得立体的体积。

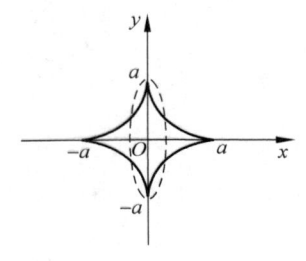

图 3-10

解：如图 3-10 所示，由方程 $x^{\frac{2}{3}} + y^{\frac{2}{3}} = a^{\frac{2}{3}}$ 可得 $y^2 = (a^{\frac{2}{3}} - x^{\frac{2}{3}})^3$，于是所求体积为

$$V = \pi \int_{-a}^{a} y^2 \mathrm{d}x = 2\pi \int_0^a (a^{\frac{2}{3}} - x^{\frac{2}{3}})^3 \mathrm{d}x$$
$$= 2\pi \int_0^a (a^2 - 3a^{\frac{4}{3}} x^{\frac{2}{3}} + 3a^{\frac{2}{3}} x^{\frac{4}{3}} - x^2) \mathrm{d}x = \frac{32}{105} \pi a^3$$

3.4.2 定积分在经济学上的应用

已知边际成本函数求总成本函数，除了可以用不定分积分求解，也可以用定积分求解。

设已知边际成本函数为 $\mathrm{MC}(q) = f(q)$，固定成本 $c(0) = K$，则当产量由 0 增加到 q 时的成本增量为 $c(q) - c(0) = \int_0^q \mathrm{MC}(q) \mathrm{d}q$

$$\therefore \quad c(q) = \int_0^q \mathrm{MC}(q) \mathrm{d}q + c(0)$$

类似地，可求边际收益函数 $R(q) - R(0) = \int_0^q \mathrm{MR}(q) \mathrm{d}q$

$$\therefore \quad R(0) = 0$$

∴ $$R(q) = \int_0^q MR(q)dq$$

对于利润函数，则可表示为 $Pr(q) = R(q) - c(q)$

$$= \int_0^q MR(q)dq - \left[\int_0^q MC(q)dq + c(0)\right]$$

$$= \int_0^q [MR(q) - MC(q)]dq - c(0)$$

∴ $$MPr(q) = MR(q) - MC(q)$$

∴ $$Pr(q) = \int_0^q MPr(q)dq - c(0)$$

【例 3.26】 设某商店售出 q 台录音机时总利润 $Pr(q)$（元）变化率为 $Pr'(q) = 12.5 - \dfrac{q}{80}$，$(q \geq 0)$，且固定成本为 $c(0) = 0$，试求

(1) 售出 40 台时的总利润；
(2) 售出 60 台时，前 30 台平均利润和后 30 台的平均利润。

解：(1) 根据 $Pr(q) = \int_0^q MPr(q) - c(0)$

∵ $c(0) = 0$，令 $q = 40$，得

$$Pr(40) = \int_0^{40}\left(12.5 - \frac{q}{80}\right)dq = \left(12.5q - \frac{q^2}{160}\right)\Big|_0^{40} = 490(\text{元})$$

(2) 前 30 台的平均利润为：

$$\frac{1}{30}\int_0^{30}\left(12.5 - \frac{q}{80}\right)dq = \frac{1}{30}\left(12.5q - \frac{q^2}{160}\right)\Big|_0^{30} = \frac{1}{30} \times 369.5 = 12.31(\text{元})$$

后 30 台的平均利润为：

$$\frac{1}{30}\int_{30}^{60}\left(12.5 - \frac{q}{80}\right)dq = \frac{1}{30}\left(12.5q - \frac{q^2}{160}\right)\Big|_{30}^{60} = \frac{1}{30} \times 358.12 = 11.94(\text{元})$$

3.4.3 无穷区间的广义积分

定义 3.4 设函数 $f(x)$ 在区间 $[a, +\infty)$ 上连续，取 $b > a$，如果极限

$$\lim_{b \to +\infty}\int_a^b f(x)dx$$

存在，则称此极限为函数 $f(x)$ 在 $[a, +\infty)$ 上的广义积分，记做 $\int_a^{+\infty} f(x)dx$，即

$$\int_a^{+\infty} f(x)dx = \lim_{b \to +\infty}\int_a^b f(x)dx$$

此时也称广义积分 $\int_a^{+\infty} f(x)dx$ 收敛，否则称广义积分发散。发散时仍用记号 $\int_a^{+\infty} f(x)dx$ 表示，但它不表示任何数。

类似地，可以定义广义积分

$$\int_{-\infty}^b f(x)dx = \lim_{a \to -\infty}\int_a^b f(x)dx$$

函数 $f(x)$ 在无穷区间 $(-\infty, +\infty)$ 上的广义积分定义为

$$\int_{-\infty}^{+\infty} f(x)\mathrm{d}x = \int_{-\infty}^{a} f(x)\mathrm{d}x + \int_{a}^{+\infty} f(x)\mathrm{d}x$$

如果右端两个广义积分都收敛,则左端广义积分收敛,否则称左端广义积分发散。

若 $F(x)$ 是 $f(x)$ 的一个原函数,并记

$$F(+\infty) = \lim_{x \to +\infty} F(x) \quad F(-\infty) = \lim_{x \to -\infty} F(x) \quad 则$$

$$\int_{a}^{+\infty} f(x)\mathrm{d}x = F(+\infty) - F(a) = F(x)\Big|_{a}^{+\infty}$$

$$\int_{-\infty}^{b} f(x)\mathrm{d}x = F(x)\Big|_{-\infty}^{b} = F(b) - F(-\infty)$$

$$\int_{-\infty}^{+\infty} f(x)\mathrm{d}x = F(x)\Big|_{-\infty}^{+\infty} = F(+\infty) - F(-\infty)$$

【例 3.27】 求广义积分。

(1) $\int_{0}^{+\infty} \mathrm{e}^{-x}\mathrm{d}x$ (2) $\int_{-\infty}^{0} \frac{1}{1+x^2}\mathrm{d}x$ (3) $\int_{-\infty}^{+\infty} x\mathrm{e}^{-x^2}\mathrm{d}x$

解: (1) $\int_{0}^{+\infty} \mathrm{e}^{-x}\mathrm{d}x = -\int_{0}^{+\infty} \mathrm{e}^{-x}\mathrm{d}(-x) = -(-\mathrm{e}^{-x})\Big|_{0}^{+\infty} = -\lim_{x \to \infty}\mathrm{e}^{-x} + \mathrm{e}^{0} = 0 + 1 = 1$

(2) $\int_{-\infty}^{0} \frac{1}{1+x^2}\mathrm{d}x = \arctan\Big|_{-\infty}^{0} = \arctan 0 - \arctan(-\infty) = 0 - \left(-\frac{\pi}{2}\right) = \frac{\pi}{2}$

(3) $\int_{-\infty}^{+\infty} x\mathrm{e}^{-x^2}\mathrm{d}x = \int_{-\infty}^{0} x\mathrm{e}^{-x^2}\mathrm{d}x + \int_{0}^{+\infty} x\mathrm{e}^{-x^2}\mathrm{d}x$

$$= \frac{1}{2}\int_{+\infty}^{0} \mathrm{e}^{-x^2}\mathrm{d}(x^2) + \frac{1}{2}\int_{0}^{+\infty} \mathrm{e}^{-x^2}\mathrm{d}(x^2)$$

$$= \frac{1}{2}\left(-\mathrm{e}^{-x^2}\Big|_{-\infty}^{0} - \mathrm{e}^{-x^2}\Big|_{0}^{+\infty}\right)$$

$$= \frac{1}{2}(-\mathrm{e}^{0} + \mathrm{e}^{-\infty^2} - \mathrm{e}^{-\infty^2} + \mathrm{e}^{0}) = 0$$

【例 3.28】 判断无穷积分 $\int_{0}^{+\infty} \sin x \mathrm{d}x$。

解: $\int_{0}^{+\infty} x\sin x\mathrm{d}x = \lim_{b \to +\infty}\int_{0}^{b} x\sin x\mathrm{d}x = \lim_{b \to +\infty}(-x\cos x)\Big|_{0}^{b} + \int_{0}^{b}\cos x\mathrm{d}x$

因为 $\lim_{b \to +\infty} x\cos x$ 不存在,所以 $\int_{0}^{+\infty} x\sin x\mathrm{d}x$ 发散。

【例 3.29】 讨论广义积分 $\int_{a}^{+\infty} \frac{1}{x^p}\mathrm{d}x$ 的收敛性。

解: 当 $p \neq 1$ 时,$\int_{a}^{+\infty} \frac{1}{x^p}\mathrm{d}x = \frac{1}{1-p}x^{1-p}\Big|_{a}^{+\infty}$

若 $p > 1$,则 $1-p < 0$,有 $\int_{a}^{+\infty} \frac{1}{x^p}\mathrm{d}x = \lim_{x \to +\infty}\left(\frac{x^{1-p}}{1-p} - \frac{a^{1-p}}{1-p}\right) = -\frac{a^{1-p}}{1-p}$

$\therefore \int_{a}^{+\infty} \frac{1}{x^p}\mathrm{d}x$ 收敛。

若 $p < 1$,则 $1-p > 0$,有 $\lim_{x \to +\infty}\frac{x^{1-p}}{1-p} = +\infty$,$\therefore \int_{a}^{+\infty} \frac{1}{x^p}\mathrm{d}x$ 发散。

当 $p = 1$ 时,$\int_{a}^{+\infty} \frac{1}{x^p}\mathrm{d}x = \lim_{x \to +\infty}(\ln x - \ln a) = +\infty$,$\therefore \int_{a}^{+\infty} \frac{1}{x^p}\mathrm{d}x$ 发散。

因此,当 $p>1$ 时 $\int_a^{+\infty} \frac{1}{x^p}\mathrm{d}x$ 收敛；当 $p\leqslant 1$ 时 $\int_a^{+\infty} \frac{1}{x^p}\mathrm{d}x$ 发散。

习题 3.4

1. 求下列各曲线所围成的图形的面积。

(1) $y=\frac{1}{x}, y=x, x=3$

(2) $y^2=-x+4, y^2=x$

(3) $y=2x-x^2, y+x=0$

(4) $y=\mathrm{e}^x, y=\mathrm{e}^{-x}, x=1$

(5) $y=\frac{1}{2}x^2, x^2+y^2=8$

(6) $y=x^3, y=2x$

2. 求下列已知曲线所围成的图形按指定的轴旋转所产生的旋转体的体积。

(1) $y=x^2, x=y^2$, 绕 y 轴

(2) $x^2+(y-1)^2=16$, 绕 x 轴

(3) $y=x^2$ 与 $y^2=8x$ 所围图形分别,绕 x 轴, y 轴旋转

(4) $2x-y+4=0, x=0, y=0$, 绕 x 轴

3. 求下列广义积分。

(1) $\int_0^{+\infty} \frac{1}{x^2+2x+2}\mathrm{d}x$

(2) $\int_0^{+\infty} \frac{x}{(1+x)^3}\mathrm{d}x$

(3) $\int_0^{+\infty} \mathrm{e}^{-\sqrt{x}}\mathrm{d}x$

(4) $\int_0^{+\infty} x\sin x\mathrm{d}x$

(5) $\int_0^{+\infty} \mathrm{e}^{-x}\mathrm{d}x$

(6) $\int_0^{+\infty} x\mathrm{e}^{-x^2}\mathrm{d}x$

(7) $\int_e^{+\infty} \frac{1}{x(\ln x)^2}\mathrm{d}x$

(8) $\int_0^{+\infty} \frac{\mathrm{d}x}{\sqrt{1+x^2}}$

(9) $\int_{-\infty}^{+\infty} \mathrm{e}^x \sin x\mathrm{d}x$

(10) $\int_{-\infty}^{+\infty} x\mathrm{e}^{-x^2}\mathrm{d}x$

综合练习 3

1. 填空题

(1) 设 $f(x)=\int \frac{1}{\sqrt{1-x^2}}\mathrm{d}x$, 则 $f'(0)=$ _____。

(2) 设函数 $f(x)$ 连续且有 $\int f(x)\mathrm{d}x=F(x)+C$, 则 $\int F(x)f(x)\mathrm{d}x=$ _____。

(3) 若 $f(x)=k\tan 2x$ 的一个原函数是 $\frac{2}{3}\ln\cos 2x$, 则 $k=$ _____。

(4) 设 $f(x)=\begin{cases} x, & 0\leqslant x\leqslant 1 \\ 1, & 1<x\leqslant 2 \end{cases}$, 则 $\int_0^2 f(x)\mathrm{d}x=$ _____。

(5) 设 $\int_0^a x^2\mathrm{d}x=9$, 则 $a=$ _____。

2. 选择题

(1) 已知曲线过点 $(1,1)$，在点 (x,y) 处的曲线的切线斜率为该点横坐标的 2 倍，则该曲线的方程为（　　）。

  A. x^2+C B. $2x+1$ C. x^2+1 D. x^2

(2) 设 $\int f(x)\mathrm{d}x = F(x)+C$，则 $\int \mathrm{e}^{-x} f(\mathrm{e}^{-x})\mathrm{d}x = ($　　$)$。

  A. $F(\mathrm{e}^x)+C$ B. $-F(\mathrm{e}^{-x})+C$ C. $F(\mathrm{e}^{-x})+C$ D. $\dfrac{F(\mathrm{e}^{-x})}{x}+C$

(3) 下列函数中原函数为 $\ln(kx)(k\neq 0)$ 的函数是（　　）。

  A. $\dfrac{1}{kx}$ B. $\dfrac{k}{x}$ C. $\dfrac{1}{x}$ D. $\dfrac{1}{k^2}$

(4) 若 $I_1 = \int_0^1 x\mathrm{d}x$，$I_2 = \int_0^1 x^2 \mathrm{d}x$，则有（　　）。

  A. $I_1 \geqslant I_2$ B. $I_1 > I_2$ C. $I_1 \leqslant I_2$ D. $I_1 < I_2$

(5) $\int_0^1 (2x+k)\mathrm{d}x = 2$，则 $k = ($　　$)$。

  A. 1   B. 0   C. -1 D. $\dfrac{1}{2}$

3. 计算题。

(1) $\int (2x-3\sin x)\mathrm{d}x$ (2) $\int (2x+1)^3 \mathrm{d}x$ (3) $\int \sqrt{4-x^2}\, \mathrm{d}x$

(4) $\int x^2 \ln x\, \mathrm{d}x$ (5) $\int_0^8 \dfrac{1}{1+\sqrt[3]{x}}\mathrm{d}x$ (6) $\int_0^{\frac{\pi}{2}} x\sin x\, \mathrm{d}x$

(7) $\int_0^{\pi} (\sin x - 2\mathrm{e}^x)\mathrm{d}x$ (8) $\int_0^2 2\ln x\, \mathrm{d}x$ (9) $\int_0^1 (2x+\mathrm{e}^x)\mathrm{d}x$

4. 已知某产品的边际收入是 $R'(x)=18-0.5x$（单位：万元/t），且当销售量为 0 时收入为 0，求该产品的收入函数。

5. 已知曲线过点 $(\mathrm{e},2)$，且曲线上任意点的切线斜率为该点横坐标的倒数，求该曲线的方程。

6. 求抛物线 $y^2=2x$ 与直线 $y=x-4$ 所围成图形的面积。

7. 计算曲线 $y=x^2$ 与 $y=\sqrt{x}$ 所围成的平面图形绕 x 轴旋转得到的旋转体的体积。

8. 设生产商品 q 吨时的边际收入函数 $R'(q)=2-\dfrac{q}{5000}$（单位：万元/t），

  求：(1) 生产 q 吨时的总收入函数及平均收入函数；

    (2) 生产这种商品 2000 吨时的总收入和平均收入。

数学家的故事（三）

高斯——数学王子

卡尔·弗里德里希·高斯(Johann Carl Friedrich Gauss)(1777—1855)，生于不伦瑞克，卒于哥廷根，德国著名数学家、物理学家、天文学家、大地测量学家。高斯被认为是最重要的数学家，有数学王子的美誉，并被誉为历史上伟大的数学家之一，和阿基米德、牛顿并列,同享盛名。

高斯 1777 年 4 月 30 日生于不伦瑞克的一个工匠家庭。高斯三岁时便能够纠正他父亲的借债账目的事情,已经成为一个轶事流传至今。他曾说,他在麦仙翁堆上学会计算。能够在头脑中进行复杂的计算,是上帝赐予他一生的天赋。父亲格尔恰尔德·迪德里赫对高斯要求极为严厉,甚至有些过分。高斯尊重他的父亲,并且秉承了其父诚实、谨慎的性格。高斯很幸运地有一位鼎力支持他成才的母亲。高斯一生下来,就对一切现象和事物十分好奇,而且决心弄个水落石出,这已经超出了一个孩子能被许可的范围。当丈夫为此训斥孩子时,她总是支持高斯,坚决反对顽固的丈夫想把儿子变得跟他一样无知。

在成长过程中,幼年的高斯主要得力于母亲和舅舅:高斯的母亲罗捷雅、舅舅弗利德里希。弗利德里希富有智慧,为人热情而又聪明能干,投身于纺织贸易颇有成就。他发现姐姐的儿子聪明伶俐,因此他就把一部分精力花在这位小天才身上,用生动活泼的方式开发高斯的智力。

高斯 7 岁那年开始上学。10 岁的时候,他进入了学习数学的班级,这是一个首次创办的班,孩子们在这之前都没有听说过算术这么一门课程。数学教师是布特纳,他对高斯的成长也起了一定作用。

一天,老师布置了一道题,1+2+3+…,即从 1 一直加到 100 等于多少。

高斯很快就算出了答案,起初高斯的老师布特纳并不相信高斯算出了正确答案:"你一定是算错了,回去再算算。"高斯说出答案就是 5050。高斯是这样算的:$1+100=101$,$2+99=101\cdots 1$ 加到 100 有 50 组这样的数,所以 $50\times 101=5050$。

布特纳对他刮目相看。他特意从汉堡买了最好的算术书送给高斯,说:"你已经超过了我,我没有什么东西可以教你了。"接着,高斯与布特纳的助手巴特尔斯建立了真诚的友谊,直到巴特尔斯逝世。他们一起学习,互相帮助,高斯由此开始了真正的数学研究。

1788 年,11 岁的高斯进入了文科学校,他在新的学校里,所有的功课都极好,特别是古典文学、数学尤为突出。他的教师们和慈母把他推荐给伯伦瑞克公爵,希望公爵能资助这位聪明的孩子上学。

布伦兹维克公爵卡尔·威廉·斐迪南召见了 14 岁的高斯。这位朴实、聪明但家境贫寒的孩子赢得了公爵的同情,公爵慷慨地提出愿意做高斯的资助人,让他继续学习。

1792 年高斯进入布伦兹维克的卡罗琳学院继续学习。1795 年,公爵又为他支付各种费用,送他入德国著名的哥廷根大学,这样就使得高斯得以按照自己的理想,勤奋地学习和开始进行创造性的研究。

1796 年高斯 19 岁,他发现了正十七边形的尺规作图法,解决了自欧几里得以来悬而未决的一个难题。同年,他发表并证明了二次互反律。这是他的得意杰作,一生曾用八种方法证明,称之为"黄金律"。

1799 年,高斯完成了博士论文,获黑尔姆施泰特大学的博士学位,回到家乡布伦兹维克。虽然他的博士论文顺利通过了,被授予博士学位,同时获得了讲师职位,但他没有能成功地吸引学生,因此只能回老家,这时又是公爵伸手救援他。

公爵为高斯付诸了长篇博士论文的印刷费用,送给他一幢公寓,又为他印刷了《算术研究》,使该书得以在 1801 年问世;还负担了高斯的所有生活费用。所有这一切,令高斯十分感动。他在博士论文和《算术研究》中,写下了情真意切的献词:"献给大公","你的仁慈,将我从所有烦恼中解放出来,使我能从事这种独特的研究"。

布伦兹维克公爵在高斯的成才过程中起了举足轻重的作用。不仅如此,这种作用实际上反映了欧洲近代科学发展的一种模式,表明在科学研究社会化以前,私人的资助是科学发展的重要推动因素之一。高斯正处于私人资助科学研究与科学研究社会化的转变时期。

1806 年,卡尔·威廉·斐迪南公爵在抵抗拿破仑统帅的法军时不幸在耶拿战役阵亡,这给高斯以沉重打击。他悲痛欲绝,长时间对法国人有一种深深的敌意。大公的去世给高斯带来了经济上的拮据,德国处于法军奴役下的不幸,以及第一个妻子的逝世,这一切使得高斯有些心灰意冷。

但他是位刚强的汉子,从不向他人透露自己的窘况,也不让朋友安慰自己的不幸。人们只是在 19 世纪整理他的未公布于众的数学手稿时才得知他那时的心态。在一篇讨论椭圆函数的手稿中,突然插入了一段细微的铅笔字:"对我来说,死去也比这样的生活更好受些。"

慷慨、仁慈的资助人去世了,因此高斯必须找一份合适的工作,以维持一家人的生计。由于高斯在天文学、数学方面的杰出工作,他的名声从 1802 年起就已开始传遍欧洲。彼得堡科学院不断暗示他,自从 1783 年莱昂哈德·欧拉去世后,欧拉在彼得堡科学院的位置一直在等待着像高斯这样的天才。公爵在世时坚决劝阻高斯去俄国,他甚至愿意给高斯增加薪金,为他建立天文台。

为了不使德国失去最伟大的天才,德国著名学者洪堡(B. A. Von Humboldt)联合其他学者和政界人物,为高斯争取到了享有特权的哥廷根大学数学和天文学教授,以及哥廷根天文台台长的职位。1807 年,高斯赴哥廷根就职,全家迁居于此。

从这时起,除了一次到柏林去参加科学会议以外,他一直住在哥廷根。洪堡等人的努力,不仅使得高斯一家人有了舒适的生活环境,高斯本人可以充分发挥其天才,而且为哥廷根数学学派的创立、德国成为世界科学中心和数学中心创造了条件。同时,这也标志着科学研究社会化的一个良好开端。

高斯在数学方面的成就十分突出:

欧几里得已经指出,正三边形、正四边形、正五边形、正十五边形和边数是上述边数两倍的正多边形的几何作图是能够用圆规和直尺实现的,但从那时起关于这个问题的研究没有多大进展。高斯在数论的基础上提出了判断一给定边数的正多边形是否可以几何作图的准则。例如,用圆规和直尺可以作圆内接正十七边形。这样的发现还是欧几里得以后的第一个。

这些关于数论的工作对代数的现代算术理论(即代数方程的解法)做出了贡献。高斯还将复数引进了数论,开创了复整数算术理论,复整数在高斯以前只是直观地被引进。1831 年(发表于 1832 年)他给出了一个如何借助于 x,y 平面上的表示来发展精确的复数理论的详尽说明。

高斯是最早怀疑欧几里得几何学是自然界和思想中所固有的那些人之一。欧几里得是建立系统性几何学的第一人。他模型中的一些基本思想被称做公理,它们是透过纯粹逻辑构造整个系统的出发点。在这些公理中,平行线公理一开始就显得很突出。按照这一公理,通过不在给定直线上的任何点只能作一条与该直线平行的线。

不久就有人推测:这一公理可从其他一些公理推导出来,因而可从公理系统中删去。但是关于它的所有证明都有错误。高斯是最早认识到可能存在一种不适用平行线公理的几何学的人之一。他逐渐得出革命性的结论:确实存在这样的几何学,其内部相容并且没有矛盾。但因为与同代人的观点相背,他不敢发表。

当1830年前后匈牙利的波尔约和俄国的罗巴切夫斯基独立地发表非欧几何学时,高斯宣称他大约在30年前就得到同样的结论。高斯也没有发表特殊复函数方面的研究成果,可能是因为没有能从更一般的原理导出它们。因此这一理论不得不在他死后数十年由其他数学家从他著作的计算中重建。

1830年前后,极值(极大和极小)原理在高斯的物理问题和数学研究中开始占有重要地位,例如流体保持静止的条件等问题。在探讨毛细作用时,他提出了一个数学公式能将流体系统中一切粒子的相互作用、引力以及流体粒子和与它接触的固体或流体粒子之间的相互作用都考虑在内。这一工作对于能量守恒原理的发展做出了贡献。从1830年起高斯就与物理学家威廉·爱德华·韦伯密切合作。由于对地磁学的共同兴趣,他们一起建立了一个世界性的系统观测网。他们在电磁学方面最重要的成果是电报的发展。因为他们的资金有限,所以试验都是小规模的。

高斯的数学研究几乎遍及所有领域,在数论、代数学、非欧几何、复变函数和微分几何等方面都做出了开创性的贡献。他还把数学应用于天文学、大地测量学和磁学的研究,发明了最小二乘法原理。高斯一生共发表155篇论文,他对待学问十分严谨,只是把他自己认为是十分成熟的作品发表出来。

高斯首先迷恋上的也是自然数。高斯在1808年谈道:"任何一个花过一点功夫研习数论的人,必然会感受到一种特别的激情与狂热。"

高斯对代数学的重要贡献是证明了代数基本定理,他的存在性证明开创了数学研究的新途径。事实上在高斯之前有许多数学家认为已给出了这个结果的证明,可是没有一个证明是严密的。高斯把前人证明的缺失一一指出来,然后提出自己的见解,他一生中一共给出了四个不同的证明。高斯在1816年左右就得到非欧几何的原理。他还深入研究复变函数,建立了一些基本概念发现了著名的柯西积分定理。他还发现椭圆函数的双周期性,但这些工作在他生前都没发表出来。

在物理学方面,高斯最引人注目的成就是在1833年和物理学家韦伯发明了有线电报,这使高斯的声望超出了学术圈而进入公众社会。除此以外,高斯在力学、测地学、水工学、电动学、磁学和光学等方面均有杰出的贡献。

高斯名言:
浅薄的学识使人远离神,广博的学识使人接近神。
数学,科学的皇后;算术,数学的皇后。

第4章 概率应用基础

概率论是近代数学的一个重要组成部分,在国民经济、工农业生产和科学技术研究中有着广泛的应用。许多新兴的应用数学,都是以概率论为基础的。本章将介绍概率的基本概念和主要公式。

4.1 随机事件和事件概率

4.1.1 随机事件和样本空间

1. 随机试验与随机事件

在现实生活中,一类现象是确定性的,即在一定的条件下,必然会出现某种确定结果。例如,水在标准大气压的条件下加热到100℃,必然要沸腾,人们把这类现象称为必然现象。另一类现象则是不确定性的,即在一定的条件下,可能会出现各种不同的结果。例如,抛掷一枚硬币,当硬币落在地上时,可能是正面朝上,也可能反面朝上,在硬币落地前人们不能预知究竟哪一面朝上,把这类现象称为随机现象。

偶然性和必然性对立统一,相互依赖、相互渗透,在一定条件下相互转化。其偶然性表现为每一次试验前,不能准确预言发生哪种结果;其必然性表现为在相同条件下,进行大量重复试验时,结果呈现出规律性。偶然性孕育着必然性,必然性通过无数的偶然性表现出来,把随机现象的这种规律性称为统计规律性。

为了研究随机现象的统计规律性,把各科学试验或对某一事物的观察统称为试验,如果试验具有下述特点:

(1) 试验可以在相同条件下重复进行;
(2) 每次试验的所有可能结果都是明确可知的,并且不止一个;
(3) 每次试验之前不能预知将来会出现哪一个结果。

则称这种试验为随机试验。

把试验的结果中发生的现象称为事件。在每次试验的结果中,如果某事件一定发生,则称为必然事件;相反,如果某事件一定不发生,则称为不可能事件。在试验结具中,可能发生也可能不发生的事件称为随机事件,通常用字母 A、B、C 等表示随机事件。

【例 4.1】 抛一枚硬币,观察出现的结果,可能是正面朝上或反面朝上。在试验中,A_1 代表"正面朝上",A_2 代表"反面朝上",在这里 A_1 和 A_2 都是随机事件。

【例 4.2】 某出租车公司电话订车中心,记录一天内接到订车电话记录次数,可能是 $0,1,2,\cdots$,B 代表"该天内订车电话次数不超过50次",则 B 是随机事件。

2. 样本空间

看这样一个随机试验:掷一枚骰子,观察出现的点数。由于骰子是一个均匀的正六面体,所以每次试验可能出现的点数是 1、2、3、4、5、6 中的一个。"出现的点数是 4"是随机事件;"出现的点数小于 4"也是随机事件,这两种随机事件显然是不同的。如果将出现的点数是 1、2、3、4、5、6 分别记为 A_1、A_2、A_3、A_4、A_5、A_6,并设"出现的点数小于 4"为 B,在一次试验中,只要 A_1、A_2、A_3 中有一个发生,那么 B 就发生。因此,事件 B 是由 A_1、A_2、A_3 组成的,记做 $B=\{A_1,A_2,A_3\}$。在这个试验中,事件 B 是可以分解的事件,事件 A_1、A_2、A_3 是不可再分解的事件。在一次试验中,A_1、A_2、A_3、A_4、A_5、A_6 中必有一个发生,但它们不可能同时发生。

在一次试验中,不可能分解的事件叫基本事件。例如,上例中的 A_1、A_2、A_3、A_4、A_5、A_6 都是基本事件。

由两个或者两个以上的基本事件组成的事件叫做复合事件。例如,上例中的事件 B 就是复合事件。

随机试验中,所有基本事件组成的集合称为样本空间,记为 Ω。

由于必然事件在每次试验中一定发生,所以必然事件是所有基本事件组合的集合,这样必然事件就等于样本空间,通常记做 Ω。又因为在试验的结果中任一事件发生时不可能事件都不发生,所以不可能事件是不包含任何基本事件的空集,通常记为 $\varnothing$。

【例 4.3】 写出"连续三次掷一枚硬币"试验的样本空间。

解: $\Omega=\{$(正正正),(正正反),(正反正),(反正正),(正反反),(反正反),(反反正),(反反反)$\}$。

3. 随机事件之间的关系

(1) 包含关系

如果事件 A 发生必然导致事件 B 发生,则称事件 B 包含事件 A,或称事件 A 包含于事件 B,记做 $B \supset A$ 或 $A \subset B$。这时,事件 A 中的基本事件一定属于事件 B,但事件 B 中的基本事件不一定属于事件 A。

例如,在一次射击中,$A=\{$命中 8 环$\}$,$B=\{$至少命中 5 环$\}$,显然,A 事件发生时 B 事件一定发生,$A \subset B$。

(2) 相等关系

如果事件 A 包含事件 B,且事件 B 包含事件 A,即 $A \supset B$ 且 $B \supset A$,则称事件 A 与事件 B 相等,记做 $A=B$。这时事件 A 和事件 B 中基本事件是相同的。

例如,一次射击,事件 $A=\{$命中环数不小于 9 环$\}$,事件 $B=\{$命中 9 环或 10 环$\}$,则事件 $A=B$。

(3) 并的关系

两个事件 A 和 B 中至少有一个发生所导致的新事件叫做事件 A 和 B 的并,记做 $A \cup B$。显然,这个事件是由两个事件 A 和 B 中的所有基本事件构成的。

事件的并的概念可以推广到有限个事件的情形:n 个事件 $A_1, A_2, \cdots, A_n$ 中至少有一个事件发生所导致新的事件叫做这 n 个事件的并,记做 $A_1 \cup A_2 \cup \cdots \cup A_n$。

例如,甲、乙二人向同一目标射击,如果 $A=\{$甲击中目标$\}$,$B=\{$乙击中目标$\}$,$C=\{$击中目标$\}$,那么"事件 C 发生"就意味着"事件 A 与 B 至少有一个发生"。

(4) 交的关系

两个事件 A 和 B 同时有一个发生所导致的新事件叫做事件 A 和 B 的交,记做 $A \cap B$

(或 AB)。显然,这个事件是由两个事件 A 和 B 中的共同的基本事件构成的。

事件的交概念可以推广到有限个事件的情形:n 个事件 $A_1, A_2, \cdots, A_n$ 中同时发生所导致新的事件叫做这 n 个事件的交,记做 $A_1 \cap A_2 \cap \cdots \cap A_n$(或 $A_1 A_2 \cdots A_n$)。

例如,在检验产品中,设 A={有奇数件次品},B={次品不多于两件},C={恰有一件次品},那么"事件 C 发生"就是"事件 A 与 B 同时发生"。

(5) 互不相容事件

如果事件 A 与 B 不可能同时发生,即 $AB=\varnothing$,则称 A 与 B 为互不相容(或互斥)。显然,两个事件 A 与 B 没有共同的基本事件。

如果 n 个事件 $A_1, A_2, \cdots, A_n$ 中任意两个事件不可能同时发生,则称这 n 个事件是互不相容的。

例如,在一次射击中,A={命中 8 环},B={至少命中 9 环},那么事件 A 与 B 不能同时发生。

(6) 对立事件

如果两个互不相容的事件 A 与 B 中必有一个发生,即 $AB=\varnothing$ 且 $A+B=\Omega$,则称事件 A 与 B 是对立的,也称事件 B 是事件 A 的逆事件;同样,事件 A 也是事件 B 的逆事件,记做 $B=\overline{A}$ 或 $A=\overline{B}$。

显然有 $\overline{\overline{A}}=A, A\overline{A}=\varnothing, A+\overline{A}=\Omega$。

例如,掷一枚硬币,设 A={正面向上},B={正面向下},显然事件 A 与 B 不可能同时发生,但必有其中一个事件发生。

如果用平面上某个矩形区域表示样本空间 Ω,矩形区域内的点表示样本基本事件,矩形内的一些封闭图形表示随机事件,则上述事件的关系及运算可以用集合图形直观地表示出来,如图 4-1 所示。

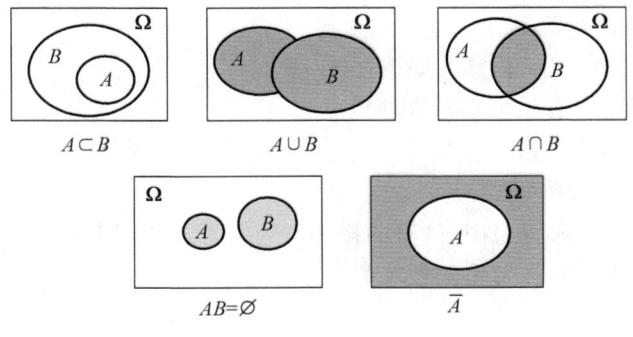

图 4-1

【例 4.4】 设有随机事件 A、B、C,则
(1) 事件"A、B 都发生,但 C 不发生"可表示为 $AB\overline{C}$;
(2) 事件"A、B、C 都发生"可表示为 ABC;
(3) 事件"A、B、C 中恰有两个发生"可表示为 $AB\overline{C} \cup A\overline{B}C \cup \overline{A}BC$;
(4) 事件"A、B、C 中至少有两个发生"可表示为 $AB \cup BC \cup CA$。

4.1.2 随机事件的概率

1. 概率的统计定义

在一次实验中,一个随机事件是否发生虽然不能事先确定,但是对于同一事件,在相同条件下进行大量重复实验,它的发生呈现出一定的规律性,它表明随机实验发生的可能性的大小是可以度量的。

定义 4.1 在大量重复进行同一试验时,事件 A 发生的频率 m/n 总是在某一确定的常数 p 附近摆动,具有稳定性,把这个常数叫做事件 A 发生的概率,记做 $P(A)$,即有 $P(A)=p$。

由于数字 p 是大量重复试验中通过统计显示出来的,所以把这个定义称为概率的统计定义。

这就是说,频率的稳定性是概率的经验基础,而频率的稳定值是随机事件的概率。频率是个试验值,具有偶然性,可能取多个不同的值,它近似地反映了事件可能性的大小;概率是个理论值,只能取唯一值,只有概率才精确地反映出事件可能性的大小。

由概率的统计定义可以得到概率的如下性质:

性质 1 事件 A 的概率满足 $0 \leqslant P(A) \leqslant 1$;

性质 2 必然事件的频率为 1,即 $P(\Omega)=1$;

性质 3 不可能事件的概率为 0,即 $P(\emptyset)=0$。

2. 概率的古典定义及其计算

虽然已经建立了概率的统计定义,但要按定义来求得事件的概率是十分困难的。因此,还要寻找求事件概率的简便方法。事实上,在某些特殊类型的随机试验中,并不需要进行大量重复试验,只要对试验的基本事件加上一定的限制,概率的计算就较为容易,这种试验就是下述的古典概型。

定义 4.2 如果随机试验具有如下特征:

(1) 样本空间是由有限个基本事件组成的;

(2) 每一个基本事件在一次试验中发生的可能性是相同的。

则称这类随机试验为古典概型。

定义 4.3 设在古典概型中,试验的样本空间共有 n 个基本事件,事件 A 包含的基本事件个数为 m,那么事件 A 发生的概率为

$$P(A) = \frac{m}{n}$$

这个定义叫做概率的古典定义,它同样具备概率统计定义的三个性质。

【例 4.5】 从 1,2,3,4,5,6,7,8,9 九个数字中,随机地取出一个数字,求这个数字是奇数的概率。

解:设 $A=\{$取出的是一个奇数$\}$,则基本事件总数为 $n=9$,事件 A 包含了 5 个基本事件$\{$抽到 1,3,5,7,9$\}$,即 $m=5$,由概率的古典定义,得

$$P(A) = \frac{m}{n} = \frac{5}{9}$$

【例 4.6】 在 10 件同样型号的商品中,有一等品 7 件,二等品 2 件,三等品 1 件,从这 10 件上商品任取 2 件,计算:

(1) 2 件都是一等品的概率;

(2) 1 件是一等品,1 件是二等品的概率。

解:基本事件总数为从 10 件商品中任取 2 件的组合数,故 $n = C_{10}^2 = 45$。

(1) 设 $A = \{$取出 2 件都是一等品$\}$,事件 A 包含的基本事件数为 $m = C_7^2 = 21$,由概率的古典定义,得

$$P(A) = \frac{m}{n} = \frac{21}{45} = \frac{7}{15}$$

(2) 设 $B = \{$取出 2 件,1 件是一等品$\}$,事件 B 包含的基本事件数为 $m = C_7^1 C_2^1 = 14$,由概率的古典定义,得

$$P(B) = \frac{m}{n} = \frac{14}{45}$$

【例 4.7】 储蓄卡上的密码是一组四位数号码,每位上的数字可以在 0~9 这 10 个数字中选取,问:

(1) 使用储蓄卡时如果随意按下一组数字密码,正好按对这张储蓄的密码的概率是多少?

(2) 某人没记准储蓄卡的密码的最后一位数字,他在使用这张储蓄卡时如果随意按下密码的最后一位数字,正好按对密码的概率是多少?

解:(1) 由于储蓄卡的密码是一组四位数字密码,且每位上的数字有从 0~9 这 10 种取法,这种密码共有 10^4 组,即基本事件 $n = 10^4$,事件 $A = \{$随意按下一组四位数字号码$\}$ 包含一个基本事件,即 $m = 1$,由概率的古典定义,得

$$P(A) = \frac{1}{10^4}$$

(2) 按四位数字号码的最后一位数字,有 10 种按法,即基本事件总数 $n = 10$,事件 $B = \{$随意按下密码的最后一位数字$\}$ 包含一个基本事件,即 $m = 1$,由概率的古典定义,得

$$P(B) = \frac{1}{10}$$

习题 4.1

1. 从 10 个不同的螺钉中,一次随机地取 4 个,求这个随机试验的基本事件个数。

2. 从一只装有许多红色和白色的乒乓球的袋子中任取 3 只,观察它们的颜色,写出该试验的基本事件。

3. 指出下列各组事件之间的包含关系。

(1) $A = \{$击中飞机$\}$,$B = \{$击落飞机$\}$;

(2) $C = \{$天晴$\}$,$D = \{$不下雨$\}$;

(3) $E = \{$某圆柱形产品的长度合格$\}$,$F = \{$某圆柱形产品合格$\}$。

4. 设 $A = \{$三件产品中至少有一件次品$\}$,$B = \{$三件产品都是正品$\}$,问 $A \cup B$,AB 各表示什么事件?

5. 若击落飞机必须同时击毁两个发动机或击毁驾驶舱，设 $A_1=\{$击毁第一个发动机$\}$，$A_2=\{$击毁第二个发动机$\}$，$B=\{$击毁驾驶舱$\}$，试求 A_1、A_2、B 表示"飞机被击落"事件。

6. 在某班级中任选一学生，设 $A=\{$选出的是男生$\}$，$B=\{$选出的是运动员$\}$，$C=\{$选出的是不喜欢唱歌的学生$\}$，问：

（1）$A\bar{B}C$、$A\overline{BC}$ 各表示什么事件？

（2）$\bar{C}\subset B$、$AB\subset \bar{C}$ 各表示什么事件？

7. 试述下列事件的对立事件：

（1）$A=\{$抽到的三个产品都是正品$\}$；

（2）$B=\{$抽到的三个产品至中少有一个次品$\}$；

（3）$C=\{$抽到的三个产品中恰好有一个次品$\}$。

8. 从 1、2、3、4、5 五个数字中，任取 3 个排成一个三位数，求：

（1）所得三位数为偶数的概率；

（2）所得三位数为奇数的概率。

9. 在 10 件同类产品中，有 6 件一等品，4 件二等品，从中任取 4 件，求下列事件的概率：

（1）$A=\{4$ 件全是一等品$\}$；

（2）$B=\{4$ 件中有一件二等品$\}$；

（3）$C=\{4$ 件中二等品数不超过一件$\}$。

10. 有 a、b、c、d 四本书随机地放在书架上，求下列事件的概率：

（1）自左至右恰好按 a、b、c、d 的次序排列；

（2）a、b 放在一起；

（3）a、b 放在两头。

11. 某城市的电话号码由 7 位数字组成，每位数字可以是 0～9 这 10 个数字中的任意一个，计算电话号码由 7 个不同数字组成的概率。

12. 在 20 件产品中，有 18 件是一级品，2 件是二级品，从中任取 3 件，求下列事件的概率：

（1）$A=\{$恰有一件二级品$\}$；

（2）$B=\{$至少有一件二等品$\}$。

13. 5 个同学任意站成一排，计算：

（1）甲恰好站在正中间的概率；

（2）甲、乙两人恰好站在两端的概率。

14. 一枚硬币连续抛三次，求恰好出现一次正面向上的概率与恰好出现两次正面向上的概率。

15. 从一副 52 张扑克牌中任意抽取 2 张，求：

（1）这两张牌都是 A 的概率；

（2）这两张牌中恰好有一张是 A，而另一张是 J、Q、K 中某一张的概率。

4.2 概率的基本性质与事件的独立性

4.2.1 概率的加法运算

1. 互不相容事件的概率加法公式

设事件 A、B 互不相容,则
$$P(A \cup B) = P(A) + P(B) \tag{4-1}$$
也就是说,两个互不相容事件并的概率等于这两个事件概率的和。这个结论可以推广到有限个两两互不相容事件并的情况。

一般地,如果事件 $A_1, A_2, \cdots, A_n$ 两两互不相容,那么
$$P(A_1 \cup A_2 \cup \cdots \cup A_n) = P(A_1) + P(A_2) + \cdots + P(A_n) \tag{4-2}$$
这个公式叫做概率的有限可加性。

根据对立事件的定义可知,$A \cup \overline{A}$ 是必然事件,A 与 $\overline{A}$ 互不相容,于是,有
$$P(A) + P(\overline{A}) = P(A \cup \overline{A}) = 1$$
从而得到
$$P(\overline{A}) = 1 - P(A) \tag{4-3}$$

【例 4.8】 一盒电子元件共有 50 个,其中 45 个是合格品,5 个是次品,从这盒电子元件中任取 3 个,求其中有次品的概率。

解法 1:设事件 $A=\{$取出的 3 个电子元件中有次品$\}$,$A_i=\{$取出的 3 个电子元件有 i 个次品$\}$($i=1,2,3$),显然,事件 A_1, A_2, A_3 是互不相容的,且有 $A = A_1 + A_2 + A_3$,由概率的古典定义,得

$$P(A_1) = \frac{C_5^1 C_{45}^2}{C_{50}^3} \approx 0.2526, \quad P(A_2) = \frac{C_5^2 C_{45}^1}{C_{50}^3} \approx 0.0230, \quad P(A_3) = \frac{C_5^3}{C_{50}^3} \approx 0.0005$$

由式(4-2),得
$$P(A) = P(A_1 + A_2 + A_3) = P(A_1) + P(A_2) + P(A_3) \approx 0.276$$

解法 2:因为事件 A 的对立事件 $\overline{A}=\{$取出的 3 个电子元件中没有次品$\}$,显然
$$P(\overline{A}) = \frac{C_{45}^3}{C_{50}^3} \approx 0.724$$

由式(4-3),得
$$P(A) = 1 - P(\overline{A}) \approx 0.276$$

2. 任意事件概率的加法公式

任意事件概率的加法公式为
$$P(A \cup B) = P(A) + P(B) - P(A \cap B) \tag{4-4}$$
式(4-4)可以推广到有限个事件的情形,下面给出三个事件的并的概率加法公式:
$$P(A \cup B \cup C) = P(A) + P(B) + P(C) - P(AB) - P(AC) - P(BC) + P(ABC)$$
$$\tag{4-5}$$

4.2.2 概率的乘法运算

1. 条件概率

在实际问题中,要考虑事件 B 的概率 $P(B)$,有时不仅依赖于所知的关于事件 B 的信息,而且另一事件 A 的发生也有可能影响到事件 B 的概率。对于这种情况,给出下面定义。

定义 4.4 把在事件 A 发生的条件下,事件 B 发生的概率称为条件概率,记为 $P(B|A)$。设 A、B 是两个随机事件,如果 $P(A)>0$,则有

$$P(B \mid A) = \frac{P(AB)}{P(A)} \tag{4-6}$$

【例 4.9】 5 个球中有 3 个白球,2 个红球,每次任取一个,不放回抽取两次,试求在第一次取到红球的条件下第二次取到白球的概率。

解:设 $A=\{第一次取得红球\}$,$B=\{第二次取得白球\}$,由古典概型,得

$$P(A) = \frac{2}{5}, \quad P(AB) = \frac{C_2^1 C_3^1}{C_5^1 C_4^1} = \frac{3}{10}$$

根据式(4-6)得

$$P(B \mid A) = \frac{P(AB)}{P(A)} = \frac{3}{4}$$

2. 乘法公式

将条件概率的计算式(4-5)以另一种形式写出,就可得下面的乘法公式。
设 A、B 是两个随机事件,如果 $P(A)>0$,则事件 A 与 B 的交的概率为:

$$P(AB) = P(A)P(B \mid A) \tag{4-7}$$

式(4-7)称为概率的乘法公式。
如果 $P(B)>0$,则可得到乘法公式的另一种形式:

$$P(AB) = P(B)P(A \mid B) \tag{4-8}$$

【例 4.10】 设在一个盒子中装有 10 只晶体管,4 只是次品,6 只是正品,从中接连取两次,每次取一只,取后不再放回。问两次都取到正品管子的概率是多少?

解:设 $A=\{第一次取到的是正品管子\}$,$B=\{第二次取到的是正品管子\}$,则 $AB=\{两次都取到正品管子\}$。

因为 $P(A)=\frac{6}{10}$,$P(B|A)=\frac{5}{9}$,由式(4-7)得

$$P(AB) = P(A)P(B \mid A) = \frac{6}{10} \times \frac{5}{9} = \frac{1}{3}$$

概率的乘法公式可以推广到有限个事件的情形。例如,三个事件积的概率公式:

$$P(ABC) = P(A)P(B \mid A)P(C \mid AB) \tag{4-9}$$

4.2.3 全概率公式

由概率的加法公式和概率的乘法公式,可以得出全概率公式。

第 4 章　概率应用基础

设 $B_1, B_2, \cdots, B_n$ 是样本空间 Ω 中 n 个互不相容的事件，且满足

$$B_1 + B_2 + \cdots + B_n = \Omega, \quad P(B_i) > 0 \quad (i = 1, 2, \cdots, n)$$

则对于任意事件 A，有

$$P(A) = \sum_{i=1}^{n} P(B_i) P(A \mid B_i) \tag{4-10}$$

此式叫做全概率公式。

证明：因为

$$A = A\Omega = A(B_1 + B_2 + \cdots + B_n) = AB_1 + AB_2 + \cdots + AB_n$$

又因为 $B_1, B_2, \cdots, B_n$ 互不相容，所以 $AB_1, AB_2, \cdots, AB_n$ 也互不相容，由概率的加法公式，得

$$P(A) = P(AB_1 + AB_2 + \cdots + AB_n) = P(AB_1) + P(AB_2) + \cdots + P(AB_n)$$

由概率的乘法公式得

$$P(A) = P(B_1) P(A \mid B_1) + P(B_2) P(A \mid B_2) + \cdots + P(B_n) P(A \mid B_n)$$

即

$$P(A) = \sum_{i=1}^{n} P(B_i) P(A \mid B_i)$$

【例 4.11】 某工厂有甲、乙、丙三个车间生产同一种产品，每个车间的产量分别占全厂的 25%、35%、40%，次品率分别为 5%、4%、2%。求(1)从总产品中任意抽取一件产品是次品的概率是多少？(2)该产品由哪个车间生产的可能性最大？

解：(1) 设 $A = \{$抽出的一件产品是次品$\}$，B_1, B_2, B_3 依次表示抽取的一件产品是甲、乙、丙车间生产的，因 B_1, B_2, B_3 是两两互不相容的，$B_1 + B_2 + B_3 = \Omega$，又

$$P(B_1) = 0.25, \quad P(B_2) = 0.35, \quad P(B_3) = 0.4$$

$$P(A \mid B_1) = 0.05, \quad P(A \mid B_2) = 0.04, \quad P(A \mid B_3) = 0.02$$

由全概率公式，得

$$P(A) = \sum_{i=1}^{3} P(B_i) P(A \mid B_i) = 0.25 \times 0.05 + 0.35 \times 0.04 + 0.40 \times 0.02 \approx 0.0345$$

(2) 根据条件概率公式和乘法公式，得

$$P(B_1 \mid A) = \frac{P(B_1 A)}{P(A)} = \frac{P(B_1) P(A \mid B_1)}{P(A)} = \frac{0.25 \times 0.05}{0.0345} \approx 0.3623$$

$$P(B_2 \mid A) = \frac{P(B_2 A)}{P(A)} = \frac{P(B_2) P(A \mid B_2)}{P(A)} = \frac{0.35 \times 0.04}{0.0345} \approx 0.4058$$

$$P(B_3 \mid A) = \frac{P(B_3 A)}{P(A)} = \frac{P(B_3) P(A \mid B_3)}{P(A)} = \frac{0.40 \times 0.02}{0.0345} \approx 0.2319$$

即，该件次品是乙车间生产的可能性最大。

【例 4.12】 甲袋中装有 3 个正品，5 个次品，乙袋中装有 4 个正品，2 个次品，从甲袋中任取 2 个产品放入乙袋，然后再从乙袋中任取 1 个产品，求这个产品是正品的概率。

解：甲袋中任取 2 个产品，有下面三种可能：B_1——"两个次品"，B_2——"一个正品，一个次品"，B_3——"两个正品"。由题意得

$$P(B_1) = \frac{C_5^2}{C_8^2} = \frac{20}{56}, \quad P(B_2) = \frac{C_3^1 C_5^1}{C_8^2} = \frac{30}{56}, \quad P(B_3) = \frac{C_3^2}{C_8^2} = \frac{6}{56}$$

设 $A=\{$从乙袋中取出的是正品$\}$,则

$$P(A \mid B_1) = \frac{C_4^1}{C_8^1} = \frac{4}{8}, \quad P(A \mid B_2) = \frac{C_5^1}{C_8^1} = \frac{5}{8}, \quad P(A \mid B_3) = \frac{C_6^1}{C_8^1} = \frac{6}{8}$$

由全概率公式得

$$P(A) = \sum_{i=1}^{3} P(B_i) P(A \mid B_i) = \frac{20}{56} \times \frac{4}{8} + \frac{30}{56} \times \frac{5}{8} + \frac{6}{56} \times \frac{6}{8} = \frac{266}{448} \approx 0.594$$

4.2.4 事件的独立性与伯努利概型

1. 事件的独立性

前面讨论了在事件 A 发生的条件下,事件 B 发生的概率 $P(B|A)$。一般来说,条件概率 $P(B|A)$ 与概率 $P(B)$ 是不相等的,然而在某些情况下,它们是相等的,这时概率乘法公式就有了简明的形式:$P(AB)=P(A)P(B)$。那么在什么情况下条件概率 $P(B|A)$ 与概率 $P(B)$ 相等呢?

定义 4.5 如果对于任意两个随机事件 A 与 B,事件 A(或 B)的发生不影响事件 B(或 A)发生的概率,即 $P(B|A)=P(B)$ 或 $P(A|B)=P(A)$,那么事件 A、B 叫做相互独立事件。

由定义知,如果事件 A、B 相互独立,则

$$P(AB) = P(A)P(B) \tag{4-11}$$

反过来,如果式(4-11)成立,那么事件 A、B 一定相互独立。

定理 4.1 如果事件 A 与 B 相互独立则事件,A 与 $\overline{B}$,$\overline{A}$ 与 B,$\overline{A}$ 与 $\overline{B}$ 都是相互独立的。

证明:这里只证明事件 A 与 $\overline{B}$ 相互独立,其他可类似证明。

因为

$$A = AB + A\overline{B}$$

所以有

$$P(A) = P(AB) + P(A\overline{B}) \tag{4-12}$$

从而

$$P(A\overline{B}) = P(A) - P(AB) = P(A) - P(A)P(B) = P(A)[1 - P(B)] = P(A)P(\overline{B})$$

所以事件 A 与 $\overline{B}$ 相互独立。

如果事件 $A_1, A_2, \cdots, A_n$ 中任一事件 $A_i(i=1,2,\cdots,n)$ 发生的概率不受其他事件发生的影响,那么事件 $A_1, A_2, \cdots, A_n$ 叫做相互独立事件,并且有

$$P(A_1 A_2 \cdots A_n) = P(A_1) P(A_2) \cdots P(A_n)$$

【**例 4.13**】 甲、乙两人各进行一次射击,如果两人击中目标的概率都是 0.6,计算:

(1) 两人都击中目标的概率;

(2) 其中恰有一人击中目标的概率;

(3) 至少有一人击中目标的概率。

解:设 $A=\{$甲击中目标$\}$,$B=\{$乙击中目标$\}$,显然事件 A 与 B 是相互独立的,由上

述定理可知，事件 A 与 $\overline{B}$、$\overline{A}$ 与 B，$\overline{A}$ 与 $\overline{B}$ 都是相互独立事件，又 $P(A)=P(B)=0.6$，$P(\overline{A})=P(\overline{B})=0.4$，所以有

(1) $P(AB)=P(A)P(B)=0.6\times 0.6=0.36$；

(2) $P(A\overline{B}\cup\overline{A}B)=P(A\overline{B})+P(\overline{A}B)=P(A)P(\overline{B})+P(\overline{A})P(B)$
$=0.6\times 0.4+0.4\times 0.6=0.48$；

(3) $P(A\cup B)=P(A)+P(B)-P(AB)=0.6+0.6-0.36=0.84$。

2. 伯努利概型

在实践中，经常会遇到只有两种结果的随机试验。例如，在产品抽样检查中不是抽到正品，就是抽到次品；一个篮球运动员在一次投篮中不是投中就是不中，这种只有两种结果的试验称为伯努利试验。

有些随机现象，可能不止两种结果。例如，电子管的寿命可以是不小于零的任意数值，但是只要做这样规定，把寿命大于 2000h 的电子管作为合格品，否则作为次品，则这类随机现象也可以归结为伯努利试验。

在相同条件下，重复进行 n 次伯努利试验，在每次试验中，事件 A 发生的概率 p 和不发生的概率 q 都是不变的，则称这种试验为 n 次伯努利试验（又称 n 次独立试验）。

【例 4.14】 对同一目标进行三次独立射击，每次命中率为 p，不中的概率为 q，求三次射击恰好中两次的概率。

解：由于三次射击是独立的，把每次射击看做一次试验，试验的结果只有命中和不命中目标两个，设 $A=\{$命中目标$\}$，则 $P(A)=p$，$P(\overline{A})=1-p=q$ 都是不变的，所以三次射击是三次独立试验。

求三次射击恰好命中两次的概率就是在三次独立试验中，求事件 A 发生两次的概率，设 $A_i=\{$第 i 次射击命中目标$\}(i=1,2,3)$，$B=\{$三次射击恰好命中两次$\}$。三次射击恰好命中两次共有 C_3^2 种，即 $A_1A_2\overline{A}_3$、$A_1\overline{A}_2A_3$、$\overline{A}_1A_2A_3$，它们相互独立。

$$P(A_1A_2\overline{A}_3) = P(A_1)P(A_2)P(\overline{A}_3) = p^2q$$
$$P(A_1\overline{A}_2A_3) = P(A_1)P(\overline{A}_2)P(A_3) = p^2q$$
$$P(\overline{A}_1A_2A_3) = P(\overline{A}_1)P(A_2)P(A_3) = p^2q$$

因此 $P(B)=P(A_1A_2\overline{A}_3)+P(A_1\overline{A}_2A_3)+P(\overline{A}_1A_2A_3)=C_3^2p^2q$

一般地，如果在相同条件下进行 n 次试验，每次试验结果又有两种可能，A 或 $\overline{A}$，且 $P(A)=p$，$P(\overline{A})=1-p=q$，那么 n 次试验中事件 A 出现 k 次的概率为

$$P_n(k) = C_n^k p^k q^{n-k} \quad (k=0,1,2,\cdots,n) \tag{4-13}$$

式(4-13)叫做伯努利公式。

【例 4.15】 某气象站天气预报的准确率为 80%，试计算 5 次预报中恰有 4 次准确的概率。

解：设 $A=\{$预报一次，结果准确$\}$，预报 5 次相当于做 5 次独立试验，由式(4-13)有

$$P_4(5) = C_5^4 \times 0.8^4 \times (1-0.8)^{5-4} = 5\times 0.8^4\times 0.2 \approx 0.41$$

【例 4.16】 8 个元件中有 3 个二等品和 5 个一等品，有放回地连续抽取 4 次，每次抽 1 个，求抽取得 4 个元件中恰好有 2 个二等品的概率。

解：这是一个 4 次独立试验,设 $A=\{$抽得二等品$\}$,则 $\overline{A}=\{$抽得一等品$\}$,依题意

$$P(A)=p=\frac{3}{8}, \quad P(\overline{A})=1-p=\frac{5}{8}$$

令 $B=\{4$ 次重复抽取中恰有 2 个是二等品$\}$,于是

$$P(B)=P_4(2)=C_4^2 p^2 q^{4-2}=6\times\left(\frac{3}{8}\right)^2\left(\frac{5}{8}\right)^2\approx 0.33$$

习题 4.2

1. 某产品 40 件,其中有 3 件次品,现从中任取 2 件,求其中至少有 1 件次品的概率。

2. 一个电路上装有甲、乙两根保险丝,当电流强度超过一定数值时,甲烧断的概率为 0.85,乙烧断的概率为 0.74,两根保险丝同时烧断的概率为 0.63,问至少有一根烧断的概率是多少?

3. 100 台电视机中有 3 台次品,其余都是正品,无放回地从中连续取出 2 台,试求:
(1) 两次都取得正品的概率;
(2) 第二次才取得正品的概率。

4. 加工某产品需要经过两道工序,如果这两道工序合格的概率都是 0.95,并且两道工序是相互独立的,求至少有一道工序合格的概率。

5. 在 10 件产品中,有 6 件正品,4 件次品,甲从中任取一件(不放回)后,乙再从中任取一件,记 $A=\{$甲取得正品$\}$,$B=\{$乙取得正品$\}$,求 $P(A)$、$P(B|A)$、$P(B|\overline{A})$。

6. 三人独立地破译一份密码,他们译出的概率分别为 $\frac{1}{5}$,$\frac{1}{3}$,$\frac{1}{4}$,问能将密码译出的概率是多少?

7. 电子设备的某一部件由 9 个元件组成,其中任何一个元件损坏了,这个部件就不能工作,假定每个元件能使用 3000h 的概率是 0.99,计算:这个部件能工作 3000h 的概率(结果保留两位有效数字)。

8. 一头病牛服用某药品后被治愈的概率为 95%,计算:服用这种药的 4 头牛中至少有 3 头牛被治愈的概率。

9. 一批蚕豆种子,如果每一粒发芽的概率是 95%,播下 5 粒种子,计算:
(1) 其中恰有 4 粒发芽的概率;
(2) 其中恰有 2 粒未发芽的概率。

10. 掷一枚硬币,重复掷 5 次,求其中恰有两次正面朝上的概率。

11. 设一个仓库中有 10 箱同样规格的产品,已知其中有 5 箱、3 箱、2 箱依次是甲厂、乙厂、丙厂生产的,且甲厂、乙厂、丙厂生产该种产品的次品概率依次为 $\frac{1}{10}$,$\frac{1}{15}$,$\frac{1}{20}$,从这 10 箱中任取一箱,再从取得的这箱中任取一件产品,求取得正品的概率。

12. A 罐中有 2 个白球和 1 个黑球,B 罐中有 1 个白球和 5 个黑球,从 A 中任取一球放入 B 中,然后再从 B 中任取一球,求此球是白球的概率。

4.3 随机变量的概率分布

4.3.1 离散型随机变量及其概率分布

1. 随机变量的概念

从随机事件及其概率中可以看到,随机试验的结果与数值发生关系,或者说,很多随机事件都可以用数量进行描述。如某一段时间内电话用户对电话站的呼唤次数;抽查产品质量时出现的废品个数;车床加工零件尺寸与规定尺寸的偏差;掷骰子出现的点数等。这些事件结果都可以用数量标志,为此引进随机变量的概念。

定义 4.6 如果随机试验的结果可用一个变量的取值(或范围)来表示,那么这样的变量叫做随机变量。

随机变量常用 ξ、η、X、Y 等字母表示。

用随机变量来描述随机事件,具有以下两个特点:

① 偶然性——在一次试验前,不能预言变量取什么值;

② 规律性——由于大量重复试验呈现的统计规律性,即每个事件的概率又是确定的,所以对应于随机变量取某一数值或某一范围的概率也是确定的。

描述一个随机变量,主要是两个方面:一是随机变量的取值范围;二是随机变量取一个(或一部分)值的概率。

2. 离散型随机变量的分布

定义 4.7 如果随机变量可能取的值,可以按一定次序一一列出(有限个或无穷可列个),则称这类随机变量为离散型随机变量。

例如,n 次射击中命中目标的次数、任取 n 件产品中的次品数等都是离散型随机变量;一台自动电梯的无故障运转时间 ξ 是一个随机变量,它可以取 $(0,+\infty)$ 内的一切值,不能按一定次序一一列举出来,所以它不是一个离散型随机变量。

要掌握一个离散型随机变量统计规律,必须知道 ξ 的所有取值及 ξ 取一个可能值的概率。

定义 4.8 设 ξ 是一个离散型随机变量,它的取值为 $x_1, x_2, \cdots, x_n, \cdots$,且 $P(\xi=x_k)=p_k(k=1,2,\cdots,n,\cdots)$,则称 $P(\xi=x_k)=p_k$ 为随机变量 ξ 的概率分布,简称分布。

分布也常用表格的形式表示为

ξ	x_1	x_2	$\cdots$	x_n	$\cdots$
P	p_1	p_2	$\cdots$	p_n	$\cdots$

由概率的定义可知,离散型随机变量 ξ 分布 $P(\xi=x_k)=p_k$ 具有如下性质:

① $p_k \geqslant 0, k=1,2,\cdots$;

② $\sum_{k=1}^{\infty} p_k = 1$。

【例 4.17】 设袋中有依次标有 $-1,2,2,2,3,3$ 数字的 6 个球,从袋中任取一球,用 ξ 表示球上标的数字,写出 ξ 的分布。

解: ξ 的取值范围为 $\{-1,2,3\}$,且

$$P(\xi=-1)=\frac{1}{6}, \quad P(\xi=2)=\frac{1}{2}, \quad P(\xi=3)=\frac{1}{3}$$

ξ	-1	2	3
P	$\frac{1}{6}$	$\frac{1}{2}$	$\frac{1}{3}$

3. 几种离散型随机变量的分布

(1) 0—1 分布

如果随机试验只出现两种对立结果 A 及 $\bar{A}$,即伯努利试验,那么可用随机变量 ξ 来描述伯努利试验。设 $A=\{\xi=1\}, \bar{A}=\{\xi=0\}, P(A)=p, P(\bar{A})=q$,这样 ξ 的分布列为

ξ	0	1
P	q	p

称 ξ 服从 0—1 分布(或两点分布),记为 $\xi \sim (0-1)$ 分布,其中,$0<p<1, q=1-p$。

0—1 分布适用于一次试验仅有两个结果的随机现象。例如,一个射手射击一次击中与否、一次投篮是否命中、抽检一件产品是否合格等的随机变量都服从 0—1 分布。

【例 4.18】 在 100 件相同的产品中,有 4 件次品和 96 件正品,现从中任取一件,求取到的正品数 ξ 的分布。

解: ξ 的分布为

ξ	0	1
P	0.04	0.96

(2) 二项分布

在 n 次伯努利试验中,事件 A 发生 k 次的概率为 $P_n(k)=C_n^k p^k q^{n-k}(k=0,1,2,\cdots,n)$,其中,$p=P(A)$,是每次试验事件 A 发生的概率,$q=1-p$。

在这里,事件 A 发生的次数 ξ 是一个离散型随机变量,它的所有可能取值为 $0,1,2,\cdots,n$。ξ 的分布为 $P_n(k)=C_n^k p^k q^{n-k}(k=0,1,2,\cdots,n)$,其中,$0<p<1, q=1-p$,称 ξ 服从参数为 n、p 的二项分布,记为 $\xi \sim B(n,p)$。

在一批次品率为 P 的产品中,有返回地抽取 n 件,可看做 n 次独立试验,每次试验只有两种结果"抽到正品"和"抽到次品",所以这是 n 次伯努利试验。于是这 n 件产品中含有的次品数 ξ 服从二项分布,即 $\xi \sim B(n,p)$。在实际工作中,产品总数 N 与抽样样品数 n 的比值 $\frac{n}{N}$ 很小时,无返回抽样可看做有返回抽样。

二项分布适用 n 次独立重复试验,特别在产品的抽样检验中有着广泛的应用。

当二项分布中 $n=1$ 时,即为 0-1 分布,所以 0-1 分布是二项分布的特例。

【例 4.19】 袋中有 4 个白球和 6 个黑球,现在有放回地取 3 次,每次取一个,设 3 次中取到白球的总次数为随机变量 ξ,求 ξ 的分布。

解:设 $A=\{$取到白球$\}$,则 $P(A)=0.4$,$\xi \sim B(3,0.4)$。于是有
$$P(\xi=k)=C_3^k(0.4)^k(0.6)^{3-k} \quad (k=0,1,2,3)$$
所以,ξ 的分布为

ξ	0	1	2	3
P	0.22	0.43	0.29	0.06

(3) 泊松分布

如果随机变量 ξ 的分布为 $P(\xi=k)=\dfrac{\lambda^k}{k!}e^{-\lambda}(\lambda>0,k=0,1,2,\cdots)$,则称 ξ 服从参数 λ 的泊松分布,记做 $\xi \sim P(\lambda)$。

当 n 较大,p 较小时,二项分布为
$$P_n(k)=C_n^k p^k q^{n-k} \approx \dfrac{\lambda^k}{k!}e^{-\lambda}(k=0,1,2,\cdots,n) \text{其中},\lambda=np。$$

泊松分布在经济和管理工作中有着重要的应用。例如,铸件上的疵点数、玻璃上的气泡数、细纱机上某段时间内的断头数、一块耕地上的杂草数、一定时间内商店出售某种商品的件数等,都服从泊松分布。

【例 4.20】 根据以往的资料可知,某种商品每月的销售件数可以用参数 $\lambda=5$ 的泊松分布来描述。试问该商店在月底一次至少需要进货多少件才能有 90% 以上的把握保证下个月该种商品不脱销?

解:设该商品每月销售某种商品 ξ 件,月底进货 m 件,当 $\xi \leqslant m$ 时不会脱销,由题意应有
$$P(\xi \leqslant m) \geqslant 0.9$$
即
$$\sum_{k=0}^{m} \dfrac{5^k}{k!}e^{-5} \geqslant 0.9$$
由泊松分布表可得
$$P(\xi \leqslant 7)=1-P(\xi \geqslant 8)=1-0.1334=0.8666$$
$$P(\xi \leqslant 8)=1-P(\xi \geqslant 9)=1-0.0681=0.9319$$
只要进货 8 件,就有 90% 以上的把握保证下个月该种商品不脱销。

4.3.2 连续型随机变量的概率密度

有的随机变量可以取某一区间内的一切值,例如,某林场树木的高度,某厂生产的电子元件的使用寿命等,对于这样的变量,给出如下定义。

定义 4.9 对于随机变量 ξ,如果存在一个非负函数 $f(x)$,使 ξ 在任一区间 $[a,b]$ 内取值的概率为
$$P(a \leqslant \xi \leqslant b)=\int_a^b f(x)\mathrm{d}x$$

那么就称 ξ 为连续型随机变量，$f(x)$ 称为随机变量 ξ 的概率分布密度（简称分布密度或密度函数）。

由密度函数的定义，可以得到它的两个性质：
① $f(x) \geqslant 0$；
② $\int_{-\infty}^{+\infty} f(x) \mathrm{d}x = 1$。

由连续型随机变量的定义及概率的性质可以推得，连续型随机变量 ξ 取某一实数值的概率为零，即 $P(\xi=c)=0$，从而
$$P(a \leqslant \xi < b) = P(a < \xi \leqslant b) = P(a < \xi < b) = P(a \leqslant \xi \leqslant b)$$
该式说明连续随机变量 ξ 在任意区间上取值的概率与是否包含区间端点无关。

由该定义 4.9 和定积分的几何意义可知，连续型随机变量 ξ 在某一区间 $(a,b]$ 上取值的概率 $P(a < \xi \leqslant b)$ 就是该区间上密度曲线与轴所围曲边梯形的面积。

由上面的讨论可知，连续型随机变量的概率分布规律可以用密度函数 $f(x)$ 来全面地描述。

【例 4.21】 设随机变量 ξ 的密度函数为
$$f(x) = \begin{cases} a\sin x & 0 \leqslant x \leqslant \dfrac{\pi}{2} \\ 0 & \text{其他} \end{cases}$$
试确定 a 的值。

解：由密度函数性质，得
$$\int_{-\infty}^{+\infty} f(x) \mathrm{d}x = \int_0^{\frac{\pi}{2}} a\sin x \mathrm{d}x = a = 1$$

【例 4.22】 设随机变量 ξ 的密度函数为
$$f(x) = \begin{cases} \dfrac{1}{2}\cos x & |x| \leqslant \dfrac{\pi}{2} \\ 0 & |x| > \dfrac{\pi}{2} \end{cases}$$
求 ξ 落在区间 $\left[0, \dfrac{\pi}{4}\right)$ 内的概率。

解：$P\left(0 \leqslant \xi < \dfrac{\pi}{4}\right) = \int_0^{\frac{\pi}{4}} \dfrac{1}{2}\cos x \mathrm{d}x = \dfrac{1}{2}[\sin x]_0^{\frac{\pi}{4}} = \dfrac{\sqrt{2}}{4}$

4.3.3 随机变量的分布函数

离散型随机变量的分布规律集中体现在分布上，连续型随机变量的分布规律性集中体现在密度函数上，而这两种不同的分布规律性可以用下面的概念来概括。

1. 分布函数的概念

定义 4.10 设 ξ 为一随机变量，对每一实数 x，令
$$F(x) = P(\xi < x)$$
则称函数 $F(x)$ 为随机变量 ξ 的概率分布函数（简称 ξ 的分布函数）。

对于离散型随机变量 ξ：

ξ	x_1	x_2	$\cdots$	x_n
P	p_1	p_2	$\cdots$	p_n

其分布函数为
$$F(x) = P(\xi < x) = \sum_{x_i < x} p_i$$
其中，i 是指满足 $x_i < x$ 的一切 i 值。对于连续型随机变量 ξ，有
$$F(x) = P(\xi < x) = \int_{-\infty}^{x} f(t) \mathrm{d}t$$

【例 4.23】 设随机变量 ξ 的分布为

ξ	1	2	3
P	0.4	0.1	0.5

求 ξ 的分布函数。

解：因为随机变量 ξ 的取值为 1、2、3，所以下面分以下四种情况讨论。

当 $-\infty < x \leqslant 1$ 时
$$P(\xi < x) = P(\xi < 1) = 0$$
当 $1 < x \leqslant 2$ 时
$$P(\xi < x) = P(\xi < 2) = P(\xi = 1) = 0.4$$
当 $2 < x \leqslant 3$ 时
$$P(\xi < x) = P(\xi < 3) = P(\xi = 1) + P(\xi = 2) = 0.5$$
当 $x > 3$ 时
$$P(\xi < x) = P(\xi < +\infty) = P(\xi = 1) + P(\xi = 2) + P(\xi = 3) = 1$$
因此随机变量 ξ 的分布函数为
$$F(x) = \begin{cases} 0 & x \leqslant 1 \\ 0.4 & 1 < x \leqslant 2 \\ 0.5 & 2 < x \leqslant 3 \\ 1 & x > 3 \end{cases}$$

【例 4.24】 已知连续型随机变量 ξ 的密度函数为
$$f(x) = \begin{cases} \dfrac{1}{b-a} & a \leqslant x \leqslant b \\ 0 & x < a \text{ 或 } x > b \end{cases}$$
求分布函数 $F(x)$。

解：当 $x < a$ 时
$$F(x) = \int_{-\infty}^{x} f(t) \mathrm{d}t = \int_{-\infty}^{x} 0 \mathrm{d}t = 0$$
当 $a \leqslant x \leqslant b$ 时
$$F(x) = \int_{-\infty}^{x} f(t) \mathrm{d}t = \int_{-\infty}^{a} f(t) \mathrm{d}t + \int_{a}^{x} f(t) \mathrm{d}t = \int_{a}^{x} \frac{1}{b-a} \mathrm{d}t = \frac{x-a}{b-a}$$
当 $x > b$ 时，$F(x) = 1$。

于是所求的分布函数为

$$F(x) = \begin{cases} 0 & x < a \\ \dfrac{x-a}{b-a} & a \leqslant x \leqslant b \\ 1 & x > b \end{cases}$$

2. 分布函数的性质

设 $F(x)$ 为随机变量 ξ 的分布函数,则 $F(x)$ 有下列性质:

① $F(x)$ 是非减函数,即当 $x_1 < x_2$ 时,有 $F(x_1) \leqslant F(x_2)$。

② $0 \leqslant F(x) \leqslant 1$,且,$F(-\infty) = \lim\limits_{x \to -\infty} F(x) = 0$,$F(+\infty) = \lim\limits_{x \to +\infty} F(x) = 1$。

③ 对于离散型随机变量,ξ 的每个可能值 x_i 是 $F(x)$ 的跳跃间断点,对于连续型随机变量,ξ 的分布函数 $F(x)$ 是处处连续的函数。

【例 4.25】 已知随机变量 ξ 的分布函数为

$$F(x) = A + B\arctan x \quad (-\infty < x < +\infty)$$

求:(1)系数 A 和 B;(2)随机变量 ξ 落在区间 $[-1,1]$ 内的概率;(3)随机变量 ξ 的密度函数。

解:(1)由 $F(-\infty) = 0$ 及 $F(+\infty) = 1$ 得

$$\begin{cases} A + B\left(-\dfrac{\pi}{2}\right) = 0 \\ A + B\left(\dfrac{\pi}{2}\right) = 1 \end{cases}$$

解得 $A = \dfrac{1}{2}$,$B = \dfrac{1}{\pi}$,所以有

$$F(x) = \dfrac{1}{2} + \dfrac{1}{\pi}\arctan x$$

(2) $P(-1 \leqslant \xi < 1) = F(1) - F(-1) = \dfrac{1}{\pi}[\arctan 1 - \arctan(-1)] = \dfrac{1}{2}$

(3) ξ 的密度函数为

$$f(x) = F'(x) = \dfrac{1}{\pi} \times \dfrac{1}{1+x^2}$$

4.3.4 均匀分布和正态分布

1. 均匀分布

如果随机变量 ξ 的密度函数是 $f(x) = \begin{cases} \dfrac{1}{b-a} & x \in [a,b] \\ 0 & \text{其他} \end{cases}$,则称 ξ 在 $[a,b]$ 上服从均匀分布,记做 $\xi \sim U[a,b]$。

它的分布函数为

$$F(x) = \begin{cases} 0 & x < a \\ \dfrac{x-a}{b-a} & a \leqslant x \leqslant b \\ 1 & x > b \end{cases}$$

对于任一区间 $[c,d] \subset [a,b]$，ξ 在 $[c,d]$ 内的取值概率为

$$P(c \leqslant \xi \leqslant d) = \int_c^d f(x) \mathrm{d}x = \frac{1}{b-a}(d-c)$$

即 ξ 的取值落在 $[c,d]$ 上的概率与 $[c,d]$ 的长度成正比。

2. 正态分布

正态分布是最常见也是最重要的一种分布，在自然现象与社会现象中很多随机变量服从或近似服从正态分布。

(1) 正态分布的概率密度

如果随机变量 ξ 的密度函数是 $f(x) = \frac{1}{\sqrt{2\pi}\sigma} \mathrm{e}^{-\frac{(x-\mu)^2}{2\sigma^2}}$ ($-\infty < x < +\infty$)，其中，μ 和 $\sigma(\sigma>0)$ 为参数，则称随机变量 ξ 服从参数为 μ、σ 的正态分布，记做 $\xi \sim N(\mu, \sigma^2)$。

由高等数学知识不难得到概率密度曲线有以下特点：

在 $x = \mu$ 处，函数达到最大值，最大值为 $\frac{1}{\sqrt{2\pi}\sigma}$。

如果固定 σ 改变 μ，则正态分布曲线沿着 x 轴平移而不改变状态，可见曲线的位置完全由参数 μ 所决定。σ 决定了曲线的形状，刻画了正态随机变量取值的分散程度，σ 越小时，取值越集中，σ 越大时，取值越分散。

特别是，当参数 $\mu=0, \sigma=1$ 时的正态分布称为标准正态分布，即 $\xi \sim N(0,1)$，其概率密度函数是

$$f(x) = \frac{1}{\sqrt{2\pi}} \mathrm{e}^{-\frac{x^2}{2}} (-\infty < x < +\infty)$$

概率分布函数为

$$\phi(x) = \frac{1}{\sqrt{2\pi}} \int_{-\infty}^{x} \mathrm{e}^{-\frac{t^2}{2}} \mathrm{d}t$$

标准正态分布的分布函数 $\phi(x)$ 具有下列性质：$\phi(+\infty)=1, \phi(0)=0.5, \phi(-x)=1-\phi(x)$。

(2) 正态分布的概率计算

当 $x \geqslant 0$ 时，可以从"标准正态分布表"中直接查出 $\phi(x)$ 的值，如 $P(\xi<1.2) = \phi(1.2) = 0.8849$。

一般情况下，可以利用下列公式计算：

$P(\xi<-a) = \phi(-a) = 1 - \phi(a)$；$P(a \leqslant \xi < b) = P(\xi<b) - P(\xi<a) = \phi(b) - \phi(a)$；
$P(\xi>a) = 1 - \phi(a)$。

【例 4.26】 设 $\xi \sim N(0,1)$，求：(1) $P(\xi<-1.24)$；(2) $P(|\xi|<1.54)$。

解：(1) $p(\xi<-1.24) = \phi(-1.24) = 1 - \phi(1.24) = 1 - 0.8925 = 0.1075$

(2) $P(|\xi|<1.54) = P(-1.54<\xi<1.54) = \phi(1.54) - \phi(-1.54)$
$= \phi(1.54) - [1-\phi(1.54)] = 2\phi(1.54-1)$
$= 2 \times 0.9382 - 1 = 0.8764$

一般地，当 $\xi \sim N(\mu, \sigma^2)$ 时，则 ξ 的分布函数为

$$F(x) = P(\xi < x) = \int_{-\infty}^{x} \frac{1}{\sqrt{2\pi}\sigma} e^{-\frac{(t-\mu)^2}{2\sigma^2}} dt = \frac{1}{\sqrt{2\pi}\sigma} \int_{-\infty}^{x} e^{-\frac{(t-\mu)^2}{2\sigma^2}} dt$$

为了求 $F(x)$ 的函数值，可以通过变量置换，将 $F(x)$ 化为标准形式。

令 $u = \frac{t-\mu}{\sigma}$，$dt = \sigma du$，于是

$$F(x) = P(\xi < x) = \int_{-\infty}^{\frac{x-\mu}{\sigma}} \frac{1}{\sqrt{2\pi}\sigma} e^{\frac{u^2}{2}} du = \phi\left(\frac{x-\mu}{\sigma}\right)$$

类似地，有

$$P(a \leqslant \xi < b) = \phi\left(\frac{b-\mu}{\sigma}\right) - \phi\left(\frac{a-\mu}{\sigma}\right)$$

【例 4.27】 设随机变量 $\xi \sim N(-1, 4^2)$，求 $P(-5 < \xi \leqslant 2)$。

解：$P(-5 < \xi \leqslant 2) = \phi\left(\frac{2+1}{4}\right) - \phi\left(\frac{-5+1}{4}\right) = \phi(0.75) - \phi(-1)$
$= 0.7734 - 0.1587 = 0.6147$

【例 4.28】 设随机变量 $\xi \sim N(\mu, \sigma^2)$，求落在区间 $(\mu - 3\sigma, \mu + 3\sigma)$ 内的概率。

解：$P(\mu - 3\sigma < \xi < \mu + 3\sigma) = \phi\left(\frac{\mu+3\sigma-\mu}{\sigma}\right) - \phi\left(\frac{\mu-3\sigma-\mu}{\sigma}\right)$
$= \phi(3) - \phi(-3) = 2\phi(3) - 1 = 0.9973$

此类结果表明，ξ 落在区间 $(\mu - 3\sigma, \mu + 3\sigma)$ 之外的概率小于 0.003，根据小概率事件的实际不可能原则，可以将区间 $(\mu - 3\sigma, \mu + 3\sigma)$ 看做是随机变量 ξ 的实际取值区间，这就是正态分布的"3σ"法则。在企业管理中，经常应用这一法则进行质量检查和工艺过程控制。

习题 4.3

1. 一个口袋中有 6 个球，在这 6 个球上分别标有 -3、-3、1、1、1、2 这样的数字，从这个口袋中任取一球，求取得的球标有数字 ξ 的分布。

2. 从一个装有 4 个红球、2 个白球的袋中连续地取球，每次取一个，共取五次，在下列两种情况下分别取得红球的个数 ξ 的分布：
   (1) 有返回的取球；
   (2) 无返回的取球。

3. 已知随机变量 ξ 的分布为

ξ	0	2	4	6	8
P	0.1	0.3	0.2	0.3	0.1

计算：(1) $P(\xi < 4)$；(2) $P(\xi \geqslant 4)$；(3) $P(\xi < 3)$。

4. 每门炮射一发炮弹击中目标的概率都是 0.6，现有 5 门炮相互独立地向目标各射一发炮弹，求：(1) 击中目标的弹数 ξ 的分布；(2) 至少击中 2 弹的概率。

5. 某批数量较大的商品的次品率为 10%，从中任意地连续取出 5 件，求其中次品数 ξ 的分布。

6. 从一大批产品中抽检 20 件，如果发现多于 2 件次品，则判定该批产品不合格。问

如果该批产品的次品率为 5%,被判为不合格的概率是多少?

7. 函数 $f(x)=\begin{cases} \cos x & x \in \mathbf{I} \\ 0 & \text{其他} \end{cases}$,在下列指定区间 $\mathbf{I}$ 上能否满足随机变量 ξ 的密度函数的两个性质?

(1) $\left[0, \dfrac{\pi}{2}\right]$ (2) $\left[-\dfrac{\pi}{2}, \dfrac{\pi}{2}\right]$ (3) $\left[0, \dfrac{3\pi}{2}\right]$

8. 设随机变量 ξ 的密度函数为

$$f(x)=\begin{cases} 12x^2 & -\dfrac{1}{2} \leqslant x \leqslant \dfrac{1}{2} \\ 0 & x<-\dfrac{1}{2} \text{ 或 } x>\dfrac{1}{2} \end{cases}$$

(1) 求分布函数 $F(x)$;
(2) 作出 $F(x)$ 的图像。

9. 设随机变量 ξ 的分布函数为

$$F(x)=\begin{cases} 0 & x<0 \\ Ax^2 & 0 \leqslant x \leqslant 1 \\ 1 & x>1 \end{cases}$$

求(1)系数 A;(2)$P(0.3<\xi<0.7)$;(3)ξ 的密度函数。

10. 已知 ξ 的密度函数为

$$f(x)=\begin{cases} \dfrac{1}{2} & 2 \leqslant x \leqslant 4 \\ 0 & \text{其他} \end{cases}$$

求(1)$P(\xi<3)$;(2)$P(-1 \leqslant \xi<3)$;(3)$P(\xi \geqslant 2)$。

11. 设随机变量 ξ 服从标准标准正态分布 $N(0,1)$,求(1)$P(\xi \leqslant 2)$;(2)$P(|\xi| \leqslant 2)$;(3)$P(\xi \geqslant 2.3)$(4)$P(0.5<\xi \leqslant 3.5)$;(5)$P(-1.7<\xi \leqslant 2.55)$。

12. 设随机变量 ξ 服从正态分布 $N(4, 1.5^2)$。
(1) 求概率 $P(\xi \leqslant 1), P(|\xi-4|>2), P(0 \leqslant \xi \leqslant 3)$;
(2) 已知 $P(|\xi-4|<c)=0.95$,求 c。

13. 某车床加工零件长度(单位:mm)服从正态分布 $N(50, 0.75^2)$,按规定要求合格零件的长度允许在 (50 ± 1.5) mm 之间,试求该车间车床生产零件的合格率。

4.4 随机变量的数字特征

随机变量的概率分布比较完整地描述了随机变量的分布规律,在实际问题中,确定一个随机变量的概率分布常常是比较困难的,在某些情况下,并不需要完全确定它的分布,而只要了解它的一些统计特征即可。随机变量的统计特征可以概括地反映出随机变量的统计规律,这些统计特征常用数字描述,所以又叫随机变量的数字特征。随机变量的数字特征中最重要和最常用的是数学期望和方差。

4.4.1 数学期望

1. 数学期望的概念

引例 某射手射击所得环数 ξ 的分布如下：

ξ	4	5	6	7	8	9	10
P	0.02	0.04	0.06	0.09	0.28	0.29	0.22

在 n 次射击之前，虽然不能确定各次射击所得的环数，但可以根据已知的分布列估计 n 次射击的平均环数。

根据这个射手射击所得环数 ξ 的分布，它在 n 次射击中，预计

$P(\xi=4) \times n = 0.02n$ 次得 4 环

$P(\xi=5) \times n = 0.04n$ 次得 5 环

$\vdots$

$P(\xi=10) \times n = 0.22n$ 次得 5 环

n 次射击的总环数约等于

$$4 \times 0.02n + 5 \times 0.04n + \cdots + 10 \times 0.22n = (4 \times 0.02 + 5 \times 0.04 + \cdots + 10 \times 0.22)n$$

从而，n 次射击的平均环数约等于

$$\frac{(4 \times 0.02 + 5 \times 0.04 + \cdots + 10 \times 0.22)n}{n} = 8.32$$

类似地，对任一射手，若已知其射击所得环数 ξ 的分布，即已知 $P(\xi=k)(k=0,1,2,\cdots,10)$，则可预计他任意 n 次射击的平均环数：

$$0 \times P(\xi=0) + 1 \times P(\xi=1) + \cdots + 10 \times P(\xi=10)$$

一般地，对于离散型随机变量的这种特征给出下面的定义。

定义 4.11 如果离散型随机变量 ξ 的分布为

ξ	x_1	x_2	$\cdots$	x_n	$\cdots$
P	p_1	p_2	$\cdots$	p_n	$\cdots$

则称

$$x_1 p_1 + x_2 p_2 + \cdots + x_n p_n + \cdots = \sum_{k=1}^{\infty} x_k p_k$$

为随机变量 ξ 的数学期望（或均值），简称期望，记为 $E(\xi)$。即

$$E(\xi) = x_1 p_1 + x_2 p_2 + \cdots + x_n p_n + \cdots = \sum_{k=1}^{\infty} x_k p_k$$

注意：当 ξ 的取值为无穷多个时，如果 $\sum_{k=1}^{\infty} x_k p_k$ 趋于无穷大，就说 ξ 的数学期望不存在。

数学期望反映了随机变量 ξ 取值的平均水平。

【例 4.29】 A、B 两台自动机床生产同一种标准件，生产 1000 只产品所出的次品数各用 ξ、η 的分布表示，分别如下：

ξ	0	1	2	3
P	0.7	0.1	0.1	0.1

η	0	1	2	3
P	0.5	0.3	0.2	0.0

问哪一台机床质量好些?

解:机床的质量好坏,可用随机变量 ξ 和 η 的数学期望来比较,因为
$$E(\xi) = 0 \times 0.7 + 1 \times 0.1 + 2 \times 0.1 + 3 \times 0.1 = 0.6$$
$$E(\eta) = 0 \times 0.5 + 1 \times 0.3 + 2 \times 0.2 + 3 \times 0.0 = 0.7$$
即
$$E(\xi) < E(\eta)$$

上面的数据说明机床 A 在 1000 只产品中,所出的次品数的数学期望比较低,从这个意义来说,机床 A 的质量较好。

【例 4.30】 设随机变量 ξ 服从两点分布,求数学期望 $E(\xi)$。

解:由数学期望的定义,得
$$E(\xi) = 0 \times (1-p) + 1 \times p = p$$

【例 4.31】 设随机变量 ξ 服从二项分布 $B(n,p)$,求数学期望 $E(\xi)$。

解:因为
$$P(\xi = k) = P_n(k) = C_n^k p^k q^{(n-k)} \quad (k = 0,1,\cdots,n)$$
由数学期望的定义,得
$$E(\xi) = \sum_{k=0}^{n} k C_n^k p^k q^{(n-k)} = \sum_{k=1}^{n} k C_n^k p^k q^{(n-k)} = \sum_{k=1}^{n} k \frac{n!}{k!(n-k)!} p^k q^{(n-k)}$$
$$= np \sum_{k=1}^{n} \frac{(n-1)!}{(k-1)![(n-1)-(k-1)]!} p^{k-1} q^{(n-1)-(k-1)}$$
$$= np \sum_{k=1}^{n} C_{n-1}^{k-1} p^{k-1} q^{(n-1)-(k-1)} = np(q+p)^{n-1} = np$$

【例 4.32】 设随机变量 ξ 服从泊松分布 $P(\lambda)$,求数学期望 $E(\xi)$。

解:因为
$$P(\xi = k) = \frac{\lambda^k}{k!} e^{-\lambda} \quad (k = 0,1,2,\cdots)$$
由数学期望的定义得
$$E(\xi) = \sum_{k=1}^{\infty} k \frac{\lambda^k}{k!} e^{-\lambda} = \sum_{k=1}^{\infty} \frac{\lambda^k}{(k-1)!} e^{-\lambda} = \lambda e^{-\lambda} \sum_{k=1}^{\infty} \frac{\lambda^k}{(k-1)!} = \lambda e^{-\lambda} e^{\lambda} = \lambda$$

下面给出连续型随机变量的数学期望的定义。

定义 4.12 如果连续型随机变量 ξ 具有密度函数 $f(x)$,则称广义积分 $\int_{-\infty}^{+\infty} x f(x) dx$ 为随机变量 ξ 的数学期望,记做 $E(\xi)$,即
$$E(\xi) = \int_{-\infty}^{+\infty} x f(x) dx$$

如果 $\int_{-\infty}^{+\infty} x f(x) dx$ 不存在,就称随机变量 ξ 的 $E(\xi)$ 不存在。

【例 4.33】 设随机变量 ξ 在区间 $[a,b]$ 上服从均匀分布,求数学期望 $E(\xi)$。

解：随机变量 ξ 的密度函数为

$$f(x) = \begin{cases} \dfrac{1}{b-a} & a \leqslant x \leqslant b \\ 0 & \text{其他} \end{cases}$$

数学期望为

$$E(\xi) = \int_{-\infty}^{+\infty} xf(x)\mathrm{d}x = \int_a^b \frac{x}{b-a}\mathrm{d}x = \frac{1}{b-a} \times \frac{1}{2}(b^2-a^2) = \frac{a+b}{2}$$

【例 4.34】 若 $\xi \sim N(\mu, \sigma^2)$，求 $E(\xi)$。

解：ξ 的密度函数为

$$f(x) = \frac{1}{\sqrt{2\pi}\sigma} \mathrm{e}^{-\frac{(x-\mu)^2}{2\sigma^2}} \quad (-\infty < x < +\infty)$$

数学期望为

$$E(\xi) = \int_{-\infty}^{+\infty} xf(x)\mathrm{d}x = \int_{-\infty}^{+\infty} x \frac{1}{\sqrt{2\pi}\sigma} \mathrm{e}^{-\frac{(x-\mu)^2}{2\sigma^2}} \mathrm{d}x$$

$$\xrightarrow{\diamondsuit\, t = \frac{x-\mu}{\sigma}} \frac{1}{\sqrt{2\pi}} \int_{-\infty}^{+\infty} (\mu + \sigma t) \mathrm{e}^{-\frac{t^2}{2}} \mathrm{d}t = \frac{\mu}{\sqrt{2\pi}} \int_{-\infty}^{+\infty} \mathrm{e}^{-\frac{t^2}{2}} \mathrm{d}t + \frac{\sigma}{\sqrt{2\pi}} \int_{-\infty}^{+\infty} t\, \mathrm{e}^{-\frac{t^2}{2}} \mathrm{d}t$$

其中，$\dfrac{1}{\sqrt{2\pi}}\displaystyle\int_{-\infty}^{+\infty} \mathrm{e}^{-\frac{t^2}{2}} = 1$，而

$$\int_{-\infty}^{+\infty} t\,\mathrm{e}^{-\frac{t^2}{2}}\mathrm{d}t = \int_{-\infty}^0 t\,\mathrm{e}^{-\frac{t^2}{2}}\mathrm{d}t + \int_0^{+\infty} t\,\mathrm{e}^{-\frac{t^2}{2}}\mathrm{d}t = \left[-\mathrm{e}^{-\frac{t^2}{2}}\right]_{-\infty}^0 + \left[-\mathrm{e}^{-\frac{t^2}{2}}\right]_0^{+\infty} = -1 + 1 = 0$$

于是

$$E(\xi) = \mu$$

2. 数学期望的性质

① $E(C) = C$（C 为常数）。

② $E(C\xi) = CE(\xi)$（C 为常数）。

③ $E(\xi + \eta) = E(\xi) + E(\eta)$。

这个性质可以推广到有限个随机变量的情况，即

$$E(\xi_1 + \xi_2 + \cdots + \xi_n) = E(\xi_1) + E(\xi_2) + \cdots + E(\xi_n)$$

④ 如果随机变量 ξ 与 η 相互独立，则

$$E(\xi\eta) = E(\xi)E(\eta)$$

对 n 个相互独立的随机变量 $\xi_1, \xi_2, \cdots, \xi_n$，有

$$E(\xi_1 \xi_2 \cdots \xi_n) = E(\xi_1)E(\xi_2)\cdots E(\xi_n)$$

⑤ 设 $g(\xi)$ 是 ξ 的函数，随机变量 $\eta = g(\xi)$ 的数学期望可分别按下列公式计算：

如果 ξ 是离散型随机变量，具体分布为

$$P(\xi = x_k) = p_k \,(k = 1, 2, \cdots)$$

那么

$$E(\eta) = g(x_1)p_1 + g(x_2)p_2 + \cdots + g(x_n)p_n + \cdots = \sum_{k=1}^{\infty} g(x_k)p_k$$

如果 ξ 是连续型随机变量，具有密度函数 $f(x)$，那么

$$E(\eta) = \int_{-\infty}^{+\infty} g(x)f(x)\mathrm{d}x$$

【例 4.35】 已知 $\xi \sim N(1,9), \eta \sim B(100,0.1)$,求:(1)$E(3\xi-2)$;(2)$E(3\xi+4\eta)$。

解:$E(\xi)=1, E(\eta)=100\times 0.1=10$,所以
$$E(3\xi-2) = 3E(\xi)-2 = 3\times 1-2 = 1$$
$$E(3\xi+4\eta) = 3E(\xi)+4E(\eta) = 3\times 1+4\times 10 = 43$$

【例 4.36】 已知 ξ 的分布为

ξ	-2	-1	0	1	2
P	$\frac{1}{5}$	$\frac{1}{6}$	$\frac{1}{5}$	$\frac{1}{15}$	$\frac{11}{30}$

求 $E(\xi^2)$。

解:由性质⑤得
$$E(\xi^2) = (-2)^2\times\frac{1}{5}+(-1)^2\times\frac{1}{6}+0^2\times\frac{1}{5}+1^2\times\frac{1}{15}+2^2\times\frac{11}{30} = \frac{5}{2}$$

【例 4.37】 求证:$E[\xi-E(\xi)]^2 = E(\xi^2)-[E(\xi)]^2$。

证明:$E[\xi-E(\xi)]^2 = E[\xi^2-2\xi E(\xi)+(E(\xi))^2]$
$$= E(\xi^2)-2E[\xi E(\xi)]+E[(E(\xi))^2]$$

因为 $E(\xi)$ 是常数,所以 $E[E(\xi)]=E(\xi)$,于是
$$E[\xi-E(\xi)]^2 = E(\xi^2)-2E(\xi)E(\xi)+[E(\xi)]^2$$
$$= E(\xi^2)-2[E(\xi)]^2+[E(\xi)]^2 = E(\xi^2)-[E(\xi)]^2$$

4.4.2 方差

随机变量的数学期望,提供了对两个不同随机变量平均状态进行比较的标准。那么,当两个随机变量的数学期望值相同时,能否就说这两个随机变量一样呢?这与随机变量在其均值附近是如何变化的,其分散程度如何有关。这就是方差所要研究的问题。

1. 方差的概念

定义 4.13 如果离散型随机变量 ξ 的分布是
$$P(\xi=x_k) = p_k \quad (k=1,2,\cdots,n)$$
则称
$$E[\xi-E(\xi)]^2 = \sum_{k=1}^{n}[x_k-E(\xi)]^2 p_k$$
为随机变量 ξ 的方差,记为 $D(\xi)$,即
$$D(\xi) = \sum_{k=1}^{n}[x_k-E(\xi)]^2 p_k$$

连续型随机变量的方差与离散型随机变量相仿,有如下定义。

定义 4.14 如果连续型随机变量 ξ 的密度函数为 $f(x)$,则
$$E[\xi-E(\xi)]^2 = \int_{-\infty}^{+\infty}[x-E(\xi)]^2 f(x)\mathrm{d}x$$

称为随机变量 ξ 的方差，记为 $D(\xi)$，即
$$D(\xi) = \int_{-\infty}^{+\infty} [x - E(\xi)]^2 f(x) \mathrm{d}x$$

随机变量 ξ 的方差 $D(\xi)$ 可用下面的公式计算：
$$D(\xi) = E(\xi^2) - [E(\xi)]^2$$

随机变量 ξ 的方差 $D(\xi)$ 的算术平方根 $\sqrt{D(\xi)}$ 称为随机变量的标准差（或均方差）。

方差是描述随机变量取值集中（或分散）程度的一个数字特征。方差小，取值集中；方差大，取值分散。

【例 4.38】 设随机变量 ξ 服从两点分布，求方差 $D(\xi)$。

解： $D(\xi) = E(\xi^2) - [E(\xi)]^2 = p - p^2 = p(1-p) = pq$

【例 4.39】 设随机变量 ξ 在区间 $[a,b]$ 上服从均匀分布，求方差 $D(\xi)$。

解： 随机变量 ξ 的密度函数为
$$f(x) = \begin{cases} \dfrac{1}{b-a} & a \leqslant x \leqslant b \\ 0 & \text{其他} \end{cases}$$

$E(\xi) = \dfrac{a+b}{2}$，而
$$E(\xi^2) = \int_{-\infty}^{+\infty} x^2 \frac{1}{b-a} \mathrm{d}x = \int_a^b x^2 \frac{1}{b-a} \mathrm{d}x = \frac{1}{3}(b^2 + ab + a^2)$$

所以
$$D(\xi) = E(\xi^2) - [E(\xi)]^2 = \frac{1}{3}(b^2 + ab + a^2) - \frac{(a+b)^2}{4} = \frac{1}{12}(b-a)^2$$

2. 方差的性质

① $D(C) = 0$（C 为常数）。

② $D(C\xi) = C^2 D(\xi)$（C 为常数）。

③ 若随机变量 ξ、η 相互独立，则
$$D(\xi + \eta) = D(\xi) + D(\eta)$$

这个性质可以推广到 n 个相互独立的随机变量情形。

4.4.3 几种重要随机变量的数学期望和方差

为了便于应用，将几种重要分布的数字特征列表，见表 4-1。

表 4-1

分布名称	简略记法	分布与密度函数	数学期望	方差
两点分布	(0—1)	$P(\xi = k) = p^k (1-p)^{1-k} \ (k = 0, 1)$	p	pq
二项分布	$B(n, p)$	$P(\xi = k) = C_n^k p^k q^{n-k} \ (k = 1, 2, \cdots, n)$	np	npq
泊松分布	$P(\lambda)$	$P(\xi = k) = \dfrac{\lambda^k}{k!} \mathrm{e}^{-\lambda} \ (k = 0, 1, \cdots)$	λ	λ

续表

分布名称	简略记法	分布与密度函数	数学期望	方差
均匀分布	$U[a,b]$	$f(x)=\begin{cases}\dfrac{1}{b-a} & a\leqslant x\leqslant b \\ 0 & \text{其他}\end{cases}$	$\dfrac{a+b}{2}$	$\dfrac{1}{12}(b-a)^2$
正态分布	$N(\mu,\sigma^2)$	$f(x)=\dfrac{1}{\sqrt{2\pi}\sigma}e^{-\frac{(x-\mu)^2}{2\sigma^2}}\;(-\infty<x<+\infty)$	μ	σ^2

利用这些常用的数学期望和方差，可以计算其他一些随机变量的数学期望和方差。

习题 4.4

1. 设 ξ 的分布为

ξ	1	2	3
P	$\dfrac{1}{6}$	$\dfrac{1}{2}$	a

求 $a, E(\xi), D(\xi)$。

2. 设 ξ 的分布为

ξ	-1	0	2	3
P	$\dfrac{1}{8}$	$\dfrac{1}{4}$	$\dfrac{3}{8}$	$\dfrac{1}{4}$

求 (1) $E(\xi)$；(2) $E(\xi^2)$；(3) $E(-2\xi+1)$；(4) $D(\xi)$。

3. 一批种子的发芽率为 70%，播种时每穴种 3 粒，求每穴发芽种子粒数的数学期望和方差。

4. 已知 ξ 在 $[0,\pi]$ 服从均匀分布，求 $E(\xi^2)$ 和 $E(\sin\xi)$。

5. 一批零件中有 9 个合格品与 3 个次品，安装机器时，从这批零件中任取一个。若取出次品不再放回，继续重取一个，求在取得合格品以前已取出的次品数的数学期望和方差。

6. 一台实验仪器中有 3 个元件，各个元件发生故障是相互独立的，其概率分别为 0.2、0.3、0.4，求发生故障的元件数的数学期望和方差。

7. 射击比赛中每人可发四弹，规定全部不中得 0 分，命中一、二、三、四弹时各得分为 15 分、30 分、55 分、100 分。设某射手每次射击的命中率为 0.5，问他期望可得多少分？

8. 已知 $\xi\sim N(1,2)$，$\eta\sim N(2,4)$，且 ξ 与 η 相互独立，求 $E(3\xi-\eta+1)$ 和 $D(\eta-2\xi)$。

综合练习 4

1. 将 12 个运动队分成两组，每组 6 个队，求两个最强队被分在不同组内、同一组内的概率分别是多少？

2. 求 12 人生日的月份都不相同的概率。

3. 电路由电池 A 与两个并联的电池 B 和 C 串联而成，设电池 A、B、C 损坏的概率分别为 0.3、0.2、0.2，求电路发生断电的概率。

4. 一批产品的次品率为 0.2，从中每次任抽 10 个进行检查，试求：
(1) 10 个产品中次品数的分布；
(2) 可能性最大的次品数；
(3) 次品数不多于 1 个的概率；
(4) 次品数多于 4 个的概率。

5. 设随机变量 ξ 服从参数为 λ 的泊松分布：
(1) 如果 $P(\xi=0)=P(\xi=1)$，试求 $P(\xi=2)$ 与 $P(\xi=4)$；
(2) 如果 $P(\xi=1)=P(\xi=2)$，试求 $P(\xi=1)$ 与 $P(\xi=3)$。

6. 设 $\xi \sim N(0,1)$，求 (1) $P(0.1 \leqslant \xi < 1.5)$；(2) $P(-0.1 \leqslant \xi < 1.5)$；(3) $P(-1.5 \leqslant \xi < 0.1)$。

7. 设 $\xi \sim N(1.2^2)$，求 C 使满足 $P(2 \leqslant \xi < C)=0.2$。

8. 设随机变量 ξ 的密度函数为
$$f(x) = \begin{cases} \lambda e^{-\lambda x} & x > 0 \\ 0 & x \leqslant 0 \end{cases}$$
其中，$\lambda > 0$ 为常数，求 ξ 得数学期望和方差。

9. 已知 ξ 的分布为

ξ	-1	0	$\frac{1}{2}$	1	2
P	$\frac{1}{3}$	$\frac{1}{6}$	$\frac{1}{6}$	$\frac{1}{12}$	$\frac{1}{4}$

求 $E(\xi), D(\xi)$。

数学家的故事（四）

欧拉——双目失明的数学英雄

莱昂哈德·保罗·欧拉（Leonhard Paul Euler，1707—1783）是一位瑞士数学家和物理学家，近代数学先驱之一，他一生大部分时间在俄国和普鲁士度过。

欧拉是科学史上最多产的一位杰出的数学家，他从 19 岁开始发表论文，直到 76 岁，他一生共写下了 886 本书籍和论文，其中在世时发表了 700 多篇论文。彼得堡科学院为了整理他的著作，整整用了 47 年。在他双目失明后的 17 年间，也没有停止对数学的研究，口述了好几本书和 400 余篇的论文。

欧拉对物理力学、天文学、弹道学、航海学、建筑学、音乐都有研究。有许多公式、定理、解法、函数、方程、常数等是以欧拉名字命名的。欧拉写的数学教材在当时一直被当作标准教程。欧拉还是数学符号发明者,他创设的许多数学符号,例如 $\pi, i, e, \sin, \cos, tg, \Sigma, f(x)$ 等,至今沿用。

1707 年出生在瑞士的巴塞尔(Basel)城,小时候他就特别喜欢数学,不满 10 岁就开始自学《代数学》。这本书连他的几位老师都没读过,可小欧拉却读得津津有味,遇到不懂的地方,就用笔做个记号,事后再向别人请教。13 岁就进巴塞尔大学读书,这在当时是个奇迹,曾轰动了数学界。小欧拉是这所大学,也是整个瑞士大学校园里年龄最小的学生。在大学里得到当时最有名的数学家微积分权威约翰·伯努利(Johann Bernoulli,1667—1748)的精心指导,并逐渐与其建立了深厚的友谊。约翰·伯努利后来曾这样称赞青出于蓝而胜于蓝的学生:"我介绍高等分析时,它还是个孩子,而你将它带大成人。"两年后的夏天,欧拉获得巴塞尔大学的学士学位,次年,欧拉又获得巴塞尔大学的哲学硕士学位。1725 年,欧拉开始了他的数学生涯。

欧拉的父亲保罗·欧拉(Paul Euler)也是一个数学家,原希望小欧拉学神学,同时教他一点数学。由于小欧拉的才能和异常勤奋的精神,又受到约翰·伯努利的赏识和特殊指导,当他在 19 岁时写了一篇关于船桅的论文,获得巴黎科学院的奖金后,他的父亲就不再反对他攻读数学了。

1725 年约翰·伯努利的儿子丹尼尔·伯努利赴俄国,并向沙皇喀德林一世推荐了欧拉,这样,在 1727 年 5 月 17 日欧拉来到了彼得堡。1733 年,年仅 26 岁的欧拉担任了彼得堡科学院数学教授。1735 年,欧拉解决了一个天文学的难题(计算彗星轨道),这个问题经几个著名数学家几个月的努力才得到解决,而欧拉却用自己发明的方法,三天便完成了。然而过度的工作使他得了眼病,并且不幸右眼失明了,这时他才 28 岁。1741 年欧拉应普鲁士彼德烈大帝的邀请,到柏林担任科学院物理数学所所长,直到 1766 年,后来在沙皇喀德林二世的诚恳敦聘下重回彼得堡,不料没有多久,左眼视力衰退,最后完全失明。不幸的事情接踵而来,1771 年彼得堡的大火灾殃及欧拉住宅,带病而失明的 64 岁的欧拉被围困在大火中,虽然他被别人从火海中救了出来,但他的书房和大量研究成果全部化为灰烬了。

沉重的打击,仍然没有使欧拉倒下,他发誓要把损失夺回来。在他完全失明之前,还能朦胧地看见东西,他抓紧这最后的时刻,在一块大黑板上疾书他发现的公式,然后口述其内容,由他的学生特别是大儿子 A·欧拉(数学家和物理学家)笔录。欧拉完全失明以后,仍然以惊人的毅力与黑暗搏斗,凭着记忆和心算进行研究,直到逝世,竟达 17 年之久。

1783 年 9 月 18 日,在不久前才刚计算完气球上升定律的欧拉,在兴奋中突然停止了呼吸,享年 76 岁。欧拉生活、工作过的三个国家——瑞士、俄国、德国,都把欧拉作为自己的数学家,为有他而感到骄傲。

欧拉的记忆力和心算能力是罕见的,他能够复述年轻时代笔记的内容,心算并不限于简单的运算,高等数学一样可以用心算去完成。有一个例子足以说明他的本领,欧拉的两个学生把一个复杂的收敛级数的 17 项加起来,算到第 50 位数字,两人相差一个单位,欧拉为了确定究竟谁对,用心算进行全部运算,最后把错误找了出来。欧拉在失明的 17 年中,还解决了使牛顿头痛的月离问题和很多复杂的分析问题。

欧拉的风格是很高尚的,拉格朗日是稍后于欧拉的大数学家,从 19 岁起和欧拉通信,讨论等周问题的一般解法,这引起变分法的诞生。等周问题是欧拉多年来苦心考虑的问题,拉格朗日的解法,博得欧拉的热烈赞扬,1759年10月2日欧拉在回信中盛赞拉格朗日的成就,并谦虚地压下自己在这方面较不成熟的作品暂不发表,使年轻的拉格朗日的工作得以发表和流传,并赢得巨大的声誉。他晚年的时候,欧洲所有的数学家都把他当作老师,著名数学家拉普拉斯(Laplace)曾说过:"欧拉是我们的导师。"欧拉充沛的精力保持到最后一刻,1783年9月18日下午,欧拉为了庆祝他计算气球上升定律的成功,请朋友们吃饭,那时天王星刚发现不久,欧拉写出了计算天王星轨道的要领,还和他的孙子逗笑,喝完茶后,突然疾病发作,烟斗从手中落下,口里喃喃地说:"我死了",欧拉终于"停止了生命和计算"。

欧拉渊博的知识、无穷无尽的创作精力和空前丰富的著作,都是令人惊叹不已的!他从19岁开始发表论文,直到76岁,半个多世纪写下了浩如烟海的书籍和论文。可以说欧拉是科学史上最多产的一位杰出的数学家,据统计他那不倦的一生,共写下了886本书籍和论文,其中分析、代数、数论占40%,几何占18%,物理和力学占28%,天文学占11%,弹道学、航海学、建筑学等占3%,彼得堡科学院为了整理他的著作,足足忙碌了47年。至今几乎每一个数学领域都可以看到欧拉的名字,从初等几何的欧拉线,多面体的欧拉定理,立体解析几何的欧拉变换公式,四次方程的欧拉解法到数论中的欧拉函数,微分方程的欧拉方程,级数论的欧拉常数,变分学的欧拉方程,复变函数的欧拉公式等,数也数不清。他对数学分析的贡献更独具匠心,《无穷小分析引论》一书便是他划时代的代表作,当时数学家们称他为"分析学的化身"。

其中,这个恒等式 $e^{i\pi}+1=0$ 也叫做欧拉公式,它是数学里最令人着迷的一个公式,也称数学公式中最美的公式,它将数学里最重要的几个数字联系到了一起——两个超越数(自然对数的底 e,圆周率 π),两个单位(虚数单位 i 和自然数的单位1),以及被称为人类伟大发现之一的0。数学家们评价它是"上帝创造的公式"。

欧拉著作的惊人多产并不是偶然的,他可以在任何不良的环境中工作,他常常抱着孩子在膝上完成论文,也不顾孩子在旁边喧哗。他那顽强的毅力和孜孜不倦的治学精神,使他在双目失明以后,也没有停止对数学的研究,在失明后的17年间,他还口述了几本书和400篇左右的论文。19世纪伟大数学家高斯(Gauss,1777—1855)曾说:"研究欧拉的著作永远是了解数学的最好方法。"

欧拉的一生,是为数学发展而奋斗的一生,他那杰出的智慧、顽强的毅力、孜孜不倦的奋斗精神和高尚的科学道德,永远是值得我们学习的。

第5章 线性规划初步

5.1 线性规划问题的数学模型

在经济活动中常常要考虑两类问题,一类是目标任务确定后,如何统筹安排,用最少的人力、物力去完成任务;另一类是对现有的人力、物力如何进行合理分配,使经济效益最大。例如,最优运输问题、生产组织与计划问题、合理下料问题等。

一般地,在满足某些约定条件下,使目标函数达到极大(小)值的问题称为数学规划问题。如果目标函数和约束条件都是线性的,则称为线性规划。

5.1.1 运输问题的数学模型

【**例 5.1**】 有甲乙两个油库,每月储油量分别 180t 和 300t,它们担负着供应三个乡镇的供油任务,这三个乡镇每月需用油分别为 135t、225t、120t。已知甲油库离这三个乡镇分别为 30km、24km、18km,乙油库离这三个乡镇分别为 12km、30km、45km,试问这两个油库应如何分配供应量,才能使总运输成本最小?

解:设 x_{ij} 为油库 $i(i=1,2)$(其中 1 代表甲,2 代表乙)运往第 $j(j=1,2,3)$ 个乡镇的油量,s 为总运输成本。根据实际问题要求制定一个调运方案,既满足储量要求,又要满足供应量要求,而且还要使总运费最小,即求 x_{ij} 的值使满足不等式组:

$$\begin{cases} x_{11}+x_{12}+x_{13} \leqslant 180 \\ x_{21}+x_{22}+x_{23} \leqslant 300 \\ x_{11}+x_{21}=135 \\ x_{12}+x_{22}=225 \\ x_{13}+x_{23}=120 \\ x_{ij} \geqslant 0 \quad (i=1,2;j=1,2,3) \end{cases}$$

并且使函数

$$s = 30x_{11}+24x_{12}+18x_{13}+12x_{21}+30x_{22}+45x_{23}$$

达到最小值。

5.1.2 生产组织与计划问题

【**例 5.2**】 某工厂生产 A 和 B 两种产品,已知产品单位产量所需要的人力、原材料、用电量以及单位产品利润见表 5-1,试问如何安排生产,才能使工厂获得最大的经济效益?

表 5-1

资源\定额\产品	A	B	可利用资源
人力（人）	9	7	360
原材料（千克）	7	10	4200
电力（度）	4	8	2000
单位产品利润	7	9	

解：设生产 A 和 B 两种产品的产量分别为 x_1 和 x_2，x_1 和 x_2 的取值受人力、原材料和电力的限制，必须满足下列不等式组：

$$\begin{cases} 9x_1 + 7x_2 \leqslant 360 \\ 7x_1 + 10x_2 \leqslant 4200 \\ 4x_1 + 8x_2 \leqslant 2000 \\ x_1 \geqslant 0, x_2 \geqslant 0 \end{cases}$$

由于生产 A、B 两种产品的经济效益分别是 7 元和 9 元，设 s 为工厂获得的利润，则

$$s = 7x_1 + 9x_2$$

上述实际问题就是确定 x_1 和 x_2 的值，使满足不等式组时函数 s 取得最大值。

5.1.3 合理下料问题

【例 5.3】 某工地需要一批长度为 75cm 的钢材 3000 根，需要长度为 80cm 的钢材 5000 根，现有一批长度均为 500cm 可截条材，已知共有 6 种截取方案（见表 5-2），试问如何截取使所用原料数量最少？

表 5-2

钢材数量\方案\规格	1	2	3	4	5	6	钢材需要量
75cm	5	4	3	2	1	0	3000 根
80cm	1	2	3	4	5	6	5000 根
余料长度/cm	45	40	35	30	25	20	

解：为了使得截取后残料最少，应当选取多种截法配合使用。

用 x_i 表示按第 i 种方案截取钢材数量，则所截得 75cm 长的钢材数量为：

$$5x_1 + 4x_2 + 3x_3 + 2x_4 + x_5$$

则所截得 80cm 长的钢材数量为：

$$x_1 + 2x_2 + 3x_3 + 4x_4 + 5x_5 + 6x_6$$

于是，上述实际问题用数学模型可表述为：求 $x_i (i=1,2,3,4,5,6)$ 的值，使之同时满足条件：

$$\begin{cases} 5x_1 + 4x_2 + 3x_3 + 2x_4 + x_5 \geqslant 3000 \\ x_1 + 2x_2 + 3x_3 + 4x_4 + 5x_5 + 6x_6 \geqslant 5000 \\ x_i(i=1,2,3,4,5,6) \geqslant 0 \end{cases}$$

并使函数

$$s = x_1 + x_2 + x_3 + x_4 + x_5 + x_6$$

达到最小值。

以上数学问题都有如下特征：

（1）每个问题的解决方案都可用一组变量 $x_1, x_2, x_3, \cdots, x_n$（称为决策变量）的值表示，每一组数值代表一个解决方案。

（2）存在一组线性等式或线性不等式（称为约束条件）。

（3）有一个用决策变量 $x_1, x_2, \cdots, x_n$ 组成的线性函数（称为目标函数），根据实际问题的不同，分别求目标函数的最大值或最小值。

满足以上三个条件的数学问题模型称为线性规划数学模型，其一般形式为：

$$\max(\text{或})\min \quad s = c_1 x_1 + c_2 x_2 + c_3 x_3 + \cdots + c_n x_n$$

$$\begin{cases} a_{11}x_1 + a_{12}x_2 + \cdots + a_{1n}x_n \leqslant (\text{或} =, \geqslant) b_1 \\ a_{21}x_1 + a_{22}x_2 + \cdots + a_{2n}x_n \leqslant (\text{或} =, \geqslant) b_2 \\ \quad\quad\quad\quad\quad\quad\quad\quad \vdots \\ a_{m1}x_1 + a_{m2}x_2 + \cdots + a_{mn}x_n \leqslant (\text{或} =, \geqslant) b_m \\ x_1, x_2, \cdots, x_n \geqslant 0 \end{cases}$$

对于一个线性规划问题，全部决策变量都满足所有约束条件的一组数值称为该线性规划问题的一个可行解，全体可行解的集合称为该线性规划问题的可行解集（或可行解域）。使得目标函数达到最优值的可行解称为最优解。一个线性规划数学模型问题可能没有最优解，也可能有有限个或无穷多个最优解。

习题 5.1

1. 设有两个工厂 A 和 B 生产同一种产品，其月产量为 23（单位）和 27（单位），已知它们生产的产品供应三个地区 C_1、C_2 和 C_3，其需求量分别为 17（单位）、18（单位）和 15（单位），而自生产地到各地区的运价费用见表 5-3。

表 5-3

运价\地区\工厂	C_1	C_2	C_3
A	50	60	70
B	60	110	160

问应如何安排使总运费最省？

2. 某家具厂生产饭桌和衣柜两种产品，现有两种木料，第一种有 72m³，第二种有 56m³，若生产两种产品都需要这两种木料，生产每张饭桌和衣柜的用料以及获得的利润见表 5-4。

表 5-4

产品 \ 用料量 \ 品种	第一种木料	第二种木料	利润(元)
饭桌	0.18	0.08	6
衣柜	0.09	0.28	10

试用数学模型表示现有条件下生产多少饭桌和衣柜,才能使获得利润最多?

3. 某班有男同学 30 人,女同学 20 人,星期天去植树,已知男同学一天平均每人挖坑 20 个,或栽树 30 棵,或给树浇水 25 棵;女同学一天平均每人挖坑 10 个,或栽树 20 棵,或给树浇水 15 棵。问如何安排才能使植树最多?

5.2 线性规划问题的图解法

5.2.1 图解法

如果线性规划问题中只有两个变量,那么就可以在直角坐标平面采用图解法来求解。下面先通过一个例子来说明这一方法。

【例 5.4】 求解线性规划问题 x_1, x_2 的值,使其满足

$$\max \quad s = -x_1 + x_2$$

$$\begin{cases} -2x_1 + x_2 \leqslant 2 \\ x_1 - 2x_2 \leqslant 2 \\ x_1 + x_2 \leqslant 5 \\ x_1 \geqslant 0, x_2 \geqslant 0 \end{cases}$$

解:把 x_1, x_2 看成坐标平面 $x_1 O x_2$ 内的点的横纵坐标,那么满足约束条件的每个不等式点集就是一个半平面,因此,满足所有约束条件的可行解域就是五个半平面的重叠部分(如图 5-1 所示阴影部分)。

现要在可行解域中找到一个最优解,使得目标函数 $s = -x_1 + x_2$ 的值最大。为此,让平行直线束 $s = -x_1 + x_2$ 沿着它的法线方向平行移动,当通过点 $A(1,4)$ 时的直线就是所要求的直线。

即当 $x_1 = 1, x_2 = 4$ 时,就是该线性规划问题 $s = -x_1 + x_2$ 的最优解,这时目标函数取得最大值 $s = -1 + 4 = 3$。

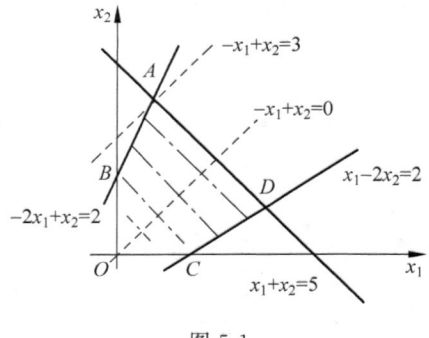

图 5-1

5.2.2 图解法的求解步骤

用图解法解含有两个变量的线性规划问题,一般解题步骤如下:
① 建立直角坐标系 x_1Ox_2,以约束条件在直角坐标系中找出可行解域;
② 令目标函数 $s=0$,作出直线 $c_1x_1+c_2x_2=0$;
③ 将直线 $c_1x_1+c_2x_2=0$ 沿其法线方向平移,使其尽可能地远离(或接近)原点,但又和可行解域有公共点时,则公共点就是问题的最优解。

【例 5.5】 求解线性规划问题 x_1,x_2 的值,使其满足
$$\min \quad s=2x_1+3x_2$$
$$\begin{cases} x_1+x_2 \geqslant 5 \\ 4x_1+x_2 \geqslant 8 \\ x_1+2x_2 \geqslant 6 \\ x_1 \geqslant 0, x_2 \geqslant 0 \end{cases}$$

解:求 $s=2x_1+3x_2$ 的最优解可以采用图解法。

首先在直角坐标系 x_1Ox_2 作出满足约束条件的可行解域(如图 5-2 所示阴影部分)。让平行直线束 $2x_1+3x_2=s$ 沿着它的法线方向平行移动,因直线 $s=2x_1+3x_2$ 的斜率在直线 $x_1+x_2=5$ 与 $x_1+2x_2=6$ 两斜率之间,因此,当通过点 $A(4,1)$ 时的直线就是所要求的直线。

即当 $x_1=4, x_2=1$ 时是该线性规划问题 $s=2x_1+3x_2$ 的最优解,这时目标函数取得最小值 $s=2\times4+3\times1=11$。

【例 5.6】 用图解法求解下列线性规划问题 x_1,x_2 的值,使其满足
$$\max \quad s=-x_1+6x_2$$
$$\begin{cases} 2x_1+3x_2 \leqslant 16 \\ 0 \leqslant x_1 \leqslant 5 \\ 0 \leqslant x_2 \leqslant 3 \end{cases}$$

解:在直角坐标系 x_1Ox_2 中作出满足约束条件的可行解域(如图 5-3 所示阴影部分凸多边形 $OABCD$)。

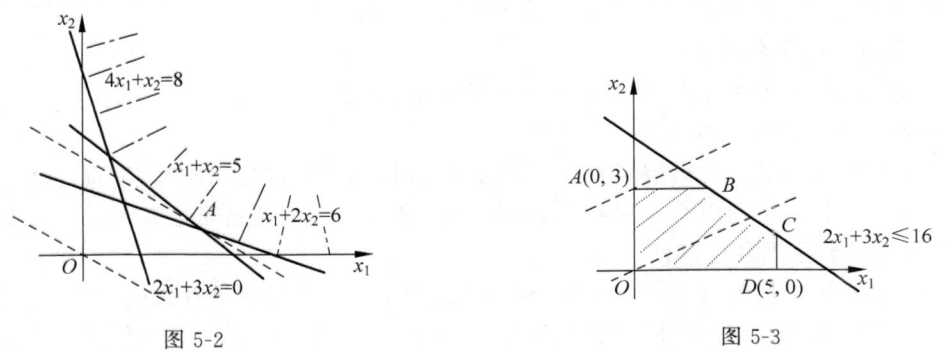

图 5-2　　　　　　　　图 5-3

让平行直线束 $s=-x_1+6x_2$ 沿着它的法线方向平行移动,当通过点 $A(0,3)$ 时的直线就是所要求的直线。

即当 $x_1=0, x_2=3$ 时,就是该线性规划问题 $s=-x_1+6x_2$ 的最优解。

5.2.3 重要结论

【例 5.7】 求解线性规划问题 x_1, x_2 的值,使其满足

$$\max \quad s=3x_1+6x_2$$

$$\begin{cases} x_1+2x_2 \leqslant 8 \\ 0 \leqslant x_1 \leqslant 4 \\ 0 \leqslant x_2 \leqslant 3 \end{cases}$$

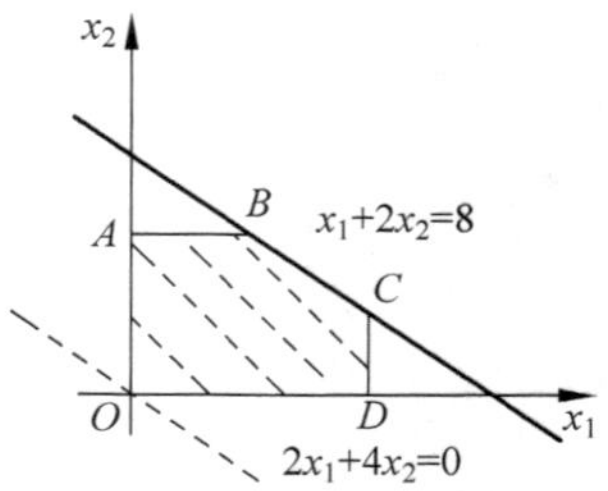

解:采用图解法求 $s=3x_1+6x_2$ 的最优解。

首先在直角坐标系 x_1Ox_2 作出满足约束条件的可行解域(如图 5-4 所示阴影部分 $OABCD$)。

让平行直线束 $s=3x_1+6x_2$ 沿着它的法线方向平行移动,因为直线 $s=3x_1+6x_2$ 的斜率与 $x_1+2x_2=8$ 的斜率相等,所以 BC 边上每一点都能使目标函数取得最大值,即该线性规划问题有无穷多个最优解。

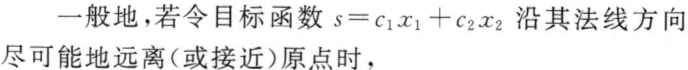

$$x_1=2+2c, \quad x_2=3-c \quad (0 \leqslant c \leqslant 1)$$

图 5-4

【例 5.8】 求解线性规划问题 x_1, x_2 的值,使其满足

$$\min \quad s=-2x_1+x_2$$

$$\begin{cases} x_1+x_2 \geqslant 1 \\ x_1-3x_2 \geqslant -3 \\ x_1 \geqslant 0 \\ x_2 \geqslant 0 \end{cases}$$

解:用图解求 $s=-2x_1+x_2$ 的最优解。

首先在直角坐标系 x_1Ox_2 作出满足约束条件的可行解域,它是一个无界凸区域(如图 5-5 所示阴影部分)。让平行直线束 $s=-2x_1+x_2$ 沿着它的法线方向平行移动,当直线束向右平行移动时,可以无限地移动下去,且总与可行解域有交点。这说明目标函数在可行解域无下界,即该线性规划问题没有最优解。

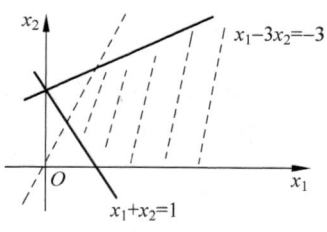

图 5-5

一般地,若令目标函数 $s=c_1x_1+c_2x_2$ 沿法线方向尽可能地远离(或接近)原点时,

(1) 当目标函数与可行解域有唯一的公共点时,则线性规划问题有唯一最优解;

(2) 当目标函数与可行解域有无数个公共点时,则线性规划问题有无穷多个最优解(或者有可行解但无最优解);

(3) 当目标函数与可行解域没有公共点时,则线性规划问题没有最优解;

(4) 线性规划问题的最优解如果存在,必然在可行解域的某一个"顶点"处或某一条"边"上取得;

(5) 当公共点在可行解域的上方时,能使目标函数 $s=c_1x_1+c_2x_2$ 取得最大值;

(6) 当公共点在可行解域的下方时,能使目标函数 $s=c_1x_1+c_2x_2$ 取得最小值。

习题 5.2

用图解法求解下列线性规划问题。

(1) $\min\ s = -3x_1 + 4x_2$
$$\begin{cases} x_1 + 2x_2 \leqslant 11 \\ x_1 - 4x_2 \geqslant -10 \\ 2x_1 - x_2 \leqslant 7 \\ x_1 - 3x_2 \leqslant 1 \\ x_1 \geqslant 0, x_2 \geqslant 0 \end{cases}$$

(2) $\max\ s = 3x_1 - x_2$
$$\begin{cases} 4x_1 + 2x_2 \geqslant 4 \\ 2x_1 - 3x_2 \geqslant 6 \\ 0 \leqslant x_1 \leqslant 6 \\ x_2 \geqslant 0 \end{cases}$$

(3) $\min\ s = -3x_1 - 2x_2$
$$\begin{cases} 2x_1 + 3x_2 \leqslant 14 \\ 2x_1 + x_2 \leqslant 9 \\ x_1 \geqslant 0 \\ x_2 \geqslant 0 \end{cases}$$

(4) $\min\ s = 2x_1 + 2x_2$
$$\begin{cases} -x_1 + x_2 \geqslant 1 \\ x_1 + x_2 \leqslant -2 \\ x_1 \geqslant 0 \\ x_2 \geqslant 0 \end{cases}$$

5.3 线性规划问题的标准型及单纯形解法

5.3.1 线性规划问题的标准型

线性规划问题可以有多种形式,为了便于研究一般解法,可以将线性规划问题的约束条件统一化为一个线性方程组和一组非负限制条件,并且对目标函数统一成求最小值,也就是说,任何一种形式的线性规划问题都可以变为下列形式:

$$\min\ s = c_1x_1 + c_2x_2 + c_3x_3 + \cdots + c_nx_n$$
$$\begin{cases} a_{11}x_1 + a_{12}x_2 + a_{13}x_3 + \cdots + a_{1n}x_n = b_1 \\ a_{21}x_1 + a_{22}x_2 + a_{23}x_3 + \cdots + a_{2n}x_n = b_2 \\ \qquad\qquad\qquad\vdots \\ a_{m1}x_1 + a_{m2}x_2 + a_{m3}x_3 + \cdots + a_{mn}x_n = b_m \\ x_1 \geqslant 0, x_2 \geqslant 0, x_3 \geqslant 0, \cdots, x_n \geqslant 0 \end{cases}$$

并称上述形式为线性规划问题的标准形式。

如果约束条件为不等式
$$a_{k1}x_1 + a_{k2}x_2 + a_{k3}x_3 + \cdots + a_{kn}x_n \leqslant b_k, \quad (k=1,2,\cdots,m)$$
只需增加一个变量 $x_{n+k} \geqslant 0$,则上述约束条件等价于
$$a_{k1}x_1 + a_{k2}x_2 + a_{k3}x_3 + \cdots + a_{kn}x_n + x_{n+k} = b_k, \quad (k=1,2,\cdots,m)$$
如果约束条件为不等式
$$a_{k1}x_1 + a_{k2}x_2 + a_{k3}x_3 + \cdots + a_{kn}x_n \geqslant b_k, \quad (k=1,2,\cdots,m)$$
只需增加一个变量 $x_{n+l} \geqslant 0$,则上述约束条件等价于
$$a_{k1}x_1 + a_{k2}x_2 + a_{k3}x_3 + \cdots + a_{kn}x_n - x_{n+l} = b_k, \quad (k=1,2,\cdots,m)$$
其中,增加的变量 x_{n+k} 称为松弛变量,变量 x_{n+l} 称为剩余变量。

如果目标函数 s 是求最大值,则可转化为求 $-s$ 的最小值。

【例 5.9】 将下列线性规划问题化为标准形式。
$$\max \quad s = 6x_1 + 7x_2$$
$$\begin{cases} 9x_1 + 7x_2 \leqslant 35 \\ 7x_1 + 10x_2 \leqslant 40 \\ 2x_1 + 5x_2 \leqslant 20 \\ x_1 \geqslant 0, x_2 \geqslant 0 \end{cases}$$

解:引入松弛变量 $x_3 \geqslant 0, x_4 \geqslant 0, x_5 \geqslant 0$,则原线性规划问题等价于如下标准形式的线性规划问题:
$$\min \quad -s = -6x_1 - 7x_2$$
$$\begin{cases} 9x_1 + 7x_2 + x_3 = 35 \\ 7x_1 + 10x_2 + x_4 = 40 \\ 2x_1 + 5x_2 + x_5 = 20 \\ x_i \geqslant 0, (i=1,2,3,4,5) \end{cases}$$

5.3.2 单纯形解法

在用图解法求解两个变量的线性规划问题时,可以看到,如果线性规划问题存在最优解,则其最优解一定可以在可行解域的顶点上找到。

考察线性规划问题的标准形式:
$$\min \quad s = c_1x_1 + c_2x_2 + c_3x_3 + \cdots + c_nx_n$$
$$\begin{cases} a_{11}x_1 + a_{12}x_2 + a_{13}x_3 + \cdots + a_{1n}x_n = b_1 \\ a_{21}x_1 + a_{22}x_2 + a_{23}x_3 + \cdots + a_{2n}x_n = b_2 \\ \quad\quad\quad\quad\quad\quad \vdots \\ a_{m1}x_1 + a_{m2}x_2 + a_{m3}x_3 + \cdots + a_{mn}x_n = b_m \\ x_1 \geqslant 0, x_2 \geqslant 0, x_3 \geqslant 0, \cdots, x_n \geqslant 0 \end{cases}$$

若令其中任意 $(n-m)$ 个变量为零(这些变量称为非基本变量),得到的新方程组有唯一解(解所对应的变量称为基本变量),则这个唯一解与其为零的 $(n-m)$ 个变量组成的解

称为线性规划问题的基本解,如果基本解又是可行的,则称之为基本可行解。在求解线性规划问题的最优可行解时,只需研究它的基本可行解,这时可从对应的可行解域出发,从一个顶点过渡到另一个顶点,并使目标函数值不断减小。这种寻求线性规划问题最优解的方法称为单纯形法。单纯形法是针对标准形式的线性规划问题进行演算的,它是求解线性规划问题的一般方法。

【例 5.10】 用单纯形法求解下列线性规划问题。

$$\max \quad s = 6x_1 + 7x_2$$

$$\begin{cases} 7x_1 + 5x_2 \leqslant 3500 \\ 5x_1 + 8x_2 \leqslant 4000 \\ 2x_1 + 5x_2 \leqslant 2000 \\ x_1 \geqslant 0, x_2 \geqslant 0 \end{cases}$$

解:增加非负基本变量 x_3, x_4, x_5,将上述线性规划问题化为标准形式:

$$\min \quad s^* = -s = -6x_1 - 7x_2$$

$$\begin{cases} 7x_1 + 5x_2 + x_3 = 3500 \\ 5x_1 + 8x_2 + x_4 = 4000 \\ 2x_1 + 5x_2 + x_5 = 2000 \\ x_i \geqslant 0, (i = 1, 2, 3, 4, 5) \end{cases}$$

制作初始单纯形表见表 5-5。

表 5-5

	x_1	x_2	x_3	x_4	x_5	B
x_3	7	5	1	0	0	3500
x_4	5	8	0	1	0	4000
x_5	2	[5]	0	0	1	2000
	−6	−7	0	0	0	0

易知,$x_1 = x_2 = 0, x_3 = 3500, x_4 = 4000, x_5 = 2000$ 标准线性规划问题的一组基本可行解,此时 $s^* = 0$。

表中最后一行为判别行,该行中的数为检验数,它是目标函数各变量的系数。由于 $x_i \geqslant 0, i = 1, 2, 3, 4, 5$,所以检验数为负数,若变量由零增大时,显然 s^* 的值会随之减小,因此 $s^* = 0$ 不是最小值,这个可行解不最优解。

当表中出现负检验数时,选取其中最小的一个检验数,它所在的列中各行的正数除 B 列中相应行的数,比较各商,将最小商所对应的除数用记号"□"框上,叫做转换点,上表中最小检验数为 −7,最小商为 $Q = \min\left\{\dfrac{3500}{5}, \dfrac{4000}{8}, \dfrac{2000}{5}\right\} = 400$,转换点如表 5-5 所示 [5],用行变换的方法,使转换点位置上的数化为 1,转换点所在列的其他数全部化为 0,得表 5-6。

表 5-6

	x_1	x_2	x_3	x_4	x_5	B
x_3	[5]	0	1	0	−1	1500
x_4	1.8	0	0	1	−1.6	800
x_2	0.4	1	0	0	0.2	400
	−3.2	0	0	0	1.4	2800

上述行变换的方法实质相当于对原方程组进行了同解变换，得到另一组同解方程组：

$$\begin{cases} 5x_1 + x_3 - x_5 = 1500 \\ 1.8x_1 + x_4 - 1.6x_5 = 800 \\ 0.4x_1 + x_2 + 0.2x_5 = 400 \end{cases}$$

当 $x_1 = x_5 = 0, x_3 = 1500, x_4 = 800, x_2 = 400$ 时是这个方程组的一组解，也是该线性规划问题的一组可行解。这时 $s = -s^* = -(-6x_1 - 7x_2) = -(-6 \times 0 - 7 \times 400) = 2800$，目标值 s 有所增大。但检验行中有一个数 $-3.2 < 0$，因此还没有得到最优解。按上述步骤再重复一次。此时，$Q = \min\left\{\dfrac{400}{0.4}, \dfrac{800}{1.8}, \dfrac{1500}{5}\right\} = 300$，新的转换点在表 5-6 中 [5] 处。再次进行行变换得到表 5-7。

表 5-7

	x_1	x_2	x_3	x_4	x_5	B
x_1	1	0	0.2	0	−0.2	300
x_4	0	0	−0.36	1	−1.24	260
x_2	0	1	−0.08	0	0.28	280
	0	0	0.64	0	0.76	3760

上表中最后一行的检验数均为非负，所以得到最优解：

$$x_1 = 300, \quad x_2 = 280, \quad x_3 = 0, \quad x_4 = 260, \quad x_5 = 0$$

这时目标函数值：$s = -s^* = -(-6x_1 - 7x_2) = -(-6 \times 300 - 7 \times 280) = 3760$。

一般地，用单纯形法求解线性规划问题的步骤如下：

(1) 写出线性规划问题的数学模型；
(2) 化为线性规划问题的标准形式；
(3) 检查是否存在基本可行解，如存在，列出初始单纯形表；
(4) 确定转换点，进行行变换，直至最后一行所有检验数都为非负，得到最优解。

习题 5.3

1. 将下列线性规划模型化为标准形式。

(1) $\min \quad s = 3x_1 + x_2$

$$\begin{cases} 2x_1 + 2x_2 + x_3 \leqslant 10 \\ x_1 - 2x_2 + x_3 \leqslant 8 \\ x_1 \geqslant 0, x_2 \geqslant 0, x_3 \geqslant 0 \end{cases}$$

(2) $\begin{cases} 2x_1+4x_2-x_3\leqslant 5 \\ -x_1+x_2-x_3\geqslant -1 \\ x_2-x_3=-1 \\ x_1\geqslant 0,x_2\geqslant 0,x_3\geqslant 0 \end{cases}$

max $s=3x_1+2x_2$

2. 用单纯形法求解下列线性规划问题。

min $s=x_1-2x_2+x_4$

(1) $\begin{cases} x_1+3x_3+2x_5=12 \\ x_2-2x_3+x_4=2 \\ x_2+x_3+x_5=5 \\ x_i\geqslant 0,(i=1,2,3,4,5) \end{cases}$

min $s=x_1-x_2+x_3$

(2) $\begin{cases} x_1+x_2-2x_3\leqslant 2 \\ 2x_1+x_2+x_3\leqslant 3 \\ -x_1+x_3\leqslant 4 \\ x_1\geqslant 0,x_2\geqslant 0,x_3\geqslant 0 \end{cases}$

综合练习 5

1. 某工厂生产 A_1、A_2 两种产品，已知具备的资源、消耗定额以及单位产品利润如表 5-8 所示。问：在现有资源条件下，生产 A_1、A_2 各多少才能使获得的利润最大？试建立此问题的数学模型。

表 5-8

资源 消耗定额 产品	A_1	A_2	具备的资源
B_1/kg	5	3	500
B_2/kg	300	80	2000
B_3/kg	12	4	900
单位产品利润/元	8000	3000	

2. 某工厂制造 A、B 两种产品，已知制造 A 种产品 1kg 需要劳动力 6 人，原料 4kg，用电 3kW·h；制造 B 种产品 1kg 需要劳动力 4 人，原料 7kg，用电 4kW·h。在一个生产周期内，工厂能够使用的劳动力最多有 350 人，原料最多有 400kg，电最多 200kW·h；又已知生产 1kgA、B 产品的经济效益分别为 5 元和 8 元。问在工厂现有的条件下，应如何安排生产，才能使获得的经济效益最高？试建立此问题的数学模型。

3. 某养殖厂有 10000 只鸡，用动物饲料和谷物饲料混合喂养，每天每只鸡平均吃混合饲料 0.5kg，其中动物饲料所占比例不得小于 $\frac{1}{5}$。动物饲料每千克 0.2 元，谷物饲料每千克 0.16 元。饲料公司每周只保证供应谷类饲料 21000kg。问饲料立怎样混合，才能使成本最低？试建立问题的数学模型并求解。

4. 用图解法解下列线性规划问题。

(1) min $s = x_1 + 3x_2$
$$\begin{cases} 2x_1 + x_2 \geqslant 10 \\ -x_1 + x_2 \leqslant 20 \\ x_1 - 2x_2 \leqslant 10 \\ x_1 + x_2 \leqslant 30 \\ x_1 \geqslant 0, x_2 \geqslant 0 \end{cases}$$

(2) min $s = 2x_1 - x_2$
$$\begin{cases} x_1 + x_2 \geqslant 10 \\ -10x_1 + x_2 \leqslant 10 \\ -4x_1 + x_2 \leqslant 20 \\ x_1 + 4x_2 \geqslant 20 \\ x_1 \geqslant 0, x_2 \geqslant 0 \end{cases}$$

(3) max $s = 2x_1 - 2x_2$
$$\begin{cases} -2x_1 + x_2 \leqslant 2 \\ x_1 - x_2 \leqslant 1 \\ x_1 \geqslant 0 \\ x_2 \geqslant 0 \end{cases}$$

(4) max $s = 3x_1 + x_2$
$$\begin{cases} x_1 - x_2 \leqslant -1 \\ x_1 + x_2 \leqslant -1 \\ x_1 \geqslant 0 \\ x_2 \geqslant 0 \end{cases}$$

5. 用单纯形法求解下列线性规划问题。

(1) min $s = x_1 - x_2 + x_3$
$$\begin{cases} x_1 + x_2 - 2x_3 \leqslant 2 \\ 2x_1 + x_2 + x_3 \leqslant 3 \\ -x_1 + x_3 \leqslant 4 \\ x_1, x_2, x_3 \geqslant 0 \end{cases}$$

(2) min $s = 3 - 3x_2 + x_3$
$$\begin{cases} 2x_1 + x_2 - x_3 = 1 \\ x_2 + 3x_3 + x_4 = 7 \\ x_1, x_2, x_3, x_4 \geqslant 0 \end{cases}$$

(3) min $s = 4 - x_2 + x_3$
$$\begin{cases} x_1 - 2x_2 + x_3 = 2 \\ x_2 - 2x_3 + x_4 = 2 \\ x_2 + x_3 + x_5 = 5 \\ x_1, x_2, x_3, x_4, x_5 \geqslant 0 \end{cases}$$

数学家的故事(五)

华罗庚——自学成才的数学大师

华罗庚(1910—1985),男,江苏省金坛县人。华罗庚同志是当代自学成才的科学巨匠,是蜚声中外的数学家。他是中国解析数论、典型群、矩阵几何学、自守函数论与多复变函数论等很多方面的创始人与开拓者。

华罗庚 1910 年 11 月 12 日出生于江苏省金坛县一个小商人家庭,身高 1.65 米,父亲华瑞栋,开一间小杂货铺,母亲是一位贤惠的家庭妇女。他 12 岁从县城仁劬小学毕业后,进入金坛县立初级中学学习。1925 年初中毕业后,因家境贫寒,无力进入高中学习,只好到黄炎培在上海创办的中华职业学校学习会计。不到一年,由于生活费用昂贵,被迫中途辍学,回到金坛帮助父亲料理杂货铺。

在单调的站柜台生活中,他开始自学数学。1927 年秋,和吴筱之结婚。1929 年,华罗庚受雇为金坛中学庶务员,并开始在上海《科学》等杂志上发表论文。1929 年冬天,他得了严重的伤寒症,经过近半年的治理,病虽好了,但左腿的关节却受到严重损害,落下了终身残疾,走路要借助手杖。

其实华罗庚读初中时,一度功课并不好,有时数学还考不及格。当时在金坛中学任教的华罗庚的数学老师,我国著名教育家、翻译家王维克(1900 年出生,金坛人)发现华罗庚虽贪玩,但思维敏捷,数学习题往往改了又改,解题方法十分独特别致。一次,金坛中学的老师感叹学校"差生"多,没有"人才"时,王维克道:"不见得吧,依我看,华罗庚同学就是一个人才!""华罗庚?"一位老师笑道:"你看看他那像蟹爬的字吧,他能算个'人才'吗?"王维克有些激动地说:"当然,他成为大书法家的希望很小,可他在数学上的才能你怎么能从他的字上看出来呢?要知道金子被埋在沙里的时候,粗看起来和沙子并没有什么两样,我们当教书匠的一双眼睛,最需要有沙里淘金的本领,否则就会埋没人才啊!"

1930 年春,他的论文《苏家驹之代数的五次方程式解法不能成立的理由》在上海《科学》杂志上发表。当时在清华大学数学系担任系主任的熊庆来教授看到后,即多方打听并推荐他到清华大学数学系当图书馆助理员。1931 年秋冬之交,华罗庚进了清华园。

华罗庚在清华大学一面工作一面学习。他用了两年的时间走完了一般人需要八年才能走完的道路,1933 年被破格提升为助教,1935 年成为讲师。1936 年,他经清华大学推荐,派往英国剑桥大学留学。他在剑桥的两年中,把全部精力用于研究数学理论中的难题,不愿为申请学位浪费时间。他的研究成果引起了国际数学界的注意。1938 年回国,受聘为西南联合大学教授。从 1939 年到 1941 年,他在极端困难的条件下,写了 20 多篇论文,完成了他的第一部数学专著《堆垒素论》。在闻一多先生的影响下,他还积极参加当时如火如荼的抗日民主爱国运动之中。《堆垒素论》后来成为数学经典名著,1947 年在苏联出版,又先后在各国被翻译出版了德文、英文、匈牙利和中文版。

1946 年 2 月至 5 月,他应邀赴苏联访问。1946 年,当时的国民政府也想搞原子弹,于是选派华罗庚、吴大猷、曾昭抡三位大名鼎鼎的科学家赴美考察。9月和李政道,朱光亚等离开上海前往美国,先在普林斯顿高等研究所担任访问教授,后又被伊利诺大学聘为终身教授。

1949年新中国成立,华罗庚感到无比兴奋,决心偕家人回国。他们一家五人乘船离开美国,1950年2月到达香港。他在香港发表了一封致留美学生的公开信,信中充满了爱国激情,鼓励海外学子回来为新中国服务。3月11日新华社播发了这封信。1950年3月16日,华罗庚和夫人、孩子乘火车抵达北京。

华罗庚回到了清华园,担任清华大学数学系主任。接着,他受中国科学院院长郭沫若的邀请开始筹建数学研究所。1952年7月,数学所成立,他担任所长。他潜心为新中国培养数学人才,王元、陆启铿、龚升、陈景润、万哲先等在他的培养下成为著名的数学家。

回国后短短的几年中,他在数学领域里的研究硕果累累。他写成的论文《典型域上的多元复变函数论》于1957年1月获国家发明一等奖,并先后出版了中、俄、英文版专著;1957年出版《数论导引》;1959年莱比锡首先用德文出版了《指数和的估计及其在数论中的应用》,又先后出版了俄文版和中文版;1963年他和他的学生万哲先合写的《典型群》一书出版。他为培养青少年学习数学的热情,在北京发起了中学生数学竞赛活动,从出题、监考、阅卷,都亲自参加,并多次到外地去推广这一活动。他还写了一系列数学通俗读物,在青少年中影响极大。他主张在科学研究中要培养学术空气,开展学术讨论。他发起创建了我国计算机技术研究所,也是我国最早主张研制电子计算机的科学家之一。

华罗庚以高度的爱国热情参加新中国的各项社会活动。1953年,他参加中国科学家代表团赴苏联访问。他作为中国数学家代表,出席了在匈牙利召开的"二战"后首次世界数学家代表大会。他还出席了亚太和平会议、世界和平理事会。1958年他和郭沫若一起率中国代表团出席在新德里召开的"在科学、技术和工程问题上协调"的会议。

1958年,华罗庚被任命为中国科技大学副校长兼应用数学系主任。在继续从事数学理论研究的同时,他努力尝试寻找一条数学和工农业实践相结合的道路。经过一段实践,他发现数学中的统筹法和优选法是在工农业生产中能够比较普遍应用的方法,可以提高工作效率,改变工作管理面貌。于是,他一面在科技大学讲课,一面带领学生到工农业实践中去推广优选法、统筹法。1964年年初,他给毛主席写信,表达要走与工农相结合道路的决心。同年3月18日,毛主席亲笔回函:"诗和信已经收读。壮志凌云,可喜可贺。"他写成了《统筹方法平话及补充》《优选法平话及其补充》,亲自带领中国科技大学师生到一线企业工厂推广和应用"双法",为工农业生产服务。"夏去江汉斗酷暑,冬往松辽傲冰霜",这就是他当时的生活写照。1965年毛主席再次写信给他,祝贺和勉励他"奋发有为,不为个人而为人民服务"。

1978年3月,他被任命为中国科学院副院长。他多年的研究成果《从单位圆谈起》、《数论在近似分析中的应用》(与王元合作)、《优选学》等专著也相继正式出版了。1979年5月,他在和世界隔绝了10多年以后,到西欧做了七个月的访问,以"下棋找高手,弄斧到班门"的心愿,把自己的数学研究成果介绍给国际同行。

1983年10月,他应美国加州理工学院邀请,赴美做为期一年的讲学活动。在美期间,他赴意大利里亚利特市出席第三世界科学院成立大会,并被选为院士;1984年4月,他在华盛顿出席了美国科学院授予他外籍院士的仪式,他是第一位获此殊荣的中国人。

1985年4月,他在全国政协六届三次会议上,被选为全国政协副主席。

华罗庚担任的社会工作很多。他是第一至第六届全国人大常委会委员;他于1952年9月加入民盟,1979年当选为民盟中央副主席。他1958年就提出了加入中国共产党的请求,1979年6月被批准加入中国共产党,在答邓颖超同志的勉励时他表示:"横刀哪顾头颅白,跃进紧傍青壮人,不负党员名。"

1985年6月3日,他应日本亚洲文化交流协会邀请赴日本访问。6月12日下午4时,他在东京大学数理学部讲演厅向日本数学界做讲演,讲题是《理论数学及其应用》。下午5时15分讲演结束,他在接受献花的那一刹那,身体突然往后一仰,倒在讲坛上,晚10时9分宣布他因患急性心肌梗塞逝世。

华罗庚一生在数学上的成就是巨大的,他的数论、矩阵几何学、典型群、自守函数论、多个复变函数论、偏微分方程及高维数值积分等很多领域都做出了卓越的贡献。他之所以有这样大的成就,主要在于他有一颗赤诚的爱国报国之心和坚忍不拔的创新精神。正因为如此,他才能够毅然放弃美国终身教授的优厚待遇,迎接祖国的黎明;他才能够顶住非议和打击,奋发有为,不为个人而为人民服务,成为蜚声中外的杰出科学家。

华罗庚的妙联:

1953年,科学院组织出国考察团,由著名科学家钱三强任团长。团员有华罗庚、张钰哲、赵九章、朱洗等许多人。途中闲暇无事,华老题出上联一则:"三强韩、赵、魏,"求对下联。

在"对例"中,这是属于难对的一类。远在北宋时期,有人以"三光日月星"的上联求对,那时大文学家苏东坡以"四诗风雅颂"而解决了这个疑难。到了清代,有人赠送著名书画家郑板桥对联一副,打开一看只有上联,写的是"三绝诗书画"几字,以此来刻画郑板桥的贡献,是再贴切也没有了,但下联确颇难对。后来郑板桥友人以"一官归去来"的下联而解决了这个难题。这里的"一官"有"归去来"的三重性,这就既解决了数字联的困难,又引用了陶渊明的《归去来辞》的典故,而推崇了郑氏与诗书画偕隐的突出性格,板桥友人的对法比苏东坡又前进了一步。

但是华老提出的上联却又有了新的发展。这里的"三强"说明是战国时期韩、赵、魏三个战国,却又隐语着代表团团长钱三强同志的名字,这就不仅要解决数字联的传统困难,而且要求在下联中嵌入另一位科学家的名字。隔了一会儿,华老见大家还无下联,便将自己的下联揭出:九章勾、股、弦。《九章》是我国古代著名的数学著作。可是,这里的"九章"又恰好是代表团另一位成员、大气物理学家赵九章的名字。华老的妙对使满座为之敬佩,因为又开辟了数字联的新的"对例"。

1980年华罗庚教授在苏州指导统筹法和优选法时写过以下对联:

  观棋不语非君子,互相帮助;

  举手有悔大丈夫,纠正错误。

附录 A 生活中的常见数学

一、个人所得税率

我国税法规定:"在中国境内有住所的个人,或者无住所而在中国境内居住满 1 年的个人,应当就其从中国境内、境外取得的全部所得纳税。在中国境内无住所又不居住,或者无住所而在中国境内居住不满 1 年的个人,应当就其从中国境内取得的所得纳税。"此税种就称为个人所得税。

依法纳税是每个公民的义务,充分了解个人所得税的内涵与计算方法是大学生参与社会经济活动的必备知识。个人所得税征收范围请读者上网查询,下面仅探讨个人所得税率及其相应税值计算问题。

我国的个人所得税率采用的是超额累进税率,2011 年 9 月 1 日起调整后的 7 级超额累进个人所得税免缴基数为 3500 元人民币,税率表如下:

级别	全月应纳税所得额	税率/%
1	不超过 1500 元	3
2	超过 1500 元至 4500 元的部分	10
3	超过 4500 元至 9000 元的部分	20
4	超过 9000 元至 35000 元的部分	25
5	超过 35000 元至 55000 元的部分	30
6	超过 55000 元至 80000 元的部分	40
7	超过 80000 元的部分	45

根据国家相关规定,统称为"五险一金"("五险"指的是五种保险,包括养老保险、医疗保险、失业保险、工伤保险和生育保险;"一金"指的是住房公积金。其中养老保险、医疗保险和失业保险,这三种险和住房公积金是由企业和个人共同缴纳的保费,工伤保险和生育保险完全是由企业承担的,个人不需要缴纳。"五险"就相当于一份保险,而"一金"是你可以以低于商业银行贷款的利率去用公积金买房。所以五险一金很重要的),可在税前扣除,即此部分收入不用缴纳个人所得税。

根据列表数据,我们可以得出个人所得税计算公式。

设某人月税前工资收入为 x 元,需缴五险一金为 a 元。

(1) 当 $x-a \leqslant 3500$ 元,则应纳税率为 0%,应纳税额为 $(x-a) \times 0\% = 0$。

税后实得收入 $= x-a$

(2) 当 $3500 < x-a \leqslant 5000$ 元,则应纳税率为 3%,应纳税额为 $(x-a-3500) \times 3\%$。

税后实得收入 $= x-a-(x-a-3500) \times 3\%$

(3) 当 $5000 < x-a \leqslant 8000$ 元,则应纳税率分段为 3%,10%,应纳税额为
$1500 \times 3\% + (x-a-5000) \times 10\% = (x-a-5000) \times 10\% + 45$

税后实得收入 $= x-a-[(x-a-5000) \times 10\% + 45]$

(4) 当 $8000 < x-a \leqslant 12500$ 元,则应纳税率分段为 $3\%,10\%,20\%$,应纳税额为
$1500 \times 3\% + 3000 \times 10\% + (x-a-8000) \times 20\% = (x-a-8000) \times 20\% + 345$

税后实得收入 $= x-a-[(x-a-8000) \times 20\% + 345]$

(5) 当 $12500 < x-a \leqslant 38500$ 元,则应纳税率分段为 $3\%,10\%,20\%,25\%$,应纳税额为

$1500 \times 3\% + 3000 \times 10\% + 4500 \times 20\% + (x-a-12500) \times 25\%$
$= (x-a-12500) \times 25\% + 1245$

税后实得收入 $= x-a-[(x-a-12500) \times 25\% + 1245]$

(6) 当 $38500 < x-a \leqslant 58500$ 元,则应纳税率分段为 $3\%,10\%,20\%,25\%,30\%$,应纳税额为

$1500 \times 3\% + 3000 \times 10\% + 4500 \times 20\% + 26000 \times 25\% + (x-a-38500) \times 30\%$
$= (x-a-38500) \times 30\% + 7745$

税后实得收入 $= x-a-[(x-a-38500) \times 30\% + 7745]$

(7) 当 $58500 < x-a \leqslant 83500$ 元,则应纳税率分段为 $3\%,10\%,20\%,25\%,30\%,40\%$,应纳税额为

$1500 \times 3\% + 3000 \times 10\% + 4500 \times 20\% + 26000 \times 25\% + 20000 \times 30\% + (x-a-58500) \times 40\% = (x-a-58500) \times 40\% + 13745$

税后实得收入 $= x-a-[(x-a-58500) \times 40\% + 13745]$

(8) 当 $x-a \geqslant 83500$ 元,则应纳税率分段为 $3\%,10\%,20\%,25\%,30\%,40\%,45\%$,应纳税额为

$1500 \times 3\% + 3000 \times 10\% + 4500 \times 20\% + 26000 \times 25\% + 20000 \times 30\% + 25000 \times 40\% + (x-a-83500) \times 45\% = (x-a-83500) \times 45\% + 23745$

税后实得收入 $= x-a-[(x-a-83500) \times 45\% + 23745]$

例 假设你应聘公司给你开出的月薪为 6850 元,你需扣除的三险一金为 660 元,问你每月实际可得税后收入为多少?

解: ∵ $6850-660=6190, 5000<6190<8000$

∴ 应纳税额 $=(x-a-5000) \times 10\% + 45$
$=(6850-660-5000) \times 10\% + 45 = 119+45 = 164$(元)

实际收入 = 税前月薪 − 三险一金 − 个人所得税
$6850-660-164=6026$(元)

现行税率计算有些复杂,财务人员根据这个税率研发了一种"速算扣除数"法,大大减少了财务、税务人员的计算量。

速算扣除数是指采用超额累进税率计税时,简化计算应纳税额的一个数据。速算扣除数实际上是在级距和税率不变条件下,全额累进税率的应纳税额比超额累进税率的应纳税额多纳的一个常数。故此,在超额累进税率条件下,用全额累进的计税方法,只要减掉这个常数,就等于用超额累进方法计算的应纳税额,简称速算扣除数。

它的工资个税的计算公式为:

应纳税额 = (工资薪金所得 − "五险一金" − 扣除数) × 适用税率 − 速算扣除数

扣除数标准 3500 元/月(2011 年 9 月 1 日起正式执行)(工资、薪金所得适用)。

级数	全月应纳税所得额(含税级距)	税率/%	速算扣除数
1	不超过 1500 元	3	0
2	超过 1500 元至 4500 元的部分	10	105
3	超过 4500 元至 9000 元的部分	20	555
4	超过 9000 元至 35000 元的部分	25	1005
5	超过 35000 元至 55000 元的部分	30	2755
6	超过 55000 元至 80000 元的部分	35	5505
7	超过 80000 元的部分	45	13505

例如：

① 如果某人的工资收入为 5000 元，他应纳个人所得税为：
$$(5000-3500)\times 3\%-0=45(元)$$

② 某员工 10 月份工资为 16000 元，个人缴纳的五险一金金额为 3680 元。

应纳税所得额 $=16000-3680-3500=8820$(元)(属于第 3 挡 $4500\sim 9000$ 元部分)；

应缴个人所得税 $=8820\times 20\%-555=1209$(元)。

二、媒体上常见的 GDP，GNP，PMI，CPI，PPI

1. GDP

GDP 即英文 Gross Domestic Product 的缩写，也就是国内生产总值。通常对 GDP 的定义为：一定时期内(一个季度或一年)，一个国家或地区的经济中所生产出的全部最终产品和提供劳务的市场价值的总值。

在经济学中，常用 GDP 和 GNP(国民生产总值，Gross National Product)共同来衡量该国或地区的经济发展综合水平通用的指标。这也是目前各个国家和地区常采用的衡量手段。

GDP 是宏观经济中最受关注的经济统计数字，因为它被认为是衡量国民经济发展情况最重要的一个指标。一般来说，国内生产总值有三种形态，即价值形态、收入形态和产品形态。从价值形态看，它是所有常驻单位在一定时期内生产的全部货物和服务价值与同期投入的全部非固定资产货物和服务价值的差额，即所有常驻单位的增加值之和；从收入形态看，它是所有常驻单位在一定时期内直接创造的收入之和；从产品形态看，它是货物和服务最终使用减去货物和服务进口。GDP 反映的是国民经济各部门的增加值的总额。

2. GNP

GNP 是指一个国家(或地区)所有国民在一定时期内新生产的产品和服务价值的总和。GNP 是按国民原则核算的，只要是本国(或地区)居民，无论是否在本国境内(或地区内)居住，其生产和经营活动新创造的增加值都应该计算在内。比方说，我国的居民通过劳务输出在境外所获得的收入就应该计算在 GNP 中。

GNP 与 GDP 的关系是：GNP 等于 GDP 加上本国投在国外的资本和劳务的收入再减去外国投在本国的资本和劳务的收入。以 2001 年为例，当年我国 GDP 为 95933 亿元，GNP 为 94346 亿元，两者差额为 1587 亿元，也就是说 2001 年，外商来华投资和来华打工新增加的价值之和比中国人在国外投资和劳务输出新增的价值之和多 1587 亿元。

从 1985 年起，我国经国务院批准建立了国民经济核算体系，正式采用 GDP 对国民经济运行结果进行核算。目前，我们采用的是联合国 1993 年国民经济核算体系（SNA）方法，并采取国家统计局统一制定的方法制度，各级政府统计局分别核算其国内生产总值的分级核算方法。现在讲经济总量一般用的是 GDP 指标。

3. PMI

PMI 即采购经理指数（Purchase Management Index），英文缩写为 PMI。PMI 是一套月度发布的、综合性的经济监测指标体系，分为制造业 PMI、服务业 PMI，也有一些国家建立了建筑业 PMI。目前，全球已有 20 多个国家建立了 PMI 体系，世界制造业和服务业 PMI 已经建立。PMI 是通过对采购经理的月度调查汇总出来的指数，反映了经济的变化趋势。

PMI 有五大特点：

① 具有及时性与先导性。由于采取快速、简便的调查方法，在时间上大大早于其他官方数据。

② 具有综合性与指导性。PMI 是一个综合的指数体系，涵盖了经济活动的多个方面，其综合指数反映了经济总体情况和总的变化趋势，而各项指标又反映了企业供应与采购活动的各个侧面。

③ 真实性与可靠性。PMI 问卷调查直接针对采购与供应经理，取得的原始数据不做任何修改，经过汇总并采用科学方法统计、计算，保证了数据来源的真实性。

④ 科学性、合理性。根据各行业对 GDP 的贡献率确定每个行业的样本比重，并考虑地域分布和企业不同的类型来确定抽样样本。

⑤ 简单、易行。PMI 计算出来之后，可以与上月进行比较。如果 PMI 大于 50%，表示经济上升，反之则趋向下降。一般来说，汇总后的制造业综合指数高于 50%，表示整个制造业经济在增长，低于 50% 表示制造业经济下降。

PMI 指数体系无论对于政府部门、金融机构、投资公司，还是企业来说，在经济预测和商业分析方面都有重要的意义。

首先，是政府部门调控、金融机构与投资公司决策的重要依据。它是一个先行的指标。根据美国专家的分析，PMI 指数与 GDP 具有高度相关性，且其转折点往往领先于 GDP 几个月。在过去 40 多年里，美国制造业 PMI 的峰值可领先商业高潮六个月以上，领先商业低潮也有数月。另外可以用它来分析产业信息。可以根据产业与 GDP 的关系，分析各产业发展趋势及其变化。

其次，企业应用 PMI 可及时判断行业供应及整体走势，从而更好地进行决策。企业可利用 PMI 评估当前或未来经济走势，判断其对企业目标实现的潜在影响。同时，企业也可根据整体经济状况对市场的影响，从而确定采购与价格策略。

中国采购经理指数是由国家统计局和中国物流与采购联合会共同合作完成的，是快速及时反映市场动态的先行指标，它包括制造业和非制造业采购经理指数，与 GDP 一同构成我国宏观经济的指标体系。目前，采购经理指数调查已列入国家统计局的正式调查制度。

中国制造业采购经理指数体系共包括 11 个指数：新订单、生产、就业、供应商配送、存货、新出口订单、采购、产成品库存、购进价格、进口、积压订单。制造业采购经理指数是一个综合指数,计算方法全球统一。如制造业 PMI 指数在 50% 以上,反映制造业经济总体扩张;低于 50%,则通常反映制造业经济总体衰退。

4. CPI

在经济学上,称零售价指数,亦称居民消费价格指数(Consumer Price Index,CPI)是考察城市工薪居民购买的特定系列商品价格平均值的一个统计指标。它是衡量通货膨胀的主要指标之一。CPI 是一个固定的数量价格指数并且无法反映商品质量的改进或者下降,对新产品也不加考虑。

CPI 是反映与居民生活有关的产品及劳务价格统计出来的物价变动指标,如果消费者物价指数升幅过大,表明通胀已经成为经济不稳定因素,央行会有紧缩货币政策和财政政策的风险,从而造成经济前景不明朗。因此,该指数过高升幅往往不被市场欢迎。

例如,在过去 12 个月,消费者物价指数上升 2.3%,那表示,生活成本比 12 个月前平均上升 2.3%。当生活成本提高,你的金钱价值便随之下降。也就是说,一年前收到的一张 100 元纸币,今日只可以买到价值 97.70 元的货品及服务。一般来说当 CPI>3% 的增幅时我们称为通货膨胀;而当 CPI>5% 的增幅时,我们称为严重通货膨胀。

5. PPI

生产者物价指数(Producer Price Indexes,PPI):设置生产者物价指数主要的目的在衡量各种商品在不同的生产阶段的价格变化情形。一般而言,商品的生产分为三个阶段:①完成阶段,即商品至此不再做任何加工手续;②中间阶段,即商品尚需做进一步的加工;③原始阶段,即商品尚未做任何的加工。

PPI 是衡量工业企业产品出厂价格变动趋势和变动程度的指数,是反映某一时期生产领域价格变动情况的重要经济指标,也是制定有关经济政策和国民经济核算的重要依据。目前,我国 PPI 的调查产品有 4000 多种(含规格品 9500 多种),覆盖全部 39 个工业行业大类,涉及调查种类 186 个。

根据价格传导规律,PPI 对 CPI 有一定的影响。PPI 反映生产环节价格水平,CPI 反映消费环节的价格水平。整体价格水平的波动一般首先出现在生产领域,然后通过产业链向下游产业扩散,最后波及消费品。产业链可以分为两条:一条是以工业品为原材料的生产,存在原材料→生产资料→生活资料的传导;另一条是以农产品为原料的生产,存在农业生产资料→农产品→食品的传导。在中国,就以上两个传导路径来看,目前第二条,即农产品向食品的传导较为充分,2006 年以来粮价上涨是拉动 CPI 上涨的主要因素。但第一条,即工业品向 CPI 的传导基本是失效的。

由于 CPI 不仅包括消费品价格,还包括服务价格,CPI 与 PPI 在统计口径上并非严格的对应关系,因此 CPI 与 PPI 的变化出现不一致的情况是有可能的。CPI 与 PPI 持续处于背离状态,这不符合价格传导规律。

在不同市场条件下,工业品价格向最终消费价格传导有两种可能情形:一是在卖方市场条件下,成本上涨引起的工业品价格(如电力、水、煤炭等能源、原材料)上涨最终会顺利传导到消费品价格上;二是在买方市场条件下,由于供大于求,工业品价格很难传递到消费品价格上,企业需要通过压缩利润对上涨的成本予以消化,其结果表现为中下游产品价格稳定,甚至可能继续走低,企业盈利减少。对于部分难以消化成本上涨的企业,可能会面临破产。可以顺利完成传导的工业品价格(主要是电力、煤炭、水等能源原材料)目前主要属于政府调价范围。在上游产品价格（PPI）持续走高的情况下，企业无法顺利把上游成本转嫁出去，使最终消费品价格（CPI）提高，最终会导致企业利润的减少。

三、PM2.5

PM2.5指的是空气动力学当量直径小于或等于2.5微米的颗粒物（可悬浮于空气中的固态和液态的微粒）。富含大量的有毒、有害物质且在大气中的停留时间长、输送距离远，因而对人体健康和大气环境质量的影响更大。PM2.5反映颗粒物它的直径还不到人类头发丝的1/20。PM2.5也是雾霾天气形成的主要原因。

专业地说，PM2.5指的是空气中的细颗粒物，又称细粒、细颗粒。细颗粒物指环境空气中空气动力学当量直径小于等于2.5微米的颗粒物。它能较长时间悬浮于空气中，其在空气中含量浓度越高，就代表空气污染越严重。

虽然PM2.5只是地球大气成分中含量很少的组分，但它对空气质量和能见度等有重要的影响。与较粗的大气颗粒物相比，PM2.5粒径小，面积大，活性强，易附带有毒、有害物质（如重金属、微生物等），且在大气中的停留时间长、输送距离远，因而对人体健康和大气环境质量的影响更大。

通俗地说，PM2.5就是指细颗粒物，简单理解就是空气中的固体小颗粒。在物理学中提起的汽车排放的烟雾，就是由固体小颗粒组成的。

细颗粒物的标准，是由美国在1997年提出的，主要是为了更有效地监测随着工业化日益发达而出现的、在旧标准中被忽略的对人体有害的细小颗粒物。细颗粒物指数已经成为一个重要的测控空气污染程度的指数。

在天气预报或者天气APP应用中，我们经常会听到或者PM2.5指数一词，那么PM2.5指数是什么意思？其实很简单，PM2.5指数代表的就是空气等级、质量级别。

根据PM2.5检测网的空气质量新标准，24小时平均值标准值分布如下：

空气质量等级	24小时PM2.5平均值标准值/($\mu g/m^3$)
优	0～35
良	35～75
轻度污染	75～115
中度污染	115～150
重度污染	150～250
严重污染	大于250

世界卫生组织（WHO）2005年《空气质量准则》

项目	年均值/($\mu g/m^3$)	日均值/($\mu g/m^3$)
准则值	10	25
过渡目标1	35	75
过渡目标2	25	50
过渡目标3	15	37.5

中国拟于2016年实施《空气质量准则》

项目	年均值/($\mu g/m^3$)	日均值/($\mu g/m^3$)
准则值	35	75

世界卫生组织PM2.5标准：世界卫生组织（WHO）认为，PM2.5小于10是安全值，而中国的很多地区全部高于50接近80，世界卫生组织为各国提出了非常严格的PM2.5标准，全球大部分城市都未能达到该标准。针对发展中国家，世界卫生组织也制定了三个不同阶段的准则值，其中第一阶段为最宽的限值，新标准的PM2.5与该限值统一，而PM10此前的标准宽于第一阶段目标值，新标准也将其提高，和世界卫生组织的第一阶段限值一致。

我国PM2.5标准采用世界卫生组织设定最宽限值：PM2.5年和24小时平均浓度限值分别定为$35\mu g/m^3$和$75\mu g/m^3$。

PM2.5的危害：PM2.5主要对人的呼吸系统和心血管系统造成伤害，包括呼吸道受刺激、咳嗽、呼吸困难、降低肺功能、加重哮喘、导致慢性支气管炎、心律失常、非致命性的心脏病、心肺病患者的过早死。人体的生理结构决定了对PM2.5没有任何过滤、阻拦能力，因此，小孩、孕妇、老人以及心肺疾病患者，是PM2.5污染的敏感人群。

关于PM2.5指的是什么以及PM2.5指数是什么意思，相信大家基本都已经了解了，我们只需要连接PM2.5指数是衡量空气质量、污染程度的一个标准，尽量避免在PM2.5过高的情况下，在户外进行高强度锻炼。

四、恩格尔系数

恩格尔系数是德国统计学家恩思特·恩格尔阐明的一个定律：就是随着家庭和个人收入增加，收入中用于食品方面的支出比例将逐渐减小，这一定律被称为恩格尔定律，反映这一定律的系数被称为恩格尔系数。即食品支出总额占消费支出总额比率。

恩格尔定律主要表述的是食品支出占总消费支出的比例随收入变化而变化的一定趋势。揭示了居民收入和食品支出之间的相关关系，用食品支出占消费总支出的比例来说明经济发展、收入增加对生活消费的影响程度。一个国家、地区或家庭生活越贫困，恩格尔系数就越大；反之，生活越富裕，恩格尔系数就越小。

恩格尔系数是表示生活水平高低的一个指标，计算公式为：

恩格尔系数＝食物支出金额÷总收入金额（或总支出金额）×100%

联合国根据恩格尔系数的大小，给出划分一个国家生活水平的标准：

平均家庭恩格尔系数大于60%为贫穷；

50%～60%为温饱；

40%～50%为小康；

30%～40%属于相对富裕；

20%～30%为富裕；

20%以下为极其富裕。

20世纪90年代，恩格尔系数在20%以下的只有美国，达到16%；欧洲、日本、加拿大一般在20%～30%，是富裕状态。

我国1978年的恩格尔系数为60%，属于贫困国家。改革开放以后，我国的恩格尔系数不断下降，2003年下降到40%，已经达到小康状态。2008年为37.11%，进入相对富裕状态。

例 假设你每月食物消费标准为1200元，你希望进入相对富裕阶层，问你的月收入应在什么范围？若你希望进入极其富裕阶层呢？

解：（1）∵ 相对富裕恩格尔系数为 30%～40%

∴ 最低月收入 = 食物支出金额 ÷ 恩格尔系数
= 1200 ÷ 40% = 3000（元）

最高月收入 = 1200 ÷ 30% = 4000（元）

你的月收入应在 3000～4000 元之间。

（2）极其富裕恩格尔系数为小于 20%

最低月收入 = 1200 ÷ 20% = 6000（元）

你的月收入应在 6000 元以上。

现代社会除食物支出，还有房屋、交通、医疗、教育、日用必需品等支出，恩格尔系数虽尚有不足，但经济界普遍认为其极具参考价值。

五、基尼系数

基尼系数（Gini Coefficient）是意大利经济学家基尼（Corrado Gini，1884—1965）于 1922 年提出的，定量测定收入分配差异程度。

其经济含义是：在全部居民收入中，用于进行不平均分配的那部分收入占总收入的百分比。基尼系数最大为"1"，最小等于"0"。前者表示居民之间的收入分配绝对不平均，即 100% 的收入被一个单位的人全部占有了；而后者则表示居民之间的收入分配绝对平均，即人与人之间收入完全平等，没有任何差异。但这两种情况只是在理论上的绝对化形式，在实际生活中一般不会出现。因此，基尼系数的实际数值只能介于 0～1 之间。

目前，国际上用来分析和反映居民收入分配差距的方法和指标很多。基尼系数由于给出了反映居民之间贫富差异程度的数量界线，可以较客观、直观地反映和监测居民之间的贫富差距，预报、预警和防止居民之间出现贫富两极分化，因此得到世界各国的广泛认同和普遍采用。

基尼系数的计算。设实际收入分配曲线和收入分配绝对平等曲线之间的面积为 A，实际收入分配曲线右下方的面积为 B，并以 A 除以 $(A+B)$ 的商表示不平等程度。这个数值被称为基尼系数或称洛伦茨系数。如果 A 为零，基尼系数为零，表示收入分配完全平等；如果 B 为零则系数为 1，收入分配绝对不平等。收入分配越是趋向平等，洛伦茨曲线的弧度越小，基尼系数也越小，反之，收入分配越是趋向不平等，洛伦茨曲线的弧度越大，那么基尼系数也越大。

近年来，国内不少学者对基尼系数的具体计算方法做了探索，提出了十多个不同的计算公式。山西农业大学经贸学院张建华先生提出了一个简便易用的公式：假定一定数量的人口按收入由低到高顺序排队，分为人数相等的 n 组，从第 1 组到第 i 组人口累计收入占全部人口总收入的比重为 W_i，则

$$G = 1 - \frac{1}{n}\left(2\sum_{i=1}^{n-1} W_i + 1\right)$$

说明：该公式是利用定积分的定义将对洛伦茨曲线的积分（面积 B）分成 n 个等高梯形的面积之和得到的。

基尼系数，按照联合国有关组织规定：

若低于 0.2 表示收入绝对平均；

0.2～0.3 表示比较平均；

0.3~0.4 表示相对合理；

0.4~0.5 表示收入差距较大；

0.5 以上表示收入差距悬殊。

经济学家们通常用基尼指数来表现一个国家和地区的财富分配状况。这个指数在 0 和 1 之间，数值越低，表明财富在社会成员之间的分配越均匀；反之亦然。

通常把 0.4 作为收入分配差距的"警戒线"，根据黄金分割律，其准确值应为 0.382。一般发达国家的基尼指数在 0.24~0.36 之间，美国偏高，为 0.4。中国大陆基尼系数 2010 年超过 0.5，贫富差距较大。

此外洛伦茨曲线讲的是市场总发货值的百分比与市场中由小到大厂商的累积百分比之间的关系。洛伦茨曲线的弧度越小，基尼系数也越小。

六、住房容积率

所谓"容积率"，是指一个小区的总建筑面积与用地面积的比率。对于发展商来说，容积率决定地价成本在房屋中占的比例，而对于住户来说，容积率直接涉及居住的舒适度。绿地率也是如此。绿地率较高，容积率较低，建筑密度一般也就较低，发展商可用于回收资金的面积就越少，而住户就越舒服。这两个比率决定了这个项目是从人的居住需求角度，还是从纯粹赚钱的角度来设计一个社区。

房地产项目规划建设用地范围内全部建筑面积（或者说总建筑面积，包括计算面积的附属建筑物）与规划建设用地面积（总的用地面积）之比，计算公式为：

总建筑面积÷总用地面积×100%

当建筑物层高超过 8m，在计算容积率时该层建筑面积加倍计算。

例如：总用地面积 $10000m^2$，总建筑面积 $18000m^2$，则建筑容积率就是 1.8。

说到底，就是小区里户数、人数和小区面积的关系，当然户数越少、人越少，面积越大越舒服了。

那容积率多少合适呢？

住宅容积率一般在土地拍卖时就已确定，只有什么产品适合什么容积率的问题，下面提供各类建筑分别对应的容积率数值供大家参考。

(1) 容积率低于 0.3，这是非常高档的独栋别墅项目。

(2) 容积率 0.3~0.5，一般独栋别墅项目，环境还可以，但感觉有点密了。如果穿插部分双拼别墅、联排别墅，就可以解决这个问题了。

(3) 容积率 0.5~0.8，一般的双拼、联排别墅，如果组合 3~4 层，局部 5 层的楼中楼，这个项目的品位就相当高了。

(4) 容积率 0.8~1.2，全部是多层的话，那么环境绝对可以堪称一流。如果其中夹杂低层甚至联排别墅，那么环境相比而言只能算是一般了。

(5) 容积率 1.2~1.5，正常的多层项目，环境一般。如果是多层与小高层的组合，环境会是一大卖点。

(6) 容积率 1.5~2.0，正常的多层＋小高层项目。

(7) 容积率 2.0~2.5，正常的小高层项目。

(8) 容积率 2.5~3.0，小高层＋二类高层项目（18 层以内）。此时如果做全小高层，环境会很差。

(9) 容积率 3.0~6.0,高层项目(楼高 100m 以内)。

(10) 容积率 6.0 以上,摩天大楼项目。

对于发展商来说,容积率决定地价成本在房屋中占的比例,而对于住户来说,容积率直接涉及居住的舒适,容积率越低,同一片土地上的建筑物就越少,舒适度也越高。一般来说,一个良好的居住小区,高层住宅容积率应不超过 5,多层住宅应不超过 3,绿地率应不低于 30%。但由于受土地成本的限制,并不是所有项目都能做得到。

七、单利和复利

很多人都对银行的计息是单利还是复利,不清楚究竟是怎么一回事。银行的答案是:在单个存期内是单利计算,多个存期间是复利计算。看了下面的详细解说,你一定会很清楚明白的。

打个比方,2005 年 2 月 28 日存三年定期,设自动转存,2011 年 2 月 28 日取。

2005-2008 年是第一个存期(三年),按单利计算利息。

2008-2011 年是第二个存期(三年),按单利计算利息。

两个存期间是复利计算,但这也不是严格的复利,只是说,第二个存期是以第一个存期到期后(2008 年 2 月 28 日)的本息合计当作第二存期的本金,进行利息计算,也就是说是第一个存期的利息起到了复利的作用。

就相当于假设一个人存一个两年的定期,第一年把本和利取出来,再重新存进去一样(人为制造复利)。

现在,让我们看一下目前银行的存款利率情况(假设利率):

一年期——4.14%

两年期——4.68%

三年期——5.40%

五年期——5.85%

假设,我手中有 100 元人民币,(1)存一个两年的定期后,本利和是 100+4.68+4.68=109.36(元)。(2)按上面的人为复利再做一次,得到的本利和是

$$100 \times (1+4.14\%) \times (1+4.14\%) = 108.4514(元)。$$

大家也可以算一下,存一个六年的定期与存一个三年的定期,再自动转存,六年后取。比较一下:

(1) $100+5.85 \times 6=135.1$(定期六年);

(2) $100 \times (1+5.4\% \times 3) \times (1+5.4\% \times 3) = 135.0244$(定期三年,自动转存三年)。

由此可见,银行的单利或者人为的复利两种方式所得的结果相差无几,说白了,银行存款的利息就是单利。

下面我们来看看真正的"复利率"和"单利率"的区别。

假设你有 100 元钱准备拿到银行存定期,为了高利息,存三年期,假设当前三年定期利率 5%,有以下两种不同结果如下。

单利率:

$100 \times (1+5\% \times 3) = 115$(元)

复利率:

第一年：$100 \times (1+5\%) = 105$（元）

第二年：$105 \times (1+5\%) = 110.25$（元）

第三年：$110.25 \times (1+5\%) = 115.7625$（元）

按照单利率，三年后本息共 115 元，但复利率有 115.7625 元，有同学说："啊，不就多了 7 毛 6，斤斤计较啥？"

那咱们再来看看，假如不是 3 年，按 25 岁开始存钱，到 65 岁退休，这 100 块钱存 40 年计算，还是 5%，结果这样：

$$100 \times (1+5\%)^{40} = 703.9989（元）$$

40 年后复利那边"利滚利"变成了 704 元，而单利那边只有 300 元，足足差了一倍不止！

也许你会问，哪些行业是复利的，比如基金，保险，这种复利讲究的都是长期持有。

看下面的数据：

20 岁时，每个月投入 100 元用做投资，60 岁时（假设每年有 10% 的投资回报），你会拥有 63 万元。

30 岁时，每个月投入 100 元用做投资，60 岁时（假设每年有 10% 的投资回报），你会拥有 20 万元。

40 岁时，每个月投入 100 元用做投资，60 岁时（假设每年有 10% 的投资回报），你会拥有 7.5 万元。

50 岁时，每个月投入 100 元用做投资，60 岁时（假设每年有 10% 的投资回报），你会拥有 2 万元。

经济学家称这种现象为"复利效应"。复利，就是复合利息，它是指每年的收益还可以产生收益，即俗称的"利滚利"。而投资的最大魅力就在于复利的增长。想当年，黄世仁就是凭着这种"驴打滚"的毒计害死杨白劳、强娶喜儿的。著名的物理学家爱因斯坦称："复利是世界第八大奇迹，其威力甚至超过原子弹。"

八、最大利润问题

某房地产公司现有 50 套公寓要出租，当月租金定为 2000 元时，公寓会全部租出去，当月租金每增加 100 元时，就会有一套公寓租不出去，而租出去的公寓每月需花费 200 元的维护费，试问租金定为多少时可获得最大收入？最大收入是多少？

解：设每套公寓租金定为 x 元，所获收入为 y 元，则目标函数为

$$y = \left[50 - \frac{x-2000}{100}\right](x-200)$$

整理得 $y = \frac{1}{100}(-x^2 + 7200x - 1400000)$ $(x \geq 2000)$

则 $y' = \frac{1}{100}(-2x + 7200)$

令 $y' = 0$，得唯一稳定点 $x = 3600$

又因为：$y(3600) = 115600$，$y(2000) = 90000$

所以租金定为 3600 元时，可获得最大收入，最大收入为 115600 元。

九、智慧老人与分牛问题

古印度有一位父亲在弥留之际为三个儿子分割 19 头牛的家产,要求老大得 $\frac{1}{2}$,老二为 $\frac{1}{4}$,老三为 $\frac{1}{5}$。在印度教中,牛为圣灵,不得宰杀,须整体分割,问如何分割才能符合先人的遗嘱?

解法 1:故事也许大家都已熟悉,三兄弟遇到了一位智慧老人,他慷慨地先借给三兄弟一头牛,牛的总数变为 20,而且 20 恰好是 2、4、5 的最小公倍数。按照分配比例:

老大似乎应得 $20 \times \frac{1}{2} = 10$;

老二似乎应得 $20 \times \frac{1}{4} = 5$;

老三似乎应得 $20 \times \frac{1}{5} = 4$。

三兄弟合计分配了 19 头,多出的一头归还智慧老人,大家皆大欢喜,众口称颂智慧老人。

解法 2:同学们不妨冷静想想,此分配方案借助了智慧老人的一头牛,因此还符合兄弟父亲的遗嘱吗?

表面上看,老大似乎只该分得 $19 \times \frac{1}{2} = 9.5$ 头,老二似乎只该分得 $19 \times \frac{1}{4} = 4.75$ 头,老三似乎只该分得 $19 \times \frac{1}{5} = 3.8$ 头。

我们不妨用无穷递缩等比数列来分析一下。

注意到 $19 \times \frac{1}{2} + 19 \times \frac{1}{4} + 19 \times \frac{1}{5} = 19 \times \frac{19}{20} < 19$,即牛并没有被分完,还剩 $19 - 19 \times \frac{19}{20} = \frac{19}{20}$ 头,故还得继续按照遗嘱分。

老大继续得 $\frac{19}{20} \times \frac{1}{2}$,老二得 $\frac{19}{20} \times \frac{1}{4}$,老三得 $\frac{19}{20} \times \frac{1}{5}$,

剩余 $\frac{19}{20} - \left(\frac{19}{20} \times \frac{1}{2} + \frac{19}{20} \times \frac{1}{4} + \frac{19}{20} \times \frac{1}{5} \right) = \frac{19}{20} \left(1 - \left(\frac{1}{2} + \frac{1}{4} + \frac{1}{5} \right) \right) = \frac{19}{20^2}$

继续分割得每人的所得数列

老大:$19 \times \frac{1}{2}, \frac{19}{20} \times \frac{1}{2}, \frac{19}{20^2} \times \frac{1}{2}, \cdots, \frac{19}{20^{n-1}} \times \frac{1}{2} \cdots$

老二:$19 \times \frac{1}{4}, \frac{19}{20} \times \frac{1}{4}, \frac{19}{20^2} \times \frac{1}{4}, \cdots, \frac{19}{20^{n-1}} \times \frac{1}{4} \cdots$

老三:$19 \times \frac{1}{5}, \frac{19}{20} \times \frac{1}{5}, \frac{19}{20^2} \times \frac{1}{5}, \cdots, \frac{19}{20^{n-1}} \times \frac{1}{5} \cdots$

它们都是公比 $q = \frac{1}{20}$ 的无穷递缩等比数列,由无穷递缩等比数列求和公式得:

老大应分得 $s_1 = \dfrac{19 \times \frac{1}{2}}{1 - \frac{1}{20}} = 10$;   老二应分得 $s_2 = \dfrac{19 \times \frac{1}{4}}{1 - \frac{1}{20}} = 5$;

老三应分得 $s_1 = \dfrac{19 \times \frac{1}{5}}{1 - \frac{1}{20}} = 4$

分析说明智慧老人方法符合遗嘱。

十、阿基里斯悖论（芝诺悖论）

阿基里斯是古希腊神话中的善跑英雄，而他追不上乌龟悖论是古希腊数学家芝诺最著名的悖论。芝诺说：假设阿基里斯在与乌龟的竞赛时，速度为乌龟十倍，但乌龟在他前面 100m 同时起跑，则阿基里斯永远不可能追上乌龟。

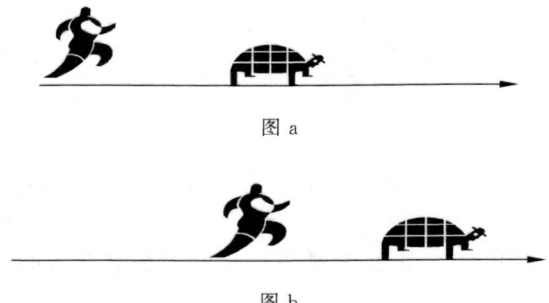

图 a

图 b

芝诺论据：因为当阿基里斯追到 100m 时，乌龟已经又向前爬了 10m，于是，一个新的起点产生了；阿基里斯必须继续追。

当他追到乌龟爬的这 10m 时，乌龟又已经向前爬了 1m，阿基里斯只能再追向那个 1m。

如此下去，乌龟将制造出无穷个起点，它总能在起点与阿基里斯之间制造出一个距离，不管这个距离有多小，但只要乌龟不停地奋力向前爬，阿基里斯就永远也追不上乌龟！

每位同学都听过龟兔赛跑的典故，兔子输给乌龟是因为兔子骄傲。而无论是人们头脑中的印象，还是生活实际中的实践，人追不上乌龟简直是痴人梦话，信口开河！

阿基里斯悖论错在哪里？建议读者认真思考一下给出自己独立的见解。这里提示一下，在阿基里斯悖论产生年代，无穷、极限、时间的连续等概念尚未建立，人们对它们的认识也是模糊和争议的。

现代人用数列与极限理论很容易推翻阿基里斯悖论（此处可以略过，待学完极限知识之后再来回味）。

设乌龟速度为 a，则阿基里斯追逐速度为 $10a$。

完成第一段路程追逐时间 $\dfrac{100}{10a} = \dfrac{10}{a}$，乌龟继续前行 $\dfrac{10}{a} \times a = 10\text{m}$；

完成第二段路程追逐时间 $\dfrac{10}{10a} = \dfrac{1}{a}$，乌龟继续前行 $\dfrac{1}{a} \times a = 1\text{m}$；

完成第三段路程追逐时间 $\dfrac{1}{10a}$，乌龟继续前行 $\dfrac{1}{10a} \times a = \dfrac{1}{10}\text{m}$；

完成第四段路程追逐时间 $\dfrac{1}{10} \Big/ \dfrac{1}{10a} = \dfrac{1}{100a}$，乌龟继续前行 $\dfrac{1}{100a} \times a = \dfrac{1}{100}\text{m}$；

……

依此类推知,阿基里斯欲追上乌龟等价于他形成的追逐路程数列 $100,10,1,\frac{1}{10},\frac{1}{100},\frac{1}{1000},\cdots$ 的和是收敛的。

根据中学所学过的无穷等比递缩数列求和的知识,可以列出阿基里斯悖论方程,此处公比 $q=\frac{1}{10}$,首项 $a_1=100$ 设阿基里斯追逐总路程为 s,则

$$s=\frac{a_1}{1-q}=\frac{100}{1-\frac{1}{10}}=\frac{1000}{9}(m)$$

即阿基里斯只需追逐 $\frac{1000}{9}$m,即可追上乌龟,花费时间为 $\frac{100}{9a}$。

你还会被阿基里斯悖论蒙骗吗?

十一、投票悖论(孔多塞悖论)

"少数服从多数"似乎是任何由投票决定命运的举措中颠扑不破的真理,但法国著名社会学家孔多塞在 18 世纪 80 年代发现,在集体投票时容易出现投票结果随投票次序的不同变化,大部分甚至全部备选方案在比较过程中都有机会轮流当选的循环现象。

如,假设甲、乙、丙三人面对 A、B、C 三个备选方案,有如下的偏好排序:甲 A>B>C,乙 B>C>A,丙 C>A>B。问,按照少数服从多数原则,哪个方案将被选中?

分析:由于甲、乙都认为 B 好于 C,根据少数服从多数原则,社会也应认为 B 好于 C;

同样乙、丙都认为 C 好于 A,社会也应认为 C 好于 A;

甲、丙都认为 A 好于 B,所以社会也应认为 A 好于 B。

出现矛盾,可能没有一个方案被选中。

投票悖论反映了直观上良好的民主机制潜在的不协调。

按照"少数服从多数"原则选出的结果也可能不一定是最佳的,甚至于可能是最差的。

如,七位朋友相约外出旅游,备选地有新疆、西藏、东北三地。大家商议,填写兴趣表格,然后对第一选择用少数服从多数方法决定最终旅游目的地,若他们每人的兴趣取向如下(数字代表兴趣取向顺序):

	新疆	西藏	东北
A	1	2	3
B	1	2	3
C	1	3	2
D	3	1	2
E	3	1	2
F	3	2	1
G	3	2	1

问最终选择是去哪里?该选择是最好的吗?

答案:因为有三人的第一选择是新疆,其他两地分别只有两人为第一选择,所以最终选择是去新疆;

仔细观察却发现,新疆是另外四人的最差选择。换言之,少数服从多数的原则伤害了多数人。

面对悖论,今后你还相信"少数服从多数"原则吗?有好的解决办法吗?

1998年度诺贝尔经济学奖获得者阿马蒂亚·森,在20世纪70年代提出改变甲、乙、丙其中一个人的偏好次序的三种选择模式:

① 所有人都同意其中一项选择方案并非是最佳;
② 所有人都同意其中一项选择方案并非是次佳;
③ 所有人都同意其中一项选择方案并非是最差。

阿马蒂亚·森表示在上述三种选择模式下,投票悖论不会再出现,得大多数票者获胜的规则总是能达到唯一的决定。但遗憾的是,为了追求一致性,改变、忽略、牺牲了个人偏好次序。

许多国家票选领导人,为了避免出现上述悖论,只得人为地增加"票数必须超过一定百分点"和"末位淘汰"的规则。

十二、国王与象棋

有一个古老的传说,印度的舍罕国王打算重赏国际象棋的发明人。国际象棋棋盘由64个小方格组成,这位聪明的发明人似乎胃口也不大,他跪在国王的面前说:

"陛下,请您在这张棋盘的第一格内赏给我一粒麦子,第二小格两粒,第三小格四粒,依此类推,每一个格内都比前一小格加一倍。陛下啊,您就把摆满棋盘所有64格的麦粒都赏给您的仆人吧!"

"好吧,爱卿,看来你要的并不多啊!就这样定了。"国王欣然答应并暗自为自己的慷慨赏诺高兴。

麦粒的计数工作开始了,第一小格放一粒,第二小格放两粒……还不到第二十格,一袋麦粒空了。

随着格子的增加,麦粒数增长得惊人,舍罕国王傻眼了,他发现即使把全国的粮食都拿来也兑现不了自己许下的诺言。因为这是一个等比数列求和问题,需要往棋盘的64个小方格中放上的麦粒数为:

$$s = \frac{a_1(q^n - 1)}{q - 1} = \frac{1 \times (2^{64} - 1)}{2 - 1} = 2^{64} - 1 = 18446744073709551615(颗)$$

$1m^3$的麦子大约有一千五百万颗麦粒,聪明的发明人所要求赏赐给他的麦子大约有$1200(km^3)$的体积。目前全世界在一年内所生产的全部小麦的总和也未能达到这个数字。

舍罕国王发觉自己上了此人的当,摆在他面前的路只有两条,要么今后忍受此人没完没了的讨债,要么干脆砍掉此人的脑袋,你认为国王将选择哪种方法?

类似的陷阱在商场中屡见不鲜,比如打折、套餐、中奖等,你会轻易上当吗?

附录B 数学史上24道智力经典名题欣赏与思考

1. 不说话的学术报告

1903年10月,在美国纽约的一次数学学术会议上,请科尔教授做学术报告。他走到黑板前,没说话,用粉笔写出$2^{67}-1$,这个数是合数而不是质数。接着他又写出两组数字,用竖式连乘,两种计算结果相同。回到座位上,全体会员以暴风雨般的掌声表示祝贺。证明了2自乘67次再减去1,这个数是合数,而不是两百年一直被人怀疑的质数。

有人问他论证这个问题用了多长时间,他说:"三年内的全部星期天。"请你很快回答出他至少用了多少天?

2. 国王的重赏

传说,印度的舍罕国王打算重赏国际象棋的发明人——大臣西萨·班·达依尔。这位聪明的大臣跪在国王面敢说:"陛下,请你在这张棋盘的第一个小格内,赏给我一粒麦子,在第二个小格内给两粒,在第三个小格内给四粒,照这样下去,每一小格内都比前一小格加一倍。陛下啊,把这样摆满棋盘上所有64格的麦粒,都赏给您的仆人吧!"国王说:"你的要求不高,会如愿以偿的。"说着,他下令把一袋麦子拿到宝座前,计算麦粒的工作开始了。还没到第二十小格,袋子已经空了,一袋又一袋的麦子被扛到国王面前来。但是,麦粒数一格接一格地增长得那样迅速,很快看出,即使拿出来全印度的粮食,国王也兑现不了他对象棋发明人许下的诺言。算算看,国王应给象棋发明人多少粒麦子?

3. 王子的数学题

传说从前有一位王子,有一天,他把几位妹妹召集起来,出了一道数学题考她们。题目是:我有金、银两个首饰箱,箱内分别装若干件首饰,如果把金箱中25%的首饰送给第一个算对这个题目的人,把银箱中20%的首饰送给第二个算对这个题目的人。然后我再从金箱中拿出5件送给第三个算对这个题目的人,再从银箱中拿出4件送给第四个算对这个题目的人,最后我金箱中剩下的比分掉的多10件首饰,银箱中剩下的与分掉的比是2∶1,请问谁能算出我的金箱、银箱中原来各有多少件首饰?

4. 公主出题

古时候,传说捷克的公主柳布莎出过这样一道有趣的题:"一只篮子中有若干李子,取它的一半又一个给第一个人,再取其余一半又一个给第二人,又取最后所余的一半又三个给第三个人,那么篮内的李子就没有剩余,篮中原有李子多少个?"

5. 哥德巴赫猜想

哥德巴赫是二百多年前德国的数学家。他发现:每一个大于或等于6的偶数,都可以写成两个素数的和(简称"1+1")。如:$10=3+7,16=5+11$等。他检验了很多偶数,都表明这个结论是正确的。但他无法从理论上证明这个结论是对的。1748年他写信给当时很有名望的大数学家欧拉,请他指导,欧拉回信说,他相信这个结论是正确的,但也无法证明。因为没有从理论上得到证明只是一种猜想,所以就把哥德巴赫提出的这个问题称为哥德巴赫猜想。

世界上许多数学家为证明这个猜想做了很大努力,他们由"1+4"→"1+3"到1966年我国数学家陈景润证明了"1+2"。也就是任何一个充分大的偶数,都可表示成两个数的和,其中一个是素数,另一个或者是素数,或者是两个素数的积。

你能把下面各偶数,写成两个素数的和吗?

(1) 100＝

(2) 50＝

(3) 20＝

6. 贝韦克的七个7

20世纪初英国数学家贝韦克发现了一个特殊的除式问题,请你把这个特殊的除式填完整。

```
                  ××7××
         ××××7 )××7××××××
                ××××××
                ─────────
                ×××××7×
                ××××××
                ─────────
                 ×7××××
                 ×7××××
                 ─────────
                  ×××××
                  ×××7××
                  ─────────
                   ×××××
                   ×××××
                   ─────
                       0
```

7. 刁藩都的墓志铭

刁藩都是公元三世纪的数学家,他的墓志铭上写道:"这里埋着刁藩都,墓碑铭告诉你,他的生命的六分之一是幸福的童年,再活了十二分之一度过了愉快的青年时代,他结了婚,可是还不曾有孩子,这样又度过了一生的七分之一;再过五年他得了儿子;不幸儿子只活了父亲寿命的一半,比父亲早死四年,刁藩都到底寿命有多长?"

8. 遗嘱

传说,有一个古罗马人临死时,给怀孕的妻子写了一份遗嘱:生下来的如果是儿子,就把遗产的2/3给儿子,母亲拿1/3;生下来的如果是女儿,就把遗产的1/3给女儿,母亲拿2/3。结果这位妻子生了一男一女,怎样分配,才能接近遗嘱的要求呢?

9. 布哈斯卡尔的算术题

公园里有甲、乙两种花,有一群蜜蜂飞来,在甲花上落下1/5,在乙花上落下1/3,如果落在两种花上的蜜蜂的差的三倍再落在花上,那么只剩下一只蜜蜂上下飞舞欣赏花香,算算这里聚集了多少蜜蜂?

10. 马塔尼茨基的算术题

有一个雇主约定每年给工人12元钱和一件短衣,工人做工到7个月想要离去,只给了他5元钱和一件短衣。这件短衣值多少钱?

11. 托尔斯泰的算术题

俄国伟大的作家托尔斯泰,曾出过这样一个题:一组割草人要把两块草地的草割完。大的一块比小的一块大一倍,上午全部人都在大的一块草地割草。下午一半人仍留在大草地上,到傍晚时把草割完。另一半人去割小草地的草,到傍晚还剩下一块,这一块由一个割草人再用一天时间刚好割完。问这组割草人共有多少人?(每个割草人的割草速度都相同)

12. 涡卡诺夫斯基的算术题(一)

一只狗追赶一匹马,狗跳六次的时间,马只能跳5次,狗跳4次的距离和马跳7次的距离相同,马跑了5.5km以后,狗开始在后面追赶,马跑多长的距离,才被狗追上?

13. 涡卡诺夫斯基的算术题(二)

有人问船长,在他领导下的有多少人,他回答说:"2/5去站岗,2/7在工作,1/4在病院,27人在船上。"问在他领导下共有多少人?

14. 数学家达兰倍尔错在哪里

传说18世纪法国有名的数学家达兰倍尔拿两个五分硬币往下扔,会出现几种情况呢?

情况只有三种:可能两个都是正面;可能一个是正面,一个是背面,也可能两个都是背面。因此,两个都出现正面的概率是1:3。

你想想,错在哪里?

15. 埃及金字塔

世界闻名的金字塔,是古代埃及国王们的坟墓,建筑雄伟高大,形状像个"金"字。它的底面是正方形,塔身的四面是倾斜着的等腰三角形。

两千六百多年前,埃及有位国王,请来一位名字叫法列士的学者测量金字塔的高度。

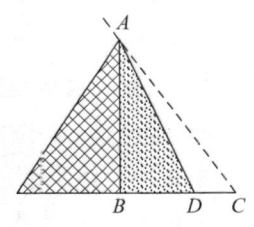

法列士选择一个晴朗的天气,组织测量队的人来到金字塔前。太阳光给每一个测量队的人和金字塔都投下了长长的影子。当法列士测出自己的影子等于它自己的身高时,便立即让助手测出金字塔的阴影长度(CB)。他根据塔的底边长度和塔的阴影长度,很快算出金字塔的高度。

你会计算吗?

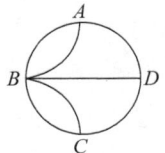

16. 一笔画问题

在18世纪的哥尼斯堡城里有七座桥(如左图)。当时有很多人想要一次走遍七座桥,并且每座桥只能经过一次。这就是世界上很有名的哥尼斯堡七桥问题。你能一次走遍这七座桥,而又不重复吗?

17. 韩信点兵

传说汉朝大将韩信用一种特殊方法清点士兵的人数。他的方法是:让士兵先列成三列纵队(每行三人),再列成五列纵队(每行五人),最后列成七列纵队(每行七人)。他只要知道这队士兵大约的人数,就可以根据这三次列队排在最后一行的士兵是几个人,而推算出这队士兵的准确人数。

如果韩信当时看到的三次列队,最后一行的士兵人数分别是 2 人、2 人、4 人,并知道这队士兵约在三四百人之间,你能很快推算出这队士兵的人数吗?

18. 共有多少个桃子

著名美籍物理学家李政道教授来华讲学时,访问了中国科技大学,会见了少年班的部分同学。在会见时,给少年班同学出了一道题:"有五只猴子,分一堆桃子,可是怎么也平分不了。于是大家同意先去睡觉,明天再说。夜里一只猴子偷偷起来,把一个桃子扔到山下后,正好可以分成五份,它就把自己的一份藏起来,又睡觉去了。第二只猴子爬起来也扔了一个桃子,刚好分成五份,也把自己那一份收起来了。第三、第四、第五只猴子都是这样,扔了一个也刚好可以分成五份,也把自己那一份收起来了。问一共有多少个桃子?"

注:这道题,小朋友们可能算不出来,如果我给增加一个条件,最后剩下 1020 个桃子,看谁能算出来。

19. 《九章算术》里的问题

《九章算术》是我国最古老的数学著作之一,全书共分九章,有 246 个题目。其中一道是这样的:

一个人用车装米,从甲地运往乙地,装米的车日行 25km,不装米的空车日行 35km,5 日往返三次,问二地相距是多少?

20. 《张立建算经》里的问题

《张立建算经》是中国古代算书。书中有这样一题:公鸡每只值 5 元,母鸡每只值 3 元,小鸡每三只值 1 元。现在用 100 元钱买 100 只鸡。问这 100 只鸡中,公鸡、母鸡、小鸡各有多少只?

21. 《算法统宗》里的问题

《算法统宗》是中国古代数学著作之一。书里有这样一题:

甲牵一只肥羊走过来问牧羊人:"你赶的这群羊大概有 100 只吧",牧羊人答:"如果这群羊加上一倍,再加上原来这群羊的一半,又加上原来这群羊的 1/4,连你牵着的这只肥羊也算进去,才刚好凑满一百只。"请您算算这只牧羊人赶的这群羊共有多少只?

22. 洗碗(中国古题)

有一位妇女在河边洗碗,过路人问她为什么洗这么多碗?她回答说:家中来了很多客人,他们每两人合用一只饭碗,每三人合用一只汤碗,每四人合用一只菜碗,共用了碗 65 只。

你能从她家的用碗情况,算出她家来了多少客人吗?

23. 和尚吃馒头(中国古题)

大和尚每人吃 4 个,小和尚 4 人吃 1 个。有大、小和尚 100 人,共吃了 100 个馒头。大、小和尚各几人?各吃多少馒头?

24. 百蛋（外国古题）

两个农民一共带了 100 只蛋到市场上去出卖。他们两人所卖得的钱是一样的。第一个人对第二个人说："假若我有像你这么多的蛋,我可以卖得 15 个克利采（一种货币名称）。"第二个人说："假若我有了你这些蛋,我只能卖得 6 又三分之二个克利采。"问他们两人各有多少只蛋?

附录 C 习题答案

习题 1.1

1. (1) $\{x \mid x \neq 0 \text{ 且 } x \neq 3\}$
   (2) $\{x \mid x \geq 2 \text{ 或 } x \leq -1\}$
   (3) $\{x \mid -2 < x < 2\}$
   (4) $\left\{x \mid -\dfrac{1}{3} \leq x \leq \dfrac{1}{3}\right\}$

2. $f(-1) = -2, f(0) = 1, f(1) = 3$。（图形略）

3. (1) $y = \dfrac{1}{2}(x-1)$
   (2) $y = e^{x-1}$
   (3) $y = \dfrac{x+1}{x-1}$

4. (1) 偶 (2) 非奇非偶 (3) 偶 (4) 非奇非偶 (5) 奇 (6) 奇

5. (1) $y = \sqrt{u}, u = 2x+1$
   (2) $y = e^u, u = \tan x$
   (3) $y = u^2, u = \sin v, v = 2x-1$
   (4) $y = \ln u, u = \sin v, v = x+1$

习题 1.2

1. 总成本函数 $C(q) = bq + a$，平均成本函数 $AC(q) = \dfrac{bq+a}{q}$，收益函数 $R(q) = pq$，利润函数 $Pr(q) = (p-b)q - a$，保本点 $q = \dfrac{a}{p-b}$。

2. 保本点 $q = 700, q^* = 620 < q = 700$，有利。

3. 总成本函数 $C(q) = 67000 - 3000p$，平均成本函数 $AC(q) = \dfrac{4q+7000}{q}$，收益函数 $R(q) = 15000p - 750p^2$，利润函数 $Pr(q) = 18000p - 750p^2 - 67000$。

4. (1) 收益函数 $R(q) = (18-2q)q$ (2) 成本函数 $C(q) = 6q$ (3) 利润函数 $Pr(q) = 12q - 2q^2$

5. $E = 12q + \dfrac{360000}{q}$

6. $E = 0.3q + \dfrac{10^9}{q}$

习题 1.3

1. 略

2. (1) 1   (2) 2
3. 略

习题 1.4

1. (1) 0   (2) 0   (3) 0   (4) 0
2. (1) 等价   (2) 同价   (3) 高价
3. 略

习题 1.5

1. (1) 4   (2) -1 (3) $\frac{6}{5}$ (4) ∞ (5) $\frac{1}{2}$ (6) $\frac{3}{5}$ (7) $\frac{1}{3}$ (8) 0
2. $k=-3$
3. (1) $\frac{3}{5}$ (2) $\frac{1}{2}$ (3) $\frac{2}{5}$ (4) $-\frac{1}{2}$ (5) $\frac{1}{2}$ (6) $\frac{2}{5}$
4. (1) e^2 (2) e^{-2} (3) $e^{\frac{1}{3}}$ (4) e
5. $k=1$

习题 1.6

1. 1120 万元,11236 万元,1125.51 万元,1126.83 万元
2. 2653.30 元,2718.28 元
3. (1) 3000   (2) 3237.44   (3) 3030.77,选择第一种付款方式。
4. (1) 826893.48 元   (2) 823217.45 元

综合练习 1

1. (1) $\{x \mid x \geqslant 1\}$
   (2) $y=\ln u, u=\sin x$
   (3) e^3
   (4) $y=\sqrt[3]{x-1}$
2. (1) D   (2) C   (3) B   (4) D   (5) D
3. (1) -2 (2) $\frac{5}{6}$ (3) ∞ (4) $\frac{1}{2}$ (5) $\frac{3}{4}$ (6) $-\frac{1}{2}$ (7) 2   (8) e^{-3}
4. $-5x^2+70x-200$
5. 127628.16 元

习题 2.1

1. (1) $\bar{v}=10-1.1g$
   (2) $v=10-g$
2. 略
3. (1) 切线方程:$y=x-1$,法线方程:$y=-x+1$

(2) 切线方程：$y=\frac{\sqrt{3}}{2}x+\frac{6-\sqrt{3}\pi}{12}$，法线方程：$y=-\frac{2\sqrt{3}}{3}x+\frac{9+2\sqrt{3}\pi}{18}$

4. (1) $y'=5x^4$

(2) $y'=\frac{3}{2}x$

(3) $y'=-\frac{3}{2}x^{-\frac{5}{2}}$

习题 2.2

1. (1) $y'=4x^3-6x+1$

(2) $y'=-6x^{-3}-x^{-2}=-\frac{6}{x^3}-\frac{1}{x^2}$

(3) $y'=10x+2^x\ln 2-e^x$

(4) $y'=\sec^2 x-\csc x\cot x$

(5) $y'=\frac{1}{x}+\frac{1}{x\ln 2}$

(6) $y'=\cos 2x$

(7) $y'=2x\sin x+x^2\cos x$

(8) $y'=-\frac{x\sin x+\cos x}{x^2}$

(9) $y'=-\frac{2}{(x-1)^2}$

(10) $y'=e^x\sin x+xe^x\sin x+xe^x\cos x$

2. (1) $y'=3\sin 2x$

(2) $y'=(2x+3)\cos(x^2+3x)$

(3) $y'=6x^2(1+x^3)\cos x-(1+x^3)^2\sin x$

(4) $y'=-\frac{2x}{1-x^2}$

(5) $y'=\frac{x}{\sqrt{1+x^2}}$

(6) $y'=\frac{1}{\sqrt{x}(1-x)}$

3. (1) $y'=-\frac{\cos x}{\sin y}$

(2) $y'=\frac{y^2 e^x}{1-ye^x}$

(3) $y'=\frac{1-e^{x+y}}{1+e^{x+y}}$

(4) $y'=\frac{y\cos(xy)-1}{1-x\cos(xy)}$

4. (1) $y''=(2+x)e^x$

(2) $y''=6x$

(3) $y''=2\ln x+3$

(4) $y''=8\cos 4x$

习题 2.3

1. $\mathrm{d}y\Big|_{\substack{x=1 \\ \Delta x=0.001}}=0.001$

2. (1) $\mathrm{d}y=\left(\cos x\ln x+\dfrac{1}{x}\sin x\right)\mathrm{d}x$

(2) $\mathrm{d}y=(3\mathrm{e}^{3x}+2\cos 2x)\mathrm{d}x$

(3) $\mathrm{d}y=(\mathrm{e}^{2x}+2x\mathrm{e}^{2x})\mathrm{d}x$

(4) $\mathrm{d}y=\sin 2x(\cos 2x-2\sin^2 x)\mathrm{d}x$

(5) $\mathrm{d}y=6x(x^2-1)^2\mathrm{d}x$

(6) $\mathrm{d}y=\dfrac{2x}{1+x^2}\mathrm{d}x$

3. 略

习题 2.4

1. $f'(2)=9$

2. 边际成本 $f'(1000)=10$,它表示当产量为 1000 时,再增加(或减少)1 件单位产品,总成本增加(或减少)10 个单位。

3. 边际收入函数:$f_2'(x)=200+2x$

   边际利润函数:$L'(x)=-2x+195$

4. 需求弹性函数:$\dfrac{Ey}{Ex}=\dfrac{x}{f(x)}f'(x)=\dfrac{x}{\mathrm{e}^{-\frac{x}{2}}}\cdot\left(-\dfrac{1}{2}\mathrm{e}^{-\frac{x}{2}}\right)=-\dfrac{x}{2}$

   需求弹性:$\left|\dfrac{Ey}{Ex}\right|_{x=6}=3$,它表示价格增加(或减少)1%时,需求量将减少(或增加)3%。

习题 2.5

(1) 1

(2) 0

(3) $\dfrac{1}{3}$

(4) $\cos a$

(5) -1

(6) 2

(7) 0

(8) $+\infty$

(9) $\dfrac{1}{2}$

(10) $-\dfrac{1}{2}$

习题 2.6

1. (1) 单调增区间：$(-\infty,1)\cup(2,+\infty)$；单调减区间：$(1,2)$

(2) 单调增区间：$(-\infty,-1)\cup(-1,+\infty)$；

(3) 单调减区间：$(-1,0)$；单调增区间：$(0,+\infty)$

(4) 单调减区间：$(-\infty,0)$；单调减区间：$(0,+\infty)$

2. (1) 当 $x=-1$ 时有极大值 9；当 $x=2$ 时有极小值 -18

(2) 当 $x=-1$ 时有极小值 $-\dfrac{1}{2}$；当 $x=1$ 时有极大值 $\dfrac{1}{2}$

(3) 当 $x=\sqrt{e}$ 时有极小值 e

(4) 当 $x=\dfrac{3}{4}$ 时有极大值 $\dfrac{5}{4}$

(5) 当 $x=0$ 时有极大值 0；当 $x=\dfrac{2}{5}$ 时有极小值 $-\dfrac{3}{5}\sqrt[3]{\dfrac{4}{25}}$

(6) 无极值

3. (1) 最大值 $f(3)=\dfrac{10}{3}$；最小值 $f(1)=2$

(2) 最大值 $f(4)=118$；最小值 $f(1)=-17$

(3) 最大值 $f(3)=\ln 10$；最小值 $f(0)=0$

(4) 最大值 $f(9)=12$；最小值 $f(0)=0$

4. 底为 $\sqrt[3]{2V}$，高为 $\sqrt[3]{\dfrac{V}{4}}$

习题 2.7

1. (1) 凹区间为 $\left(\dfrac{5}{3},+\infty\right)$，凸区间为 $\left(-\infty,\dfrac{5}{3}\right)$，拐点为 $\left(\dfrac{5}{3},-\dfrac{142}{27}\right)$

(2) 凹区间为 $(2,+\infty)$，凸区间为 $(-\infty,2)$，拐点为 $(2,2e^{-2})$

(3) 凹区间为 $(-1,1)$，凸区间为 $(-\infty,-1)\cup(1,+\infty)$，拐点为 $(-1,\ln 2),(1,\ln 2)$

(4) 凹区间为 $(-\sqrt{3},0)\cup(\sqrt{3},+\infty)$，凸区间为 $(-\infty,-\sqrt{3})\cup(0,\sqrt{3})$，拐点为 $(0,0)$，$\left(-\sqrt{3},\dfrac{-\sqrt{3}}{4}\right),\left(\sqrt{3},\dfrac{\sqrt{3}}{4}\right)$

习题 2.8

1. 产量 $x=100$
2. 产量 $x=250$
3. 产量 $x=32$
4. 底与高之比为 $2:1$

综合练习 2

1. (1) D；(2) A；(3) B；(4) B；(5) D；(6) B；(7) C；(8) C；(9) D；(10) B

2. (1) $y'=(1-x^2)(1+4x-5x^2)$

   (2) $y'=3e^{3x+1}+2x$

   (3) $y'=-\dfrac{1+2x-x\ln x}{x(1+x)^2}$

   (4) $y'=2x\cot(1+x^2)$

   (5) $y'=-\dfrac{\ln x}{x\sqrt{1-\ln^2 x}}$

   (6) $y'=2xe^x\cos x+x^2 e^x\cos x-x^2 e^x\sin x$

3. (1) $y'=\dfrac{3x^2-2y}{2(x+y)}$

   (2) $y'=\dfrac{e^y}{1-xe^y}$

   (3) $y'=\dfrac{\cos(x+y)-y}{x-\cos(x+y)}$

   (4) $y'=-\dfrac{2x+y}{2y+x}$

4. (1) $\dfrac{1}{2}$；(2) 2

5. (1) $y''=-\dfrac{2+2x^2}{(1-x^2)^2}$；(2) $y''=6x\ln(x+1)+\dfrac{5x^3+6x^2}{(x+1)^2}$

6. (1) ∞；(2) ∞；(3) 1；(4) $\dfrac{1}{3}$

7. (1) 单调递增区间 $\left(-\infty,-\dfrac{1}{2}\right)\cup\left(\dfrac{11}{18},+\infty\right)$，单调递减区间 $\left(-\dfrac{1}{2},\dfrac{11}{18}\right)$

   (2) 单调递增区间 $(-1,0)\cup(1,+\infty)$，单调递减区间 $(-\infty,-1)\cup(0,1)$

8. (1) 当 $x=\dfrac{1}{\sqrt[3]{e}}$ 时有极小值 $-\dfrac{1}{3e}$

   (2) 当 $x=0$ 时有极大值 3；当 $x=2$ 时有极小值 -1

9. (1) 当 $x=\dfrac{\pi}{2}$ 时有最小值 $\dfrac{\pi}{2}$；当 $x=\dfrac{\pi}{6}$ 时有最大值 $\dfrac{\pi}{6}+\sqrt{3}$

   (2) 当 $x=1$ 时有最大值 $\dfrac{1}{e}$；当 $x=0$ 时有最小值 0

10. 长为 18m，宽为 12m

习题 3.1

1. 略

2. (1) $\dfrac{1}{3}(x-1)^3+C$ (2) $\dfrac{6}{7}x^{\frac{7}{6}}-\dfrac{15}{13}x^{\frac{15}{13}}+C$ (3) $\dfrac{3^{2x}}{2\ln 3}-2\dfrac{6^x}{\ln 6}+\dfrac{2^{2x}}{2\ln 2}+C$

   (4) $x-\arctan x+C$ (5) $\dfrac{2^{2x}e^x}{2\ln 2+1}+C$ (6) $\ln|x|-\arctan x+C$

(7) $\tan x + \arctan x - \dfrac{3^x}{\ln 3} + C$ (8) $\dfrac{1}{4}x^4 - \dfrac{1}{3}(a+b)x^3 + \dfrac{1}{2}abx^2 + C$

(9) $x - \cos x + C$ (10) $\sin x + \tan x - \dfrac{a^x}{\ln a} + C$ (11) $\dfrac{2}{5}x^{\frac{5}{2}} + \dfrac{1}{2}x^2 - 4\sqrt{x} + C$

(12) $\dfrac{4}{7}x^{\frac{7}{4}} + 4x^{-\frac{1}{4}} + C$ (13) $\sin x - \cos x + C$

(14) $\pm\sqrt{2}\cos x + C$

习题 3.2

1. (1) $\dfrac{1}{2}\ln(x^2+1) + C$ (2) $\dfrac{1}{2}\ln|2\sin x - 1| + C$ (3) $\dfrac{1}{11}(x^2-1)^{11} + C$

(4) $\dfrac{1}{2}\arcsin^2 x + C$ (5) $\dfrac{1}{3}\tan 3x + C$ (6) $e^{\sin x} + C$

(7) $-\dfrac{1}{a}\cos ax + C$ (8) $\dfrac{1}{3}(x^2+1)^{\frac{3}{2}} + C$

2. (1) $\dfrac{2}{5}(x-1)^{\frac{5}{2}} + \dfrac{2}{3}(x-1)^{\frac{3}{2}} + C$ (2) $\sqrt{2x} - \ln(1+\sqrt{2x}) + C$

(3) $2\arctan\sqrt{e^x - 1} + C$ (4) $\sqrt{x^2-1} - \arccos\dfrac{1}{|x|} + C$

(5) $\dfrac{2}{3}(x-2)^{\frac{3}{2}} + 4\sqrt{x-2} + C$ (6) $\dfrac{\sqrt{2}}{2}\ln(\sqrt{2x} + \sqrt{1+2x^2}) + C$

(7) $\arctan\sqrt{x^2-1} + C$ (8) $\ln(x + \sqrt{a^2+x^2}) + C$

3. (1) $-e^{-x}(x+1) + C$ (2) $\dfrac{1}{3}x^3\ln x - \dfrac{1}{9}x^3 + C$ (3) $-\dfrac{\ln x}{2x^2} - \dfrac{1}{4x^2} + C$

(4) $-\dfrac{1}{2}x\cos 2x + \dfrac{1}{4}\sin 2x + C$ (5) $\dfrac{1}{2}e^x(\sin x + \cos x) + C$

(6) $\ln x[\ln(\ln x) - 1] + C$ (7) $x\arcsin x + \sqrt{1-x^2} + C$

(8) $\dfrac{e^{3x}}{27}(9x^2 - 6x + 2) + C$

习题 3.3

1. (1) $\dfrac{1}{2} - \ln 2 + \dfrac{20}{\ln 5}$ (2) 0 (3) $\dfrac{\pi}{2}$ (4) $\dfrac{1}{3}$ (5) $-\dfrac{17}{6}$

(6) $\dfrac{1}{2}$ (7) 0 (8) $\dfrac{2}{3}\sqrt{2} - 1$ (9) $\dfrac{1}{4}$ (10) $2\sqrt{2} - 2$ (11) 4

(12) $1 + \dfrac{\pi}{4} - \arctan 2$

2. (1) 2π (2) 0 (3) 0

3. (1) $2 - 2\ln 2$ (2) $\sqrt{3} - \dfrac{\pi}{3}$ (3) $\dfrac{5}{3}$ (4) $\dfrac{\pi}{4}$

4. (1) $1 - \dfrac{2}{e}$ (2) 1 (3) 1 (4) $\ln 2 - \dfrac{1}{2}$

习题 3.4

1. (1) $4-\ln 3$ (2) $\frac{16}{3}\sqrt{2}$ (3) $\frac{9}{2}$ (4) $e+\frac{1}{e}-2$ (5) 8π (6) 2

2. (1) $\frac{3}{10}\pi$ (2) 160π (3) $\frac{48}{5}\pi, \frac{24}{5}\pi$ (4) $\frac{32}{3}\pi$

3. (1) $\frac{\pi}{4}$ (2) $\frac{1}{2}$ (3) 2 (4) 发散 (5) 1

   (6) $\frac{1}{2}$ (7) 1 (8) 发散 (9) 发散 (10) 0

综合练习 3

1. (1) 1 (2) $\frac{1}{2}(F(x))^2+C$ (3) $-\frac{4}{3}$ (4) $\frac{3}{2}$ (5) 3

2. (1) C (2) B (3) C (4) B (5) A

3. (1) $x^2+3\cos x+C$ (2) $\frac{1}{8}(2x+1)^4+C$ (3) $2\left(\arcsin\frac{x}{2}+\frac{x}{4}\sqrt{4-x^2}\right)+C$

   (4) $\frac{x^3}{3}\ln x+\frac{x^3}{9}+C$ (5) $3\ln 3$ (6) 1

   (7) $4-2e^\pi$ (8) $2\ln 2-2$ (9) e

4. $R(x)=18x-0.25x^2$(万元/t)

5. $f(x)=\ln x+1$

6. 18

7. $\frac{3}{10}\pi$

8. (1) $R(q)=2q-\frac{q^2}{10000}$(万元); $\bar{R}(q)=2-\frac{q}{10000}$(万元/t);

   (2) 3600(万元); 1.8(万元/t)

习题 4.1

1. $C_{10}^4=210$

2. {红,红,红},{红,红,白},{红,白,白},{白,白,白}

3. (1) $H \subset G$ (2) $A \subset B$ (3) $D \subset C$

4. $A \cup B=\Omega$ $AB=\emptyset$

5. $A_1 A_2 \cup B$

6. (1) $A\overline{B}\overline{C}$ 表示事件"选出的是不喜欢唱歌的男生且不是运动员" $A\overline{BC}$ 表示事件"选出的是男生不是运动员但喜欢唱歌" (2) $\overline{C} \subset B$ 表示喜欢唱歌的学生都是运动员 $A\overline{B} \subset \overline{C}$ 表示不是运动员的男生都喜欢唱歌。

7. (1) $\overline{A}=\{$抽到的三个产品至少有一件是次品$\}$ (2) $\overline{B}=\{$抽到的三个产品都是正品$\}$

   (3) $\overline{C}=\{$抽到的三个产品都是正品$\} \cup \{$抽到的三个产品至少有两件是次品$\}$

8. (1) 0.4 (2) 0.6

9. (1) $\dfrac{1}{14}$ (2) $\dfrac{8}{21}$ (3) $\dfrac{19}{42}$

10. (1) $\dfrac{1}{24}$ (2) $\dfrac{1}{2}$ (3) $\dfrac{1}{6}$

11. $\dfrac{189}{3125}$

12. (1) 0.2684 (2) 0.2842

13. (1) $\dfrac{1}{5}$ (2) $\dfrac{1}{10}$

14. $\dfrac{3}{8}$ $\dfrac{3}{8}$

15. (1) $\dfrac{1}{221}$ (2) $\dfrac{8}{221}$

习题 4.2

1. $\dfrac{19}{130}$

2. 0.96

3. (1) 0.94 (2) 0.029

4. 0.9975

5. $P(A)=\dfrac{3}{5}$, $P(B|A)=\dfrac{5}{9}$, $P(B|\overline{A})=\dfrac{2}{3}$

6. 0.6

7. 0.91

8. 0.986

9. (1) 0.20 (2) 0.02

10. $\dfrac{5}{16}$

11. 0.89

12. $\dfrac{5}{21}$

习题 4.3

1.

ξ	-3	1	2
P	1/3	1/2	1/6

2. (1)

ξ	0	1	2	3	4	5
P	1/243	10/243	40/243	80/243	80/243	32/243

(2)

ξ	3	4
P	2/3	1/3

3. (1) 0.4 (2) 0.6 (3) 0.4

4. (1) $P(\xi=k)=C_5^k(0.6)^k(0.4)^{5-k}$ $(k=0,1,2,3,4,5)$
   (2) $P(\xi\geqslant 2)=0.913$

5. $P(\xi=k)=C_5^k(0.1)^k(0.9)^{5-k}$ $(k=0,1,2,3,4,5)$

6. $P(\xi\geqslant 3)\approx 0.0803$

7. (1) 满足 (2) 不满足 (3) 不满足

8. $F(x)=\begin{cases} 0 & x<-\frac{1}{2} \\ 4x^3+\frac{1}{2} & -\frac{1}{2}\leqslant x\leqslant\frac{1}{2} \\ 1 & x>\frac{1}{2} \end{cases}$

9. (1) $A=1$ (2) $p(0.3<\xi<0.7)=0.4$ (3) $f(x)=\begin{cases} 2x & 0\leqslant x\leqslant 1 \\ 0 & x<0 \text{ 或 } x>1 \end{cases}$

10. (1) $P(\xi<3)=\frac{1}{2}$ (2) $P(-1\leqslant\xi<3)=\frac{1}{2}$ (3) $P(\xi\geqslant 2)=1$

11. (1) $P(\xi\leqslant 2)=0.9772$ (2) $P(|\xi|\leqslant 2)=0.9544$ (3) $P(\xi\geqslant 2.3)=0.0107$
    (4) $P(0.5<\xi\leqslant 3.5)=0.3083$ (5) $P(-1.7<\xi\leqslant 2.55)=0.95$

12. (1) $P(\xi<1)=0.0228$ $P(|\xi-4|>2)=0.3432$ $P(0<\xi\leqslant 3)=0.2476$
    (2) $c=2.94$

13. 0.9544

习题 4.4

1. $a=\frac{1}{3}$ $E(\xi)=\frac{13}{6}$ $D(\xi)=\frac{17}{36}$

2. (1) $\frac{11}{8}$ (2) $\frac{31}{8}$ (3) $-\frac{7}{4}$ (4) $\frac{127}{64}$

3. $E(\xi)=2.1$ $D(\xi)=0.63$

4. $E(\xi^2)=\frac{\pi^2}{3}$ $E(\sin\xi)=\frac{2}{\pi}$

5. $E(\xi)=0.3$ $D(\xi)=0.3191$

6. $E(\xi)=0.9$ $D(\xi)=0.61$

7. $E(\xi)=35$ 分

8. 2 12

综合练习 4

1. (1) $\frac{6}{11}$ (2) $\frac{5}{11}$

2. 0.0000537

3. 0.328

4. (1) $P(\xi=k)=C_{10}^k 0.2^k 0.8^{10-k}(k=0,1,\cdots,10)$　(2) 2

   (3) 0.3758　(4) 0.0328

5. (1) 0.1840　0.0153　(2) 0.2707　0.1805

6. (1) 0.3934　(2) 0.4730　(3) 0.4730

7. 3.472

8. $E(\xi)=\dfrac{1}{\lambda}$　$D(\xi)=\dfrac{1}{\lambda^2}$

9. $E(\xi)=\dfrac{1}{3}$　$D(\xi)=\dfrac{97}{72}$

习题 5.1

1. min $s=50x_{11}+60x_{12}+70x_{13}+60x_{21}+110x_{22}+160x_{23}$

$$\begin{cases} x_{11}+x_{12}+x_{13}=23 \\ x_{21}+x_{22}+x_{23}=27 \\ x_{11}+x_{21}=17 \\ x_{12}+x_{22}=18 \\ x_{13}+x_{23}=15 \\ x_{ij}\geqslant 0,(i=1,2;j=1,2,3) \end{cases}$$

2. max $s=60x_1+10x_2$

$$\begin{cases} 0.18x+0.09x\leqslant 72 \\ 0.08x+0.28\leqslant 56 \\ x_1\geqslant 0,x_2\geqslant 0 \end{cases}$$

3. 设分配男生挖坑、栽树、浇水的人数分别是 x_{11},x_{12},x_{13}，分配女生挖坑、栽树、浇水的人数分别是 x_{21},x_{22},x_{23}，则

$$\max\ s=25x_{13}+15x_{23}$$

$$\begin{cases} x_{11}+x_{12}+x_{13}=30 \\ x_{21}+x_{22}+x_{23}=20 \\ 20x_{11}+10x_{21}\geqslant 30x_{12}+20x_{22} \\ 30x_{12}+20x_{22}\geqslant 25x_{13}+15x_{23} \\ x_{ij}\geqslant 0,(i=1,2;j=1,2,3) \end{cases}$$

习题 5.2

(1) 当 $x_1=4,x_2=1$ 时是该线性规划问题的最优解。

(2) 当 $x_1=6,x_2=0$ 时是该线性规划问题的最优解。

(3) 因为四个约束条件决定的半平面是一个无界凸区域，所以目标函数无下界，该线性规划问题的无最优解。

(4) 因为四个约束条件决定的半平面的交集是空集,所以该线性规划问题的无最优解。

习题 5.3

1.
(1) $\min \quad s = 3x_1 + x_2$
$$\begin{cases} 2x_1 + 2x_2 + x_3 + x_4 = 10 \\ x_1 - 2x_2 + x_3 + x_5 = 8 \\ x_i \geq 0, (i=1,2,3,4,5) \end{cases}$$

(2) $\max \quad s^* = -s = -3x_1 - 2x_2$
$$\begin{cases} 2x_1 + 4x_2 - x_3 + x_4 = 5 \\ -x_1 + x_2 - x_3 - x_5 = -1 \\ x_2 - x_3 = -1 \\ x_i \geq 0, (i=1,2,3,4,5) \end{cases}$$

2. (1) 最优解 $\begin{cases} x_1 = 9 \\ x_2 = 4 \\ x_3 = 1 \\ x_4 = 0 \\ x_5 = 0 \end{cases}$

(2) 最优解 $\begin{cases} x_1 = 0 \\ x_2 = \dfrac{8}{3} \\ x_3 = \dfrac{1}{3} \end{cases}$

综合练习 5

1. 设生产 A_1、A_2 产品的数量分别为 x_1 千克与 x_2 千克,s 为获得的经济效益,则
$$\max \quad s = 8000x_1 + 3000x_2$$
$$\begin{cases} 5x_1 + 3x_2 \leq 500 \\ 300x_1 + 80x_2 \leq 2000 \\ 12x_1 + 4x_2 \leq 900 \\ x_1 \geq 0, x_2 \geq 0 \end{cases}$$

2. 设生产 A、B 产品的数量分别为 x_1 千克与 x_2 千克,s 为获得的经济效益,则
$$\max \quad s = 5x_1 + 8x_2$$
$$\begin{cases} 6x_1 + 4x_2 \leq 350 \\ 4x_1 + 7x_2 \leq 400 \\ 3x_1 + 4x_2 \leq 200 \\ x_1 \geq 0, x_2 \geq 0 \end{cases}$$

3. 设养鸡厂每天用动物饲料和谷物饲料分别为 x_1 千克与 x_2 千克,s 为养殖成本,则

$$\min \quad s = 0.2x_1 + 0.16x_2$$

$$\begin{cases} x_1 + x_2 = 5000 \\ x_1 \geqslant 1000 \\ x_2 \leqslant 3000 \\ x_1 \geqslant 0, x_2 \geqslant 0 \end{cases}$$

其最优解为 $x_1 = 2000, x_2 = 3000$

4.（1）有唯一解 $x_1 = 5, x_2 = 0$

（2）无有限最优解

（3）有唯一解 $x_1 = 8, x_2 = 12$

（4）无可行解

5.（1）最优解为 $x_1 = 0, x_2 = \dfrac{8}{3}, x_3 = \dfrac{1}{3}$

（2）$x_1 = 0, x_2 = \dfrac{5}{2}, x_3 = \dfrac{3}{2}, x_4 = 0$

（3）$x_1 = 9, x_2 = 4, x_3 = 1, x_4 = 0, x_5 = 0$

参 考 文 献

[1] 杨向明,骆文辉,等.大学应用数学[M].北京:清华大学出版社,2013.
[2] 杨伟传,关若峰,等.高职数学[M].北京:电子工业出版社,2013.
[3] 顾静相.经济应用数学[M].北京:高等教育出版社,2003.
[4] 谭英仕.经济应用数学[M].广州:华南理工大学出版社,1994.
[5] 沈恒范.概率论与数理统计教程[M].北京:高等教育出版社,2002.
[6] 俎寇兴.高等数学[M].北京:化学工业出版社,2008.
[7] 刘玉琏,傅沛仁,林玎,等.数学分析[M].北京:高等教育出版社,2008.
[8] 《运筹学》教材编写组.运筹学[M].北京:清华大学出版社,1995.